此著作由淮阴工学院和国家自然科学基金项目（41361025）联合资助

新疆城市化发展质量时空分异规律研究

李松霞　张军民　著

中国财经出版传媒集团

经济科学出版社

Economic Science Press

图书在版编目（CIP）数据

新疆城市化发展质量时空分异规律研究/李松霞，张军民著.—北京：经济科学出版社，2017.2
ISBN 978-7-5141-7817-3

Ⅰ.①新… Ⅱ.①李…②张… Ⅲ.①城市化-发展-研究-新疆 Ⅳ.①F299.274.5

中国版本图书馆 CIP 数据核字（2017）第 044680 号

责任编辑：李 雪 李 建
责任校对：徐领柱
责任印制：邱 天

新疆城市化发展质量时空分异规律研究
李松霞 张军民 著
经济科学出版社出版、发行 新华书店经销
社址：北京市海淀区阜成路甲 28 号 邮编：100142
总编部电话：010-88191217 发行部电话：010-88191522
网址：www.esp.com.cn
电子邮件：esp@esp.com.cn
天猫网店：经济科学出版社旗舰店
网址：http://jjkxcbs.tmall.com
北京万友印刷有限公司印装
710×1000 16 开 15.75 印张 210000 字
2017 年 3 月第 1 版 2017 年 3 月第 1 次印刷
ISBN 978-7-5141-7817-3 定价：48.00 元
（图书出现印装问题，本社负责调换。电话：010-88191510）
（版权所有 侵权必究 举报电话：010-88191586
电子邮箱：dbts@esp.com.cn）

序 一

城市化是社会经济发展的必然趋势和实现现代化的必由之路，既是世界经济发展的战略核心和主体区域，也是影响区域及至全球社会经济安全及生态环境稳定的重要因素。中国已进入城市化快速发展中期阶段，中国特色城镇化进程不仅决定着中国能否实现第三步战略目标，还深刻影响全球政治经济格局及其未来走势。鉴于城镇化的重要影响及深远意义，科学合理地推进城市化进程，发展具有国家及区域特色的城镇体系，这关系到我国社会经济安全和可持续发展大计。制定正确的城市化战略和探索符合中国国情的城市化模式具有重大理论和现实意义。

随着经济全球化、区域一体化进程的不断加速，全球城市与城市体系正发生着深刻转型与重构，中国特色城镇化道路引起了世界各国的广泛关注。经济高速增长及全球化不断加快带动了中国城市化快速发展，这使中国发展成为世界第二大经济体，极大地改善了国民的生活条件；但"九五"以来，中国城市化超高速增长给城市就业、资源、环境带来了巨大压力，暴露了中国城市化的负面效益和深层次问题，因此提升城市化质量成为政府和学界关注的重大问题。

党的十八大报告把"城市化质量明显提高"作为全面建成小康社会的重要任务，2014年国务院印发的《国家新型城镇化规划（2014~2020年）》指出要走中国特色新型城镇化道路，全面提高

新疆城市化发展质量时空分异规律研究

城镇化质量，强化"有序推进农业转移人口市民化、优化城镇化布局与形态、提高城市可持续发展能力、推进城乡一体化"四方面工作，标志着中国城市化进入由"数量增长型"向"质量提升型"的转型，提升城市化质量和效益成为重中之重。

城市化是地理科学、经济科学、人口科学、社会科学、管理科学、资源环境等学科的交叉研究领域。由于城市内容的广泛性和过程的复杂性，不同学科对城市化认识的侧重点必然不同，但城市化具有综合性及地域性特点，城市化进程与经济基础、产业结构、社会转型、资源环境等密切相关，"城市化是多维的包含社会空间的复杂过程"是不争的事实。世界各国城市化发展的基础、条件及模式、路径有很大差异，受各国历史、政治、经济、人口、文化及资源禀赋、环境基质、生态本底等多重因素影响和制约，即国家或区域特质决定了城市发展模式。放眼世界，面对全球尺度的可持续发展挑战，从人地关系交互作用及空间结构协调优化角度探讨城市化发展地域模式是国际研究的前沿。以满足人类可持续发展为目标，研究区域城市化过程、机制、变化趋势及未来情景，揭示城市空间格局演变及其驱动胁迫机理、资源环境效应及关键资源保障等成为研究热点。中国城市化既不同于欧美国家的同步城市化，也不同于赶超国家的过度城市化，中国特色城市化合理发展和有序布局是科学把握城市化进程的核心。其中，城市化与经济增长关系的基础研究和实证分析始终是城市化研究的实质性科学问题，受到国内学者广泛关注；优化城市规模形态、空间结构及布局模式是推进生态城市、宜居城市建设，加快生态文明建设的重要举措。城市化不是单纯的城市个体问题，而是一个区域发展问题，是一个包括城市与城市、城市与腹地、城市与区域等在内的地域体系，只有系统研究区域范围内的城市化发展条件、基础及潜力，才能对城市化进程做出科学解释和研判。

序 一

新疆面积辽阔、矿产资源丰富、地缘位置重要，是我国重要的战略资源接替区和向西开放桥头堡，奠定了新疆在"新丝绸之路"经济带核心区的战略定位，也为新疆发展现代绿洲城镇提供了更高要求和难得机遇。新疆城市化不同于其他地区，具有自然条件恶劣、生态环境脆弱、环境承载不足等特点，使新疆城市化进程面临着巨大的生态性瓶颈、结构性缺陷和空间性障碍，大规模高强度城市化建设与绿洲生态环境服务支撑能力之间的矛盾突出尖锐，迫切需要探索以城市化质量和效益为核心的紧凑型城市化发展模式和路径，以此统筹协调城市化发展与生态建设、环境保护之间的关系。

基于对当代城市化问题的高度关注和新疆城市化模式的深刻理解，李松霞博士选择"新疆城市化发展质量"这一重大科学问题，实证分析了新疆城市化发展质量的时空分异规律，多维度综合研究了新疆城市化发展质量的评价标准、影响因素及分异格局、动态变化，客观揭示了新疆城市化发展空间秩序及地域分异规律，取得了一批有价值的学术成果和研究结论，为博士期间的学术研究工作画上了圆满句号，也为进一步深入研究奠定了扎实的理论和研究基础。

该书是一部具有较高水平的学术著述，凝聚了作者在攻读博士学位期间的辛勤耕耘、不懈努力和艰苦付出，体现了作者在城市化研究领域的理论探索、学术钻研和研究积累，反映了作者扎实的研究功底和严谨的学术作风。该书的出版将对新疆城市问题研究的拓展和深化起到推动作用，也为从事生态城市建设、城市规划与管理、绿洲城镇体系等领域的科研人员和高校师生提供了一部有价值的参考书。

张军民
2016 年 12 月于新疆石河子

序 二

"十三五"是城市化快速发展的历史时期，更是城市化由规模强度向质量内涵转型的关键节点。如何根据区域资源环境禀赋、生态承载能力和区位地缘条件，发展具有地域特色和分工职能的城镇体系，是提升我国城市化发展质量重大课题。新疆资源优势明显，区位和地缘位置突出重要，是我国重要的战略资源储备区和"一带一路"建设的核心区，新疆城市化健康发展深刻影响着西部国土安全和国际大通道建设。在城市化发展初级阶段，如何总结发达国家和地区城市化发展的成败经验，结合自身在国际、国内及区域分工的地位和作用，通过统筹协调、合理布局、有序发展各级各类城市，提升区域城市化发展内涵质量，对新疆实现跨越发展和长治久安具有重大现实意义。

基于此，本书根据城市化发展理论、空间经济学理论、城市化空间发展基础理论及中国城市化空间分异基本规律，结合新疆城市发展区域特点和现实问题，在准确界定城市化发展质量内涵基础上，从人口发展质量、社会发展质量、经济发展质量、生态环境质量、城乡区域协调发展五个维度构建城市化发展质量指标体系，利用熵值法赋权、动态评价、协调模型、探索性空间数据分析（ESDA）方法、空间计量模型等，综合测度了新疆15个地州市城市化发展质量，动态分析了近11年新疆城市化空间分异过程、格局，实证研究了新疆城市化空间分异特点及规律，探究了新疆城市化发展空间秩序及分异规律，在借鉴国外典型城市城市化空间发展经验基础上，尝试性提出了提升新疆城市化发展质量的对策建议，为新疆新型城市化建设、实现"新丝绸之路经济带"核心区建设目标提供科学依据。

本书在整体上可以分为四部分：第一部分由第一章到第三章组成，从理论角度探讨了城市化发展质量及其空间分异，并结合新疆的城市化发展历程、现状、特征及城市化进程中存在的问题，为本书研究起到了宏观的把握。第二部分包括第四章、第五章和第六章，从城市化发展质量的空间分异动态分析到分异格局分析，动态和静态相结合，探讨新疆15个地州市城市化发展质量的演变规律、空间分异特征及规律。并针对其从理论和实证角度分析空间分异的成因。第三部分为第七章对国外典型城市城市化空间发展成功经验借鉴，针对以上研究，借鉴成功经验。第四部分即第八章，针对以上研究提出提升新疆城市化发展质量对策建议。

本书的创新之处主要体现在以下三个方面：

（1）作为当代城市文明与社会经济集聚的重要特征，城镇群是当代全球城市化发展的总体趋势。《中国发展报告2010：中国新型城市化战略》提出，中国城市化要走以城市群为主体形态的城市化道路，在城市化空间布局上按特大城市群、大城市群、其他城市化地区（大都市区、城市圈、城市带）、边境口岸城市、点状分布的中小城市和小城镇五类考虑，实行有区别的城市化方针。我国城市化的发展各自为政，忽视城市自身基础条件、功能定位，城市之间没有统一的协同分工，以至于产业结构趋同，城市发展付出巨大资源环境代价，中心城市的辐射带动作用较弱，城市间的资源要素不能合理自由流动，影响城市化发展质量。因此，本书在研究中拟从空间结构视角研究城市化发展质量，从其空间相互作用产生的系统结构，功能和效益问题。如集聚或扩散效益、规模效益、外部性等。并从城乡和区域一体化视角创新城市化发展质量指标体系，强调城市分工及功能差异的合理性，及其对评价指标体系的影响。

（2）本书尝试使用 ESDA 空间自相关分析方法，对新疆城市化发展质量的空间分异从集聚－分散、功能强弱、中心边缘等方面系统分析新疆城市化发展质量空间差异及其表达的深层次规律。

（3）研究内容的创新性。新疆城市化发展质量的研究只局限于城市化质量内涵的界定及状态评价上，对其城市化发展质量的演进规律及形成原因还缺乏系统的分析。本书第四章动态分析和第五章的空间分异格局是从时间和空间过程或尺度衡量或评价新疆城市化发展质量的变化规律，并对影响城市化发展质量的主要因素进行精确的定量甄别，以找出稳定、持续、主要影响城市化质量的关键要素。探索新疆城市化发展质量的内在演进规律，以期为类似区域的城市化发展提供理论借鉴。

本书主要结论如下：

第一，新疆 15 个地州市城市化发展质量及各维度总体呈现逐年上升趋势，但整体水平较低，增长缓慢，区域差异显著，协调水平较差，阶段性特征明显。凸显新疆城市化发展的政府主导地位，以及随着国家宏观政策变化、城市化发展历史阶段所决定的特点。经济、社会和人口维度是城市化发展质量的主要动力，生态环境和城乡区域协调贡献度偏低，新疆城市化处于传统发展的初级阶段。人口、经济、生态环境维度的差距大于整体差距，而社会、城乡和区域协调发展的差距小于总体差距，并呈扩大趋势；社会、经济、生态环境质量维度以 2007 年为分水岭，而人口和城乡及区域协调发展维度分别以 2008 年和 2006 年为界，各自划分为两个阶段；北疆与东疆、南疆的差距较大，但近几年有缩小趋势；11 年来 15 个地州市各维度协调水平较差，整体处于失调阶段，且以 2007 年为界划分为两个阶段。

第二，新疆城市化发展质量及各维度层级特征明显，呈现明显的南、北疆空间差异格局，且以天山北坡经济带为核心向北、向南方向逐渐递减的"中心-外围"空间分异特征。凸显新疆城市化发展的行政依赖性、交通依赖性和区位依赖性。除了社会和生态环境质量维度外，城市化发展质量及其他维度较低质量层级主要分布在南疆的喀什地区，形成新疆整体发展的"低洼"区域。而较高质量层级集中分布在北疆区域的天山南北坡沿线，尤其是天山北坡中段；各地州市城市化发展质量及各维度聚集程度呈减弱趋势。生态环境和社会发展质量维度呈随机分布，人口、经济、城乡和区域协调发展维度与城市化发展质量格局及空间分异特征相似且聚集特征显著，呈现南、北疆空间分异格局；各维度中只有生态环境与城市化发展质量关联性有上升趋势，且经济发展质量较好地区对应较低的生态环境质量。

第三，新疆各地州市与相邻区域之间的空间效应从扩散或溢出效应到空间相互作用，且不同时期影响城市化发展质量空间分异的因素各有侧重。从2004年的空间滞后模型到2014年的空间误差模型的显著性，表明各地州之间的空间效应从空间扩散效应转换为空间联系；2004年，人口因素、交通区位、政府政策及地区间空间溢出效应是城市化发展质量空间分异的主要因素，而资源的过度依赖及较低的经济发展水平制约了城市化发展质量；2014年，资源禀赋、经济发展水平、人口因素、交通区位及相邻地区间的联系强弱是城市化发展质量空间分异的主要影响因素，而水资源的约束和缓慢的城市化进程，交通运输发展滞后以及政府的过度干预等影响城市化可持续发展；人口因素中的人口素质指标和交通区位中的通信设施指标始终是城市化发展质量空间分异的主要因子。

基于上述研究结果提出：新疆应围绕国家"一带一路"核心区建设战略目标，抓住新型城市化建设历史机遇，立足新疆在经济全

序　二

球化和区域一体化时期的地缘区位和通道走廊优势，科学发展、合理布局各级各类城镇，完善优化城镇地域体系和空间结构，培育现代城镇功能和互联互通网络；重点建设北、中、南三条国际化大通道上的节点城市—国际、国家及地方性枢纽城市，把乌鲁木齐市、喀什市、霍尔果斯口岸等建成新疆新型城镇化建设的国际化都市（群），通过城市基础设施、公共服务及实体经济、服务贸易与"一带一路"的互联互通、有机融合，来支撑、辐射和提升新疆城市化发展质量和水平；大力发展绿洲生态型中心城镇，建设空间组团或团聚型现代城镇体系，积极培育与生态承载、地域优势和集聚规模相适应的城市经济功能和要素，并将其有机地融入国际化都市建设中，形成经济分工与社会职能、人口集聚与生态承载彼此协调、互利共生的城市化空间发展秩序。

本书是在我的博士学位论文"新疆城市化发展质量时空分异规律研究"基础上扩展而成。无论是从理论还是实践角度来看，书中尚存在一些问题需要继续研究和完善，书中不足之处敬请方家斧正。

李松霞

2016 年 12 月

目 录

第一章 导论 ……………………………………………………… 1

  第一节 研究背景及意义 ………………………………………… 1
  第二节 国内外研究动态 ………………………………………… 6
  第三节 研究思路与内容 ………………………………………… 32
  第四节 研究方法与技术路线 …………………………………… 34
  第五节 创新之处 ………………………………………………… 36

第二章 概念界定及理论基础 ………………………………… 38

  第一节 概念界定 ………………………………………………… 38
  第二节 理论基础 ………………………………………………… 46

第三章 新疆城市化发展综合分析 …………………………… 57

  第一节 新疆城市化发展历程 …………………………………… 57
  第二节 新疆城市化发展现状 …………………………………… 61
  第三节 新疆城市化发展特征 …………………………………… 64
  第四节 新疆城市化发展中存在问题 …………………………… 67

第四章 新疆城市化发展质量空间分异动态分析 …………… 70

第一节 城市化发展质量动态评价理论及方法 ………… 70
第二节 新疆各地州市城市化发展质量演变过程分析 …… 85
第三节 区域差异动态分析 …………………………… 104
第四节 城市化发展质量各维度协调性评价 …………… 106
小结 ……………………………………………………… 109

第五章 新疆城市化发展质量空间分异格局研究 …………… 111

第一节 空间分异格局研究理论及方法 ………………… 112
第二节 空间分异层级特征 …………………………… 116
第三节 城市化发展质量空间关联性分析 ……………… 126
小结 ……………………………………………………… 146

第六章 新疆城市化发展质量空间分异成因分析 …………… 148

第一节 空间分异影响因素分析 ……………………… 148
第二节 影响因素实证分析 …………………………… 156
小结 ……………………………………………………… 164

第七章 国外典型城市城市化空间发展成功经验借鉴 ……… 166

第一节 以区域中心城市为增长点 "点"状城市化
道路——美国西部 ………………………… 166
第二节 大都市为核心 大都市圈的空间发展
特征——日本 ……………………………… 167
第三节 分散环形发展模式——新加坡 ………………… 168
第四节 利用区位优势和资源禀赋 实现产业
转型——迪拜 ……………………………… 169

         第五节 利用地缘条件 高技术和人才强国
              之路——以色列 ………………………… 170
    小结 …………………………………………………… 171

第八章 提升新疆城市化发展质量对策建议 ……………… 173
    第一节 发展科技和教育，加快人才培养 …………… 173
    第二节 注重生态环境，促进城市可持续发展 ……… 174
    第三节 提高工业化水平，延长产业链，提高附加值 … 175
    第四节 根据资源禀赋，发展特色产业 ……………… 176
    第五节 统筹城乡协调发展 …………………………… 177
    第六节 优化城市空间布局 …………………………… 178
    第七节 加大政策支持及基础设施建设投入 ………… 179

第九章 结论与展望 ………………………………………… 181
    第一节 主要结论 ……………………………………… 181
    第二节 研究展望 ……………………………………… 183

参考文献 ……………………………………………………… 185
附录1 新疆"丝绸之路"沿线城市发展质量空间
      分异研究 ……………………………………………… 203
附录2 新疆丝绸之路沿线城市空间关联性测度 ………… 220
后记 …………………………………………………………… 235

第一章

导　　论

第一节　研究背景及意义

一、研究背景

城市是区域发展的核心，城市化是地区经济发展的内在动力和必然趋势，城市化是个世界性问题，是每一个国家由贫穷落后走向繁荣发达的必经发展过程。联合国最新预测，到2030年，世界城市人口将比目前增加20亿[1]。前世界银行首席经济学家、副行长、诺贝尔经济学奖获得者斯蒂格利茨在2000年世界银行的一次会议上说："21世纪推动人类社会进程的两件大事，一个是美国的新技术革命，一个是中国的城市化"[2]。城镇化对拉动地区消费需求，扩大内需；对带动就业，拉动基础设施、公共服务等多方面的投资；对推动经济结构优化转型，促进城乡一体化发展，提高人民生活质量和人的全面发展都

---

[1] Sclar E D, Garau P, Carolini G. The 21st Century Health Challenge of Slums and Cities [J]. Lancet, 2005, 365 (9462): 901 – 903.
[2] 吴良镛，呈唯佳，武廷海. 从世界城市化大趋势看中国城市化发展 [J]. 科学新闻, 2003 (17): 7 – 8, 47.

起着重要作用，为我国经济长期健康发展提供持续内在动力。

进入21世纪以来，中国城镇化以年均提高1.35个百分点的速度快速推进，粗放的城市化发展方式，带来城市病日渐凸显、城乡差距扩大、半城镇化现象日益严重等问题影响着城市化的健康发展。同时，这种只重视数量而忽略质量的城市化模式又束缚着经济发展方式的转变。目前我国各个地区的城市化发展各自为政，呈遍地开花式的城市化布局形态，不同尺度区域在推进工业化、城市化过程中，不顾当地资源环境承载能力、忽视自身比较优势与功能定位，一味追求城市建设盲目扩张，使得城市化质量与速度不协调，各种城市化质量问题和矛盾日益突出，城市化质量问题日益受到关注[①]。因此，促进城镇化的科学发展必然要求转向以质量为导向。目前我国正处在城市化快速发展时期，亟须社会战略转型，因此，需要从理论上界定城市化发展质量的本质内涵，测度城市化发展的质量差距和需要改进的方向，提速更要提质，走向适度、健康、可持续的城市化发展道路。

"十一五"规划提出以城市群（圈）作为推进城镇化的主体形态，但城市群（圈）内各城市的城市化数量、规模及质量严重不平衡，两极分化严重，不利于各自分工与协作及区域一体化进程。"十二五"规划纲要提出"中国必须走紧凑型、集约化、高密度的城市化道路，以城市群主体形态推进城市化"，"强调提升城市化的质量"。十八大也把"提升城市化质量"作为发展目标，全面发展建成小康社会，更是开启了我国城镇化发展以质量导向的新阶段；2013年中央经济工作会议也提出，提升城市化质量，促进城市化健康发展。博鳌亚洲论坛2013年年会上，在一场名为"城市化的质量"分论坛上，人们结合习总书记的讲话，各抒己见，认为"城市化伴随着工业化、制造业、服务业的迅猛发展，更高质量、更高收益的就业机会，医疗、健康、养老、失业、保险等"。林毅夫称，"中国未来经济发展仍将保

---

① 郭叶波，魏后凯. 中国城镇化质量评价研究述评 [J]. 中国社会科学院研究生院学报，2013 (2)：37 - 43.

持比较高的速度,到2020年之前,GDP增速能在7%~8%之间"。这样一个高速发展,伴随产业、就业和人口结构的变化,城镇化是一个必然的内涵。

《国家新型城镇化规划(2014~2020年)》出台后,国家发改委、住建部、人社部、财政部、公安部、国土部等六部委有关负责人在2014年3月19日国务院新闻办举办的新闻发布会上回答记者时①,肯定了"我国城镇化发展正处在一个关键时期,且质量不高、粗放扩张的现实。"规划强调生态文明,提倡绿色、循环、低碳发展;水、土、能源等自然资源的节约、集约利用,强化生态环境保护与治理,推动建设绿色城市、智慧城市以及绿色低碳的生产生活方式等。

"十三五"规划把"以提高发展质量和效益为中心"以及"创新、协调、绿色、开放、共享的发展理念"②作为对城市化发展质量的新的要求。2015年的中央经济工作会议,更加注重提高发展质量和效益,推动经济发展。从调整产业结构到注重以人为核心推进城镇化,从促进区域发展到保护生态环境,从保障改善民生到进行资源配置及扩大对外开放,无疑都是对新时期城市化各方面发展的"质"的目标。2015年中央城市工作会议上肯定了城市发展对整个经济社会的带动作用,提出"坚持以人为本、科学发展、改革创新、依法治市,转变城市发展方式,完善城市治理体系,提高城市治理能力,着力解决城市病等突出问题,不断提升城市环境质量、人民生活质量、城市竞争力,建设和谐宜居、富有活力、各具特色的现代化城市"等,这些都是基于我国高城镇化率背后潜在的质量危机提出的,更说明我们国家对城市化发展质量的日益关注成为常态。

我国城市化进程的快速发展,使得一系列经济、社会、生态等问题不断显现,城镇化质量成为研究城镇化的新的切入点。提升城镇化质量应以人为本、改善民生福利、结构升级夯实产业支撑、统

---

① 六部委高官直击新型城镇化热点话题[N].中华工商时报,2014-03-20.
② 中央城市工作会议在北京举行[N].人民日报,2015-12-23.

筹城乡发挥互补效应、融入信息化提升品质效益、建设生态文明实现永续发展[①]。

而新疆作为我国西部干旱区,生态环境脆弱,水、土、矿等不可再生资源匮乏,经济发展落后,近些年城市化水平有所提高,2014年达到46.07%,但城市化进程中资源短缺、环境污染、土地退化等矛盾突出,特殊的地理位置、自然环境、民族矛盾等问题,使得社会和谐、生态稳定、民生改善显得更为迫切,为了新疆城市化的健康、可持续发展,更应注重城市化的"质"的发展。剖析城镇化质量的内涵,研究其时空差异演变,探索其发展规律,对推进新型城镇化道路的探讨具有重要的现实意义。

为此,以新疆为例,系统分析15个地州市城市化发展质量,探讨其差异的动态变化和空间分异规律,分析其表现形式、分异特征及地域差异的影响因素,研究空间分异对新疆城市化发展质量影响的成因,为缩小南北疆区域发展差异,提升城市化发展质量,促进城市化健康与可持续发展提供科学依据。

二、研究意义

城市化及城市经济在我国及新疆的发展中具有主体地位和主导功能;新疆处于城市化跨越发展的关键时期,城市化大发展与资源环境支撑、区域协调发展矛盾突显;新疆工作会议、新疆三化建设及最新发展新政中对新疆城市化的高度关注和广泛重视,而南北疆城市化发展质量差异对新疆城市化健康发展影响广泛而深远,南北疆城市化协调有序发展,是新疆深度城市化必须解决的基础性或关键性问题等等。

(一) 理论意义

第一,研究城市化发展质量是对城市化理论的发展和完善。当前

---

① 郝华勇:城镇化质量的现实制约、演进机理与提升路径 [J]. 四川师范大学学报(社会科学版),2014 (3):63-69.

城市化质量理论研究方面虽已从多元视角诠释其内涵，但至今尚未形成对"质量"的共识，缺乏对城市化发展质量影响成因及演变规律的系统探讨。方法方面尝试建立多种测度城市化质量的指标体系及方法模型，但还没有统一的评价模型[①][②]。本书在对城市化发展质量内涵深入理解基础上，从其外延与内涵出发构建基础评价指标体系，用以测度新疆在城市化发展中存在的多维度质量问题，为衡量新疆乃至全国的城市化质量提供一定的参考标准。

第二，丰富和完善城市化发展质量理论。通过对新疆城市化发展质量的全面分析测度，探索新疆及各个地区发展存在的短板，探寻其规律，为新疆城市化未来发展的科学决策提供参考依据。

第三，丰富和完善特殊区域城市化发展质量理论。新疆作为西部干旱区多民族的特殊的边疆区域，城市化发展道路必有其特殊性。探索新疆城市化发展质量对于新疆未来城市化的发展有一定指导意义。

（二）现实意义

第一，为新疆深度城市化发展提供依据。

新疆与我国的城市化发展有其共性，城市交通拥挤，生态环境污染严重，水、土、矿等不可再生资源紧缺，只有速度和数量的扩张而忽视质量的提升，不利于城市化的健康与可持续发展。目前，城市化发展质量作为深化城市化的关键内容，而现有研究成果又很少对这一问题进行系统的讨论。为此，探讨新疆城市化发展质量，促进城市化健康、可持续发展之路具有很大的现实意义。

第二，对促进新疆社会和谐、生态稳定、民生改善，有一定的现实意义。

新疆位于我国西北边陲，是典型的绿洲经济。气候干旱，生态环境极其脆弱，多民族、多文化，城市化发展质量不高，且区域差异凸

---

① 王德利，方创琳. 城市化发展质量研究进展及展望[J]. 现代城市研究，2012 (7): 15–21.
② 陈明. 中国城镇化发展质量研究述评[J]. 规划师，2012, 28 (7): 5–10.

显，尤其是南北疆差异显著，不利于新疆的稳定和社会的发展，只有下大力度，缩小差距，促进南北疆城市化发展质量协调发展，有一定现实意义。

第三，保障国家边疆安全。

新疆是我国西部前沿的桥头堡，与八国接壤，有许多重要的边境口岸，同时又是我国"丝绸之路经济带"的最西部端口，具有重要的战略地位。因此，新疆经济的发展与稳定，是关乎国家边疆安全的保证。而城市化发展质量的提升有利于新疆经济的发展与社会和谐。

第二节　国内外研究动态

一、城市化发展质量相关研究

（一）国外城市化发展质量相关研究

对于城市化质量问题，国外还没有直接的研究，更多的是关于田园城市、生态城市、健康城市、城市可持续发展、城市居民生活质量等方面的研究，探索城市化过程中经济转型、社会进步、生态平衡、人居适宜等诸多更利于人类生存和发展的问题[①]。

联合国人居中心 2002 年编制了由基础设施、废品处理、健康、教育、城市生产等方面建立的指标体系，用于衡量城市发展水平的城市发展指数（CDI）[②]。2004 年又提出了城市指标准则（Urban Indicators Guidelines），用城市发展指数和城市指标准则，为评价城市发展

---

① 邵林，翟国方，丁琳. 安徽省城市化质量时空演变及驱动力因子分析 [J]. 现代城市研究，2013（10）：76–81.

② The United Nations Center for Human Settlements（Habitat）. The State of the World's Cities Report 2001 [M]. New York：United Nations Publications，2002.

第一章 导　论

质量提供了标准和依据①。

1987年联合国世卫组织（WHO）欧洲办公室在欧洲发起了"健康城市工程"，要求为了人类的健康，城市不但要全面提高市民的生活质量（社会、经济条件等方面），还要提高环境质量。欧洲健康城市理论研究涉及老龄化、城市规划、社会因素等几方面与城市健康的关系。英国伦敦的卡姆登区（Camden）在"健康城市项目"设立高度关注老年人问题②。汉考克和顿尔认为把对城市的自然和社会环境的改善，社区资源的充分利用，且居民相互扶持并使自身潜力得到最大限度地发挥的城市才是健康的城市③。

英国社会活动家霍华德（1898）④⑤的"田园城市"的理念。理查德·雷吉斯特（1987）认为只有相对较小的城市规模才适合建立生态城市，并提出建设生态城市四原则：高质量城市、就近出行、小规模地集中化和物种多样性⑥。

苏联生态学家雅尼科斯特（O·Yanitsky，1987）⑦首次提出生态城市的完整概念："基于生态学理论，社会、经济和自然的协调发展，物质、能量和信息的高效利用，生态良性循环，即高效、和谐的人类聚居地"。

21世纪西方城市形态研究主要致力于优化城市结构和空间要素，促使空间可持续发展。基于经济、社会、环境3个维度，采用各种形

---

① United Nations Human Habitat. Urban Indicators Guideliners [M]. United Nations Human Settlement Programme, New York: United Nations Publications, 2004: 8 - 9.

② Keller I M, Kalache A. Promoting Healthy Aging in Cities: The Healthy Cities Project in Europe [J]. Journal of Cross - Cultural Gerontology, 1997, 12 (4): 287 - 298.

③ Garau P, Sclar E, Carolini G. You Can't Have One Without the Other: Environmental Health Is Urban Health [J]. American Journal of Public Health, 2004 (11): 1848.

④ Ebenezer Howard, To-morrow: A Peaceful Path to Real Re-form [M]. Swan Sonnenschein, 1898. 1.

⑤ 埃比尼泽·霍华德. 明日的田园城市 [M]. 金经元，译. 北京：商务印书馆，2000.

⑥ Richard Register. Ecocity Berkeley: Building Cities for a Healthy Future [M]. CA: North Atlantic Books, 1987.

⑦ Oleg N. Yanitsky. The Ecological Movement in Post-totalitarian Russia: Some Conceptual Issues [J]. Society and Natural Resources, 1996, 9 (1): 65 - 76.

态参数和指标度量模型,为构建可持续发展城市形态的路径和方法进行了长期的经验性探索,研究成果涵盖城市交通、土地利用、住房、建筑能耗、社区规划、城市设计等多个方面(川上(Kawakami)等,2013;威廉姆斯(Williams)等,2000)①②。

1958年加尔布雷思(J. K Galbraith)在《富裕社会》一书中首先指出:"生活质量是指人们生活的舒适、便利程度以及精神上的满足等"③。路易斯·德尔芬·桑托斯(Luis Delfim Santos)和伊莎贝尔·马丁斯(Isabel Martins)(2006)④ 阐释了高、低生活成本两者的关系,建立包含自然、生活、经济和社会环境四方面的模型,对葡萄牙的波尔图进行了实证检验。

朱丽叶·法达(Giulietta Fadda)和葆拉·基伦(Paola Jiron)(1999)⑤ 从社会性别的视角研究生活质量。通过性别对资源的拥有量和需求的异同,以及健康、社会公平、环境等对不同性别的不同影响,而对生活质量的看法及感受不同的分析。维森特·罗尤埃拉(Vicente Royuela)等(2004)⑥ 把生活质量看成是生活成本和收益的函数且分析了生活质量和城市规模两者的关系。

《社会指标研究丛书》(迈克洛斯(Michalos),2011)从各个角度对社会发展水平指标体系进行研究,其中的《调查城市生活质量》(马兰斯(Marans),史汀生(Stimson),2011)从经济、就业、住

---

① Kawakami M, Shen Z J, Pai J T, et al. Spatial Planning and Sustainable Development: Approaches for Achieving Sustainable Urban Form in Asian Cities [M]. London: Springer, 2013.
② Williams K, Burton E, Jenks M. 2000. Achieving Sustainable Urban Form [M]. London and New York: E&FN Spon, 2000.
③ John Kenneth Galbraith. The Affluent Society [M]. Boston: Houghton Mifflin Company, 1958.
④ Luis Delfim Santos, Isabel Martins. Monitoring Urban Quality of Life: The Porto Experience [J]. Social Indicators Research, 2007 (2): 411 - 425.
⑤ Giulietta Fadda, Paola Jirón. Quality of Life and Gender: A Methodology for Urban Research [J]. Environment and Urbanization, 1999, 11 (2): 261 - 270.
⑥ Vicente Royuela, Jordi Suriñach, Mónica Reyes. Measuring Quality of Life in Small Areas over Different Periods of Time: Analysis of the Province of Barcelona [J]. Social Indicators Research, 2003, 64 (1): 51 - 74.

房、交通、教育、治安、医疗、游憩、环境等各个方面对城市生活质量进行了评价,并将其作为衡量城市生活质量的重要影响因素[①]。

(二) 国内城市化发展质量相关研究

1. 城市化质量内涵

(1) 城市现代化和城乡一体化两个层面的观点。

叶裕民(2001)[②]开创了国内城镇化质量的研究,认为城市现代化是城市化质量的核心内容,城乡一体化是提高城市化质量的终极目标。城市现代化包括3个方面:城市经济现代化、基础设施现代化和人的现代化,城乡一体化则用城乡居民收入水平及其生活质量差异状况两个方面反映。后来许多学者以此为基础展开研究。

赵雪雁(2004)[③]从经济实力现代化、居民素质与生活质量现代化、科技与信息现代化、环境发展水平等方面反映城市现代化;用城乡居民收入差异、城乡居民恩格尔之差反映城乡一体化,对西北地区城市化质量进行了评价。

福建省城调队(2005)[④]把反映城市化进程中"人"的生存和生活质量的现状,经济发展水平质量,体现城市化发展中社会、经济、政治领域的协调发展和城乡差距逐步被淡化和消除界定为城市化质量的内涵。

王忠诚(2008)[⑤]参照叶裕民研究基础上,在城乡一体化指标体系有所突破,增加城乡居民非食品支出差距系统和城乡二元结构比率。许宏等[⑥](2009)将衡量城市现代化的指标体系归结为经济、居

---

① Marans R W, Stimson R J. Investigating Quality of Urban Life: Theory, Methods, and Empirical Research [M]. Springer, 2011.
② 叶裕民. 中国城市化质量研究 [J]. 中国软科学, 2001 (7): 27 - 31.
③ 赵雪雁. 西北地区城市化质量评价 [J]. 干旱区资源与环境, 2004, 9 (5): 69 - 73.
④ 国家城调总队福建省城调队课题组. 建立中国城市化质量评价体系及应用研究 [J]. 统计研究, 2005 (7): 15 - 19.
⑤ 王忠诚. 城市化质量测度指标体系研究——以我国直辖市为例 [J]. 财经问题究, 2008 (6): 32 - 33.
⑥ 许宏, 周应恒. 云南城市化质量动态评价 [J]. 云南社会科学, 2009 (5): 115 - 119.

民素质与生活质量、科技和信息、环境发展等四大类的现代化水平。

于涛等（2010）[①] 认为城市化质量是指城市化进程中社会、经济、空间和生态等反映城市内在机理和结构的要素质量，突出表现在反映人的生存和生活质量状况的衣食住行、安居乐业以及城乡统筹的协调性等方面。

李小军，方斌（2014）[②] 根据叶裕民城镇化质量内涵，构建城镇化质量分区评价指标体系。从经济、社会、生态环境和自然资源利用率4个维度来评价城镇现代化，用城乡统筹度来反映城乡一体化程度。

（2）城市化质量涵义三方面的观点：城市自身的发展质量；城市化推进效率；城乡一体化实现程度。

李明秋、郎学彬（2010）[③] 把投入城市的要素利用效率、城市化率、环境和基础设施、生活质量、城市综合实力、对外辐射强度及服务能力，城乡一体化实现程度等的高低和优劣作为衡量城市化质量的标准。

郭叶波和魏后凯（2013）[④] 在李明秋城市化质量内涵的基础上做了进一步研究，认为在城镇化进程中，城镇化质量是反映城镇化优劣程度的综合概念，是与城镇化数量相对的。研究对象是指城镇化各组成要素以及所涉及领域的质量集合，反映在各构成要素的发展质量、协调程度和推进效率。郭叶波还强调城镇化质量评价研究的全面性，城市发展质量和城乡协调统筹考虑，权衡协调城镇化的文明成果与付出的社会、经济、环境等方面的代价。魏后凯等做了更深入的研究，

[①] 于涛，张京祥，罗小龙. 我国东部发达地区县级市城市化质量研究——以江苏省常熟市为例 [J]. 城市发展研究，2010，17（11）：7－12.

[②] 李小军，方斌. 基于突变理论的经济发达地区市域城镇化质量分区研究——以江苏省13市为例 [J]. 经济地理，2014，3（3）：65－71.

[③] 李明秋，郎学彬. 城市化质量的内涵及其评价指标体系的构建 [J]. 中国软科学，2010（12）：182－186.

[④] 郭叶波，魏后凯. 中国城镇化质量评价研究述评 [J]. 中国社会科学院研究生院学报，2013，3（2）：37－43.

认为城镇化质量的核心内容是城镇自身发展质量；城镇化推进效率是基础和前提；公平协调是重要保障。空间载体上，城市化地区和乡村的发展质量都要统筹考虑，前者是核心载体，后者是域面载体。构成要素上，城镇化质量又包含人口、经济、社会和空间四维度的城市化质量。

（3）其他学者观点。

孔凡文（2005）[①] 把城市化质量看成与速度相对的概念。城镇化发展的速度体现在城镇人口比重、城镇数量和规模等方面。城镇化发展的质量包括经济总量的增长、合理的产业结构、配套的基础设施、先进的科技文化、现代生活方式、较高的环境质量、社会保障改善、城镇管理水平提高等方面；朱洪祥（2007）[②] 把城市化看作一个系统，其质量内涵包括"动力因子"、"公平因子"、"质量因子"和"集约因子"四个方面；袁晓玲等（2008）[③] 从物质、精神和生态文明3方面定义城市化质量，认为城市化质量是人与自然、资源、环境的可持续发展。何文举等（2009）[④] 也持此观点。余晖（2010）[⑤] 认为城市化质量是经济发展、城市功能与社会和谐三维的协调发展；王家庭和唐袁（2009）[⑥] 强调了城市化质量的共性和特性，从经济、社会和生态环境3个维度构建指标体系，评价得出我国有占一半的省会级直辖市城市化质量处在较低水平；王德利等（2010）[⑦] 从城市基础实力，城市化发展协调性，城市化可持续发展水平三方面定义城市化

[①] 孔凡文，许世卫. 论城镇化速度与质量协调发展 [J]. 城市问题，2005（5）：58－61.

[②] 朱洪祥. 山东省城镇化发展质量测度研究 [J]. 城市发展研究，2007（5）：37－44.

[③] 袁晓玲，王霄，何维炜，等. 对城市化发展质量的综合评价分析——以陕西省为例 [J]. 城市发展研究，2008，15（2）：38－45.

[④] 何文举，邓柏盛，阳志梅. 基于"两型社会"视角的城市化质量研究——以湖南为例 [J]. 财经理论与实践，2009（6）：118－121.

[⑤] 余晖. 我国城市化质量问题的反思 [J]. 开放导报，2010（2）：96－100.

[⑥] 王家庭，唐袁. 我国城市化质量测度的实证研究 [J]. 财经问题研究，2009（12）：58－64.

[⑦] 王德利，方创琳，杨青山，等. 基于城市化质量的中国城市化发展速度判定分析 [J]. 地理科学，2010（5）：643－650.

发展质量。方创琳，王德利（2011）[1]把城市化质量看作是经济、社会和空间城市化质量的有机统一，从这3个维度综合测度城市化发展质量的三维指标球及判别标准值，对中国1980～2008年城市化发展质量及其空间分异特征做了总体评价；欧向军等（2012）[2]把城市化进程中的人口、经济和居民生活、景观环境和基础设施城市化五个方面的互动发展理解为城市化质量。依据内涵选取30个指标构建指标体系对2001～2009年江苏县市城市化质量进行综合测度；张春梅等（2012）[3]从经济发展质量、居民的生活质量、城乡一体化发展程度、城镇发展的可持续性四个方面定义城市化质量内涵；何平、倪苹（2013）[4]认为城市化质量内涵为既包括城市化发展的综合水平，又包括其发展的集约、公平和可持续性；夏南凯、程上（2014）[5]从经济、社会、空间、人口4个子系统，结合浙江省实际情况构建城市化质量的指数型评价体系，并进行实证研究。

由于不同学者学科背景不同，所研究的地域不同，在指标选取上各有侧重，但是共同特点都是强调人口、经济、社会、生态环境等的协调发展以及区域一体化发展。

2. 评价方法

由于对城市化发展质量还没有统一的评价模型和方法，不同学者采用许多方法进行评价。

（1）综合评价法。叶裕民（2001）[6]用综合评价法对我国300万

---

[1] 方创琳．王德利．中国城市化发展质量的综合测度与提升路径［J］．地理研究，2011（11）：1931－1946.

[2] 欧向军，甄峰，叶磊，等．江苏省城市化质量的区域差异时空分析［J］．人文地理，2012，27（5）：76－82.

[3] 张春梅，张小林，吴启焰，等．发达地区城镇化质量的测度及其提升对策——以江苏省为例［J］．经济地理，2012，32（7）：50－55.

[4] 何平，倪苹．中国城镇化质量研究［J］．统计研究，2013，6（6）：11－18.

[5] 夏南凯，程上．城镇化质量的指数型评价体系研究——基于浙江省的实证［J］．城市规划学刊，2014（1）：39－45.

[6] 叶裕民．中国城市化质量研究［J］．中国软科学，2001（7）：27－31.

第一章 导　论

人以上的 9 个超大城市进行城市现代化水平的评价；赵雪雁（2004）[①]对西北地区、许宏等（2009）[②]采用综合评价法对云南省的城市化质量进行了分析。

（2）层次分析法。国家城调总队福建省城调队课题组（2005）[③]对 2003 年华东地区六省市城市化质量运用层次分析法进行了评价、朱洪祥（2007）[④]用层次分析法确定指标权重，利用聚类分析法把山东省 17 市城镇化发展质量划分层次；于涛等（2010）[⑤]采用该方法对江苏省常熟市城市化质量进行评价；王德利、方创琳（2010）[⑥]利用熵技术支持下的层次分析法（AHP）确定各评价指标的权重，对我国城市化发展质量进行评价；李琪、安树伟（2012）[⑦]利用层次分析法和综合评价法对我国 286 个地级及以上城市 2008 年的城市化质量进行了评价。

（3）熵值法。韩增林、刘天宝（2009）[⑧]运用熵值法，对我国除拉萨外的 286 个地级以上城市的城市化质量进行了分析；郝华勇（2011）[⑨]采用熵值法对山西省市域城镇化质量的实证研究；张春梅（2012）[⑩]用熵值评价法，对江苏省 13 个地市进行测评；王富喜、毛

[①] 赵雪雁. 西北地区城市化质量评价 [J]. 干旱区资源与环境, 2004, 9（5）: 69-73.
[②] 许宏, 周应恒. 云南城市化质量动态评价 [J]. 云南社会科学, 2009（5）: 115-119.
[③] 国家城调总队福建省城调队课题组. 建立中国城市化质量评价体系及应用研究 [J]. 统计研究, 2005（7）: 15-19.
[④] 朱洪祥. 山东省城镇化发展质量测度研究 [J]. 城市发展研究, 2007（5）: 37-44.
[⑤] 于涛, 张京祥, 罗小龙. 我国东部发达地区县级市城市化质量研究——以江苏省常熟市为例 [J]. 城市发展研究, 2010, 17（11）: 7-12.
[⑥] 王德利, 方创琳, 杨青山, 等. 基于城市化质量的中国城市化发展速度判定分析 [J]. 地理科学, 2010（5）: 643-650.
[⑦] 李琪, 安树伟. 中国地级及以上城市不同城市化质量类型划分及比较研究 [J]. 经济问题探索, 2012（12）: 54-61.
[⑧] 韩增林, 刘天宝. 中国地级以上城市城市化质量特征及空间差异 [J]. 地理研究, 2009, 28（6）: 1508-1515.
[⑨] 郝华勇. 山西省市域城镇化质量实证研究 [J]. 理论探索, 2011（6）: 78-81.
[⑩] 张春梅, 张小林, 吴启焰, 等. 发达地区城镇化质量的测度及其提升对策——以江苏省为例 [J]. 经济地理, 2012, 32（7）: 50-55.

爱华（2013）[①] 利用熵值法对山东省城镇化质量进行了综合测度；欧向军（2014）[②] 运用熵值法对2001～2009年江苏县市城市化质量进行综合测度。

（4）其他方法。白先春（2004）[③] 运用ANN中前向三层BP网络构造了预警方法来对城市化质量进行预警；白先春等（2005）[④] 基于LOWA算子构建县级城市发展质量评价指标体系，用聚类分析法将27县市进行城市化质量分类，并通过协调发展模型，对其质量系统的协调发展进行评价；袁晓玲（2008）[⑤] 根据综合评价方法对2005年陕西省10个地级市的城市化质量进行分析，借助SPSS统计软件对原始数据进行标准化处理，采用德尔菲法赋权法，聚类分析、相关分析、因子分析等统计方法，简化指标体系为9个；何文举等（2009）[⑥] 对湖南省14个地级市城市化质量的评价指标体系，精简后9个指标，用R型聚类分析、因子分析法等；王家庭等（2009）[⑦] 运用主成分分析法对我国城镇化质量进行测度分析；鲍悦华等（2011）[⑧] 采用因子分析法对2004年我国21个省份的163个地级市和县级市的城市化质量的测度评价；何平、倪苹（2013）[⑨] 采用专家赋权法对全国及31

[①] 王富喜，毛爱华，李赫龙，等. 基于熵值法的山东省城镇化质量测度及空间差异分析 [J]. 地理科学，2013，11 (11): 1323－1329.

[②] 欧向军，甄峰，叶磊，等. 江苏省城市化质量的区域差异时空分析 [J]. 人文地理，2012，27 (5): 76－82.

[③] 白先春. 我国城市化进程的计量分析与实证研究 [D]. 南京：河海大学，2004.

[④] 白先春，凌亢，朱龙杰，等. 我国县级城市发展质量综合评价——以江苏省县级市为例 [J]. 统计研究，2005 (7): 51－54.

[⑤] 袁晓玲，王霄，何维炜，等. 对城市化发展质量的综合评价分析——以陕西省为例 [J]. 城市发展研究，2008，15 (2): 38－45.

[⑥] 何文举，邓柏盛，阳志梅. 基于"两型社会"视角的城市化质量研究——以湖南为例 [J]. 财经理论与实践，2009 (6): 118－121.

[⑦] 王家庭，唐袁. 我国城市化质量测度的实证研究 [J]. 财经问题研究，2009 (12): 58－64.

[⑧] 鲍悦华，陈强. 基于城市功能的城市发展质量指标体系构建 [J]. 同济大学学报（自然科学版），2011，39 (5): 778－784.

[⑨] 何平，倪苹. 中国城镇化质量研究 [J]. 统计研究，2013，6 (6): 11－18.

个地区的城镇化质量进行了综合评价；夏南凯、程上（2014）[①] 对城镇化质量评价体系指数和指标的权重采用专家打分法，采取 z-score 标准化的方法对数据标准化处理，评价方法包括等级排序法和均衡分析法。对浙江省城镇化质量空间特征分析采用 ARCGIS 空间自相关工具进行空间聚类分析；李小军等（2014）[②] 等采用突变级数法与系统聚类分析方法相结合，构建市域城镇化质量分区的理论框架，对江苏省13个地级市城镇化质量进行了评价。

3. 城市化质量空间差异

朱洪祥（2007）[③] 基于山东省城镇化质量的测度结果，通过聚类分析得出结论：城镇化发展质量空间分异特征明显地表现为东部沿海地区高于西部地区。

韩增林、刘天宝（2009）[④] 在对我国除拉萨外的286个地级以上城市的城市化质量进行评价的基础上进行空间分析，得出结论为：空间差异明显，城市化质量呈现从东部沿海到中、西部依次降低的特点；较高质量的城市呈聚集状，拟合城市群。

王家庭、唐袁（2009）[⑤] 认为我国城市化质量空间差异呈现出从东部向西部逐渐递减的趋势。

方创琳、王德利（2011）[⑥] 通过对我国各省城市化发展质量研究，分析其时空差异性，得出：城市化发展质量均呈上升趋势，呈现出"由内陆向沿海，再到整体提高"的空间分异性；且其子系统空间

[①] 夏南凯，程上. 城镇化质量的指数型评价体系研究——基于浙江省的实证 [J]. 城市规划学刊，2014（1）：39-45.

[②] 李小军，方斌. 基于突变理论的经济发达地区市域城镇化质量分区研究——以江苏省13市为例 [J]. 经济地理，2014，3（3）：65-71.

[③] 朱洪祥. 山东省城镇化发展质量测度研究 [J]. 城市发展研究，2007（5）：37-44.

[④] 韩增林，刘天宝. 中国地级以上城市城市化质量特征及空间差异 [J]. 地理研究，2009，28（6）：1508-1515.

[⑤] 王家庭，唐袁. 我国城市化质量测度的实证研究 [J]. 财经问题研究，2009（12）：58-64.

[⑥] 方创琳，王德利. 中国城市化发展质量的综合测度与提升路径 [J]. 地理研究，2011（11）：1931-1946.

分异特征明显，经济、社会维度质量东部明显高于中西部，中西部在空间质量维度相对较弱。

欧向军等（2012）[①] 认为，在 2001~2009 年江苏区域城市化质量差异总体扩大的基础上呈现先扩大后缩小趋势。在空间上，县市城市化质量提升有向环太湖地区不断极化的态势。

张春梅等（2012）[②] 在对城市化质量测度的基础上，将 2010 年江苏省 13 个地级市城镇化质量的综合测评结果进行聚类分析，将城镇化质量分为较高、中等、较低三大类。聚类结果用 ARCGIS 软件进行可视化表现空间分异情况。

蓝庆新（2013）[③] 在对我国人口城市化质量发展的测度基础上，分析其空间差异特征：我国区域人口城镇化发展水平从东向西呈现明显的高－中－低分布，同时区域内部质量水平差异较为显著。梁振民（2013）[④] 认为，东北地区城市化发展质量空间分异呈现出由南向北依次递减的趋势。

夏南凯、程上（2014）[⑤] 基于空间计量统计方法，重点考察浙江省城镇化质量中人口就业、经济、社会的空间分布特征，采用 ARC-GIS 的空间自相关工具进行空间聚类分析。结论：浙江省城镇化质量呈现极化特征。以杭州、宁波为中心的环杭州湾地区城镇化质量显著高于其他地区。

李小军等（2014）[⑥] 采用突变级数法与系统聚类分析方法相结

[①] 欧向军，甄峰，叶磊，等.江苏省城市化质量的区域差异时空分析［J］.人文地理，2012，27（5）：76－82.

[②] 张春梅，张小林，吴启焰，等.发达地区城镇化质量的测度及其提升对策——以江苏省为例［J］.经济地理，2012，32（7）：50－55.

[③] 蓝庆新，郑学党，韩雨来.我国人口城镇化质量发展的空间差异研究［J］.社会科学，2013（9）：50－61.

[④] 梁振民，陈才，刘继生，等.东北地区城市化发展质量的综合测度与层级特征研究［J］.地理科学，2013，33（8）：926－934.

[⑤] 夏南凯，程上.城镇化质量的指数型评价体系研究——基于浙江省的实证［J］.城市规划学刊，2014（1）：39－45.

[⑥] 李小军，方斌.基于突变理论的经济发达地区市域城镇化质量分区研究——以江苏省13市为例［J］.经济地理，2014，3（3）：65－71.

第一章 导 论

合，构建市域城镇化质量分区的理论框架，对江苏省13个地级市城镇化质量进行了评价，认为江苏省的市域城镇化质量格局存在明显的空间分异现象。

何孝沛等（2015）[①] 在对2003~2012年河南省省辖市城镇化质量测度基础上，采用自然断裂法划分层级，探讨不同层级区域城镇化质量空间格局及演变特征。得出：城镇化质量空间格局除了受原有格局的影响外，相对较高等级区域的空间格局变化较小，而第三、第四与第五等级之间城镇化质量空间格局变动较大。

在城镇化质量空间差异方面，大多数是在城市化质量测度基础上运用聚类分析、ARCGIS的自然断裂法等进行分类研究以及可视化空间分析、差异系数等方法对其区域差异进行分析。

4. 城镇化质量的影响因素或制约因素

目前，我国对城市化质量影响因素及成因分析的较少。梁振民（2013）[②] 分析东北地区34个地级市城市化发展质量层级特征，深入剖析每一个层级特征。并从国家政策、人口迁移、区位优势、计划时期的遗留问题等方面对影响城市化发展质量成因进行了探讨。

王德利（2013）[③] 在分析城市化发展质量内涵的基础上，提出影响城市化发展质量的主要因素，系统总结城市规模、城市化速度、经济系统、社会系统、空间保障系统、文化制度因素等对城市化发展质量的影响机制。

邵琳等（2013）[④] 通过运用要素贡献率和贡献弹性的方法对安徽省各市城市化质量发展的内在驱动力进行实证分析。研究结果显示：

[①] 何孝沛，梁阁，丁志伟，等. 河南省城镇化质量空间格局演变［J］. 地理科学进展，2015, 34（2）: 257-264.
[②] 梁振民，陈才，刘继生，等. 东北地区城市化发展质量的综合测度与层级特征研究［J］. 地理科学，2013, 33（8）: 926-934.
[③] 王德利. 城市化发展质量的影响因素与演化特征［J］. 地域研究与开发，2013, 32（6）: 18-23.
[④] 邵林，翟国方，丁琳. 安徽省城市化质量时空演变及驱动力因子分析［J］. 现代城市研究，2013（10）: 76-81.

经济发展水平、基础设施水平、生态环境是对城市化质量的贡献最大，是影响城市化质量的主要因素；且在不同时期、区域之间各因素对城市化质量的贡献率不同。

5. 基于某个视角的城市化质量研究

郑梓桢（2003）[①]利用社会保险覆盖面的覆盖程度作为衡量中国城市化质量指标之一。国外社会保险与城市化发展及进程没有直接关系，因为社会保险是覆盖全社会的。而我国主要是面向城镇、覆盖城镇人口的，覆盖面较小，有一定的局限性，社会保障体系较薄弱，与城市化发展水平高低及城市化进程快慢有关。

赖德胜、夏小溪（2012）[②]认为劳动者市民化是城市化发展的最终要求，把劳动力市场状况作为评价衡量城市化质量的高低，城市更重要的是人的城市化，即劳动者的市民化。劳动力市场视角下的中国城市化质量分析，具体体现在农民工的就业质量低，社保覆盖面小，就业质量不高、农民工遭受各种歧视，社会融合受到阻碍、基本社会公共服务尚未均等化、收入差距不断扩大，伪城市化问题严重。总体看，中国城市化质量还比较低，而城市化质量不高将影响城市化进程。

蓝庆新等（2013）[③]认为人口城镇化是城镇化的核心内容，需要加快实现由数量扩张向质量提升的转变。以全国及31个省区市为研究对象，从协调关系、生存能力、发展质量、生活质量方面评价我国人口城镇化发展质量。

6. 城镇化质量的协调性研究

采用协调度模型，研究城市化质量的协调性，把城市化发展质量看作是一个系统，各个维度是否协调发展都会影响城市化质量；现有

[①] 郑梓桢. 社会保险覆盖面人口基数测算与城市化质量评估[J]. 广东社会科学，2003（5）：53-59.

[②] 赖德胜，夏小溪. 中国城市化质量及其提升：一个劳动力市场的视角[J]. 经济学动态，2012（9）：57-62.

[③] 蓝庆新，郑学党，韩雨来. 我国人口城镇化质量发展的空间差异研究[J]. 社会科学，2013（9）：50-61.

研究大多将城镇化质量看作是城市化发展各项的融合，注重指标的全面性和代表性，忽略了指标之间的内在的动态耦合关系，因此对于城市化质量维度的协调方面研究较少。

白先春等（2005）[①]，从人口质量、经济质量、生活质量、环境质量、城建质量五方面，对江苏省 27 个县级市的发展质量进行综合评价基础上，对各子系统质量指数的变化是如何影响整个城市发展质量的提高，来对城市质量各子系统进行协调性分析。

李国敏等（2015）[②] 通过分析各子系统的耦合协调关系进行城市化质量评价，对 2003~2012 年珠三角城市群耦合协调度的时空特征及演变规律进行分析。得出：珠三角城市群的耦合协调度总体呈上升趋势，空间上中部高于两翼且呈现出由中部向两翼扩展趋势。经济发展与生态环境两个子系统之间初步形成了良性耦合关系；人口与资源两个子系统由于滞后于其他子系统，而成为阻碍城市群质量提升的主要因素。

7. 城市群城市化质量研究

李成群（2007）[③] 借助城市化质量评价体系，对南北钦防城市群的城市化质量作出分析与评价，并为提高城市群城市化质量提出一系列措施。

王德利（2011）[④] 通过对首都经济圈城市化质量的研究得出：城市化发展水平在空间上呈现出以中部京津唐地区为核心，向南部（石家庄、邯郸地区）、向北部（张承地区及保定、衡水地区）逐渐递减的趋势；京津地区在经济、社会质量维度高于河北省 66 个地级市，而空间质量相对较弱。

[①] 白先春，凌亢，朱龙杰，等．我国县级城市发展质量综合评价——以江苏省县级市为例［J］．统计研究，2005（7）：51-54．

[②] 李国敏，匡耀求，黄宁生，等．基于耦合协调度的城镇化质量评价：以珠三角城市群为例［J］．现代城市研究，2015（6）：93-100．

[③] 李成群．南北钦防沿海城市群城市化质量分析［J］．改革与战略，2007（8）：107-110．

[④] 王德利，赵弘，孙莉，等．首都经济圈城市化质量测度城市问题［J］．城市问题，2011（12）：16-23．

徐素等（2011）①依据城市化发展质量的新内涵与新趋势，以区域为视角从经济发展、社会发展、设施建设、生态保护和城乡统筹五个方面构建起我国县级市城市化质量的评价指标体系，对长三角地区县级市进行城市化质量实证分析。

杨梅（2011）②以武汉都市圈为例，从经济绩效、社会发展、生态环境、居民生活、空间集约、统筹城乡等六个方面构建城市化质量评价体系，综合评价城市圈各城市的城市化质量，得出：圈内城镇化质量差异明显，尤其是社会发展指标的内部差距最大。并同时对湖北长江经济带城镇化质量进行了研究。郝华勇（2012）③，同杨梅的六个方面指标，用主成分分析法对武汉城市圈城镇化质量进行了实证分析。

王红等（2012）④从经济实力、社会发展和生态环境3个方面建立城市群城市化质量评估体系，运用熵值法和锡尔系数法，对山东半岛、中原、关中城市群的城市化质量进行综合测算。得出：影响城市群整体差异的主要因素是城市群内部的城市化质量差异，且社会发展维度对城市群的影响力最大。

朱子明、郁鸿胜（2013）⑤以长三角城市群为研究对象，从经济增长、社会发展、生态环境和基础设施四维度质量构建城市化质量评价体系，并从空间角度分析城市化质量的特征与差异。

8. 新疆地区相关城市化质量研究

刘春燕（2009）⑥从城市经济现代化、基础设施现代化和人的现

---

① 徐素，于涛，巫强．区域视角下中国县级市城市化质量评估体系研究－以长三角为例［J］．国际城市规划，2011（1）：53-58．

② 杨梅．基于熵值法的武汉城市圈城镇化质量分析［J］．江汉大学学报（社会科学版），2011，12（6）：60-63．

③ 郝华勇．基于主成分法的湖北省市域城镇化质量评价与对策［J］．湖北省社会主义学院学报．2012（01）：291-294．

④ 王红，石培基，魏伟，等．城市群间及其内部城市的质量差异分析——以山东半岛、中原、关中城市群为例［J］．国土与自然资源研究，2012（6）：1-4．

⑤ 朱子明，郁鸿胜．我国东南沿海经济发达地区城市化质量评价——以长三角为例［J］．兰州学刊，2013（11）：81-84．

⑥ 刘春燕．新疆城市化质量评价［J］．新疆社会科学，2009（5）：40-43．

代化三个方面对新疆城市化质量进行了总体评价。并与我国东部、中部和西部的代表省份和直辖市进行比较，得出：新疆的城市现代化水平属于初步现代化，与东部的北京、上海及广东省的差距较大。经济发展水平较落后制约了新疆城市化质量的提升，科技与信息的现代化程度差距最大，人的现代化建设还未引起足够重视，最后提出提高新疆城市化质量的相应举措。

王磊（2010）[①]结合新疆实际，在对城市化发展质量内涵理解基础上，创新性的考虑民族因素，运用主成分分析法，从经济发展、设施环境、社会发展、居民生活四个维度质量着手，对新疆15个城市的城镇化发展质量进行综合测度及分类，针对存在的质量问题，提出提升城市化发展质量的建议。

员兰（2013）[②]从经济、社会、基础设施、生态环境和城市化水平5个方面建立城市化质量评价体系，采用主成分分析方法，对新疆21个城市的城市化质量作以分析评价并提出相应对策建议。

陈文新等（2014）[③]从城市发展质量、城镇化推进效率及城乡协调程度三方面对新疆15个地州市的城镇化质量测度基础上，对新疆2008～2012年近5年的城镇化质量的类型分布及转变概率进行了实证分析，并在2012年的基础上预测了未来5年新疆城镇化质量的类型分布。

二、空间分异相关研究

（一）国外空间分异相关研究

弗兰克·瓦茨欧尔德（Frank Wätzold）、马丁·德雷克斯勒

[①] 王磊. 新疆城镇化发展质量实证研究 [J]. 工业技术经济，2010，8（8）：130-133.
[②] 员兰. 新疆城市化质量问题研究 [D]. 乌鲁木齐：新疆大学，2013.
[③] 陈文新，梅海涛，倪超军，等. 基于马尔可夫链的新疆城镇化质量趋势探讨 [J]. 商业时代，2014（8）：139-141.

(Martin Drechsler)(2002)①考虑到成本和生物多样性提高土地利用措施的好处受空间分异影响,对是否执行统一的或空间差异化的补偿金配置效率以及环境政策工具的空间分化问题进行了研究,通过一个生态经济模型(成本和效益函数)分析得出:生物多样性增强土地利用空间均匀补偿金的效率损失大于空间差异化效率损失。必须以生态效益函数为基础生态理论,增加空间的分配效率问题。认为有限的保护资金的最佳空间分配是资金应该集中在一个区域中。监管机构在决定是否实施生物多样性提高土地利用措施的空间均匀的或分化的支付赔偿金,或是否实施赔偿金的措施或结果时,应该把潜在的资源配置效率损失考虑在内。

朱莉·盖洛(Julie Le Gallo)、杰姆·埃尔蒂尔(Cem Ertur)(2003)②采用探索性空间数据分析方法(ESDA),研究了1980~1995年138个欧洲地区人均国内生产总值的空间自相关特征。得出:在整个周期欧洲区域间人均国内生产总值全局空间自相关是显著的,高-高和低-低的人均国内生产总值的空间集聚现象是空间差异持续存在的特征。Getis-OrdGi统计显示高-低值的聚集,贫困地区被富裕地区包围(L-H型),强调了某种空间异质性隐藏在全局正空间自相关模式,确认了欧洲地区的南北极化。通过探索区域增长的空间格局研究欧洲区域的动态性以及应用计量经济学的收敛性对欧洲地区的意义并提出建议。

蕾娜塔·克鲁克夫斯卡(Renata Krukowska)、米罗斯拉夫·克鲁科夫斯基(Mirosław Krukowski)(2013)③以 BIALE 湖(中东波兰)为例,基于海岸线类型的标准和与湖的距离的分割,对固定的最小映

---

① Frank Wätzold, Martin Drechsler. Spatially Uniform versus Spatially Heterogeneous Compensation Payments for Biodiversity - Enhancing Land - Use Measures [J]. Environmental & Resource Economics, 2005, 31 (1): 73 - 93.

② Julie Le Gallo, Cem Ertur. Exploratory Spatial Data Analysis of the Distribution of Regional Per Capita GDP in Europe, 1980 - 1995 [J]. Papers in Regional Science, 2000, 82 (2): 175 - 201.

③ Renata Krukowska, Mirosław Krukowski. Spatial Differentiation of Tourist Infrastructure in the Riparian Zone of the BIALE Lake [J]. Polish Journal of Natural Sciences, 2013, 28 (1): 81 - 89.

射单元和缓冲区进行了分析。计算分析了不同形式的旅游基础设施对其湖滨带自然环境影响指数的空间变化。认为无计划、无节制发展的旅游设施是湖区环境退化的主要原因之一。靠近海岸线的基础设施建设一方面影响景观美学，另一方面降低了该区其他游客的可用性。导致了某些地区的人口过于聚集，另外强化了包括附近海岸线的现有的道路。旅游基础设施群因为浪费，污水排放，氯氟化碳，二氧化碳和其他温室气体的排放，造成对当地生态系统的威胁，成为世界上大多数旅游地存在的严重问题。

卢卡·勒梅斯基（Lukas Melecky）（2015）[1] 依据空间自相关统计理论的相邻区域属性数据存在空间的相互依赖性和异质性，以四个欧盟国家捷克（CZ）、匈牙利（HU）、波兰（PL）和斯洛伐克（SK）为对象，采用2004年、2007年、2008年和2011年四年截面数据，运用因子分析法测度竞争力指数，并对其进行空间自相关分析，得出影响区域竞争力差异的因素。结论：各个因素之间非独立的，基础设施和知识经济存在较高的正空间自相关，空间聚集分布；经济增长和发展与经济业绩和创新潜力存在较强的负空间自相关，空间分散分布。

保罗·毕晓普（Paul Bishop）、彼得·格里派奥斯（Peter Gripaios）（2010）[2] 通过评估23个部门内OLS以及最大化空间模型，考察了英国次区域层面上就业增长的外部性影响。结果表明，当多样化的影响在部门间存在差异，且激烈的地方竞争已产生积极影响的情况下，"专业化"总体而言对增长会产生负面影响。这一研究结果使我们开始质疑促进区域专业化程度对相关政策的潜力。

格林（Guillain R）、盖洛（Gallo J. L.）（2010）[3] 对1999年巴黎

---

[1] Lukas Melecky. Spatial Autocorrelation Method for Local Analysis of The EU [J]. Procedia Economics and Finance, 2015 (23): 1102-1109.

[2] Paul Bishop, Peter Gripaios. Spatial Externalities, Relatedness and Sector Employment Growth in Great Britain [J]. Regional Studies, 2010, 44 (4): 443-454.

[3] Guillain R, Gallo J L. Agglomeration and Dispersion of Economic Activities in and around Paris: An Exploratory Spatial Data Analysis [J]. Environment & Planning B Planning & Design, 2010, 37 (6): 961-981.

26个制造业和服务业部门的空间聚居强度和经济部门的局部聚集模式进行了分析。首先采用区域基尼系数和全局空间自相关 Moran's I 计算分析结合，提高不同信息但是对空间聚集分析的互补。然后运用 ESDA 工具，通过揭示全局和局部空间自相关的定位模式，测量活动的聚集意义和它们的位置模式。这两个步骤提供了不同行业的集中程度的信息，所有这些工具显示跨部门的位置模式的高层次的多样性。

梅斯纳尔（Messner S. F.）等（1999）[①] 采用探索性空间数据分析（ESDA）对分布在圣路易斯大都市区及周围的78个县的凶杀案进行了检测。结果显示，杀人非随机分布而存在正空间自相关，即凶杀案的发生率有系统地与邻近地区的凶杀率有关。此外，整个时期凶杀案的分布变化表明，致命暴力可能扩散到一个含有一个中等城市（梅肯县）县外附近的2个县（摩根和桑加蒙县）以西。我们发现一些证据，更富裕的地区及其更多的农村或农业区域，阻碍了杀人犯的扩散，即高杀人率县聚集在圣路易斯城市核心，而低的凶杀率从这个核心有层次的扩散。表明通过 ESDA 的方法可为扩散过程提供正式测试的多变量模型规范的实证基础。梅肯西"热点"区域周围的县并不表明增加的凶杀案与农村和农业区域高度相关特点，因圣路易斯城市核心的西部是该地区最富裕的县阻碍了凶杀案。

巴里奥斯（Barrios S）等（2009）[②] 利用大量可考察的微观层面数据，考察并比较了欧洲三国比利时、爱尔兰和葡萄牙的制造业的空间分布及决定因素。葡萄牙和比利时存在部分相似性，两者与爱尔兰的相似性甚少。同时有证据表明，前向及后相关联、研究与发展活动、吸引技术型劳动力的劳动力市场是产生集聚的决定性因素。

[①] Messner S F, Anselin L, Baller R D, et al. The Spatial Patterning of County Homicide Rates: An Application of Exploratory Spatial Data Analysis [J]. Journal of Quantitative Criminology, 1999, 15 (4): 423 - 450.

[②] Barrios S, Bertinelli L, Strobl E, et al. Spatial Distribution of Manufacturing Activity and its Determinants: A Comparison of Three Small European Countries [J]. Regional Studies, 2009, 43 (5): 721 - 738.

第一章 导　论

（二）国内空间分异相关研究

周杜辉等（2011）[①] 以陕西省83个县域为研究单元，采用GIS技术对陕西省县域综合发展水平空间分异的格局、结构特征做了定量化评价与测度。结论：县域综合发展水平空间分异显著，极化明显，均衡性上总体大于局域，中等、中低水平联系紧密且呈"凸型"分布；空间上总体呈现由南向北递增，由东向西呈"U型"分布特征，不同类别县域在空间上区位趋同性明显；空间等级分布特征明显，大致呈"轴带"、"集聚区"、"轴带－集聚区"的空间结构模式。

龙冬平等（2014）[②] 从地理学视角在对中国农业现代化发展水平进行综合评价基础上进行空间分析，得出：中国农业现代化发展水平被"胡焕庸线"划分为东、西两部分，且呈"东高西低"的空间格局，东西两部分整体上随着距"胡焕庸线"距离的变化而不断变化，在空间上呈现略扁的"S"型曲线特点；地域差异性明显，在空间上呈现出由东部向东北部、中部、西部依次递减的趋势；其4个分维度指标在地理空间上也表现出一定的地域分异格局。

蒋天颖（2014）[③] 通过构建总体差异测度指数，并结合运用核密度估计等多种空间统计方法，分析得出浙江省区域创新产出的空间分异特征：2006～2012年，浙江省区域创新产出总体存在较大差异，并呈现波动式上升趋势；浙江省区域创新产出分异增强，空间核密度呈现出由相对均匀到极化的演化趋势；浙江省区域创新产出整体上呈现高－高和低－低集聚分布特征，且集聚程度逐渐加强；各县域创新产出空间集聚性同样明显，杭州与宁波市辖区成为热点区域；空间指向性明显，整体表现出"东高西低、北高南低"的空间趋势面

[①] 周杜辉，李同昇，哈斯巴根，等．陕西省县域综合发展水平空间分异及机理［J］．地理科学进展，2011，30（2）：205－214．

[②] 龙冬平，李同昇，苗园园，等．中国农业现代化发展水平空间分异及类型［J］．地理学报，2014，69（2）：213－226．

[③] 蒋天颖．浙江省区域创新产出空间分异特征及成因［J］．地理研究，2014，33（10）：1825－1836．

分布。

马仁峰、王筱春（2011）[①] 以县域行政区为研究单元，在测度综合发展潜力基础上，基于 ArcGIS 层次聚类分析法，分析其空间分异特征，得出：云南省县域综合发展潜力空间差异较大，存在很强的空间聚集特征，总体空间分异呈现出城市群高而周边低，交通干线廊道高而影响区低的格局，而滇中城市群已形成中心－边缘格局，滇东南、滇西、滇东等城镇密集区初现点状格局。

谢志祥等（2015）[②] 等运用超效率 DEA 模型对 2013 年长江中游城市群城市效率进行测度评价，将湖北、湖南、江西三省下辖的 31 个城市分为相对高水平、相对较高水平、相对较低水平三个层次分析基础上，得出：在空间分布上，城市效率发展水平相似地区呈现不显著的异质性特征。

方创琳、王岩（2015）[③] 对中国地级以上城市脆弱性测度基础上，将其划分为低度、较低、中度、较高和高度脆弱 5 个层级。分析得出：中国城市整体上处于中度脆弱状态，等级分布特征明显。城市脆弱性呈现显著的"梯度"层级和"集群化"的空间分异特征，且东部地区明显低于中西部地区，城市群地区脆弱性低于其他地区。城市脆弱性与城市规模存在一定的对应关系，规模越大的城市脆弱性相对越小。资源型城市脆弱性大于综合性城市等。

石英、米瑞华（2015）[④] 基于第六次乡镇级人口普查数据，利用 GIS 技术展示陕西省人口信息的空间分异格局，通过计算 Moran's I 指数、信息熵、分异指数、隔离指数等空间自相关和空间分异指标，结

---

① 马仁峰，王筱春，李文婧，等．省域尺度县域综合发展潜力空间分异研究——以云南省为实证 [J]．地理科学，2011，31（3）：345－350．
② 谢志祥，任世鑫，李阳，等．长江中游城市群城市效率水平测度及空间分异研究 [J]．长江流域资源与环境，2015，24（10）：1705－1710．
③ 方创琳，王岩．中国城市脆弱性的综合测度与空间分异特征 [J]．地理学报，2015，70（2）：234－247．
④ 石英，米瑞华．陕西省人口空间分异研究 [J]．干旱区地理，2015，38（2）：368－376．

合地貌、资源、产业等地域特征，得出陕西省人口数量、属性及不同社会群体的空间分异特征。

雷军等（2014）[①] 以乌鲁木齐为例，分析其1982~2011年人口密度、流动和老龄化人口、不同学历、职业和行业人口等主要社会指标的空间分异特征，得出：居民不同职业及经济状况对乌鲁木齐城市社会空间分异影响较大，学历等其他因素对空间分异影响相对较小。除哈萨克族和回族、大专及以上学历人口等指标外，其他指标对空间分异程度的影响呈逐年上升趋势。

甘静等（2015）[②] 以东北地区34个地级市为研究对象，综合构建了城市化测度指标体系，基于时序分析、面板分析以及空间分析等方法，分4个时期对2000年以来东北地区城市化空间分异的时空演变特征进行研究。东北地区城市化整体分异与子系统分异特征明显，由2000~2008年由北向南递增，转变为2008~2012年的向南递减，人口城市化与其变化特征一致。而经济、社会和空间城市化纬度呈现向南逐年递增的趋势；城市化水平东中西分异与沿海内陆分异特征显著，均具有时序性特点。

王洋、王德利（2013）[③] 以中国286个地级以上城市为研究对象，通过对其2009年住宅均价和房价收入比的空间分异特征分析。得出：住宅价格空间分异特征呈显著的双重格局，以东南沿海三大城市群与内陆城市之间的空间集聚性分异和省会与地级市之间的行政等级性分异格局；房价收入比较高的城市数量多、范围广，超过一半的城市购房难度较大；住宅均价的总体分异趋势和空间差异性都高于房价收入比；住宅价格空间分异的主要影响因素是：居民收入与财富水平和城市区位与行政等级。

---

① 雷军，张利，刘雅轩. 乌鲁木齐城市社会空间分异研究 [J]. 干旱区地理，2014，37（6）：1291-1304.
② 甘静，郭付友，陈才，等. 2000年以来东北地区城市化空间分异的时空演变分析 [J]. 地理科学，2015，35（5）：565-574.
③ 王洋，王德利，王少剑. 中国城市住宅价格的空间分异格局及影响因素 [J]. 地理科学，2013，33（10）：1157-1165.

方创琳、魏也华（Yehua Dennis Wei）（2001）[①]通过对河西地区的可持续发展能力测度基础上，分析其地域分异规律。得出：河西地区各县市可持续发展能力地域差异较大，分别呈现出一定的规律性：可持续发展能力呈现出从流域上游到下游、从矿区到农区、从牧区到农区、从城区到农区、从少数民族地区到汉族地区逐步递减的规律。

董锁成等（2002）[②]在对西部106个地州市的经济社会发展状况进行综合评价基础上，分析其社会地域分异特征，揭示其地域分异规律。结论：自然资源禀赋决定了社会经济地域分异的基本格局；依托河流沿岸和交通沿线扩展的"点－轴式"的区位条件决定了重要城市和经济较发达区域的布局。由于西部经济社会发展在地域分异上较高的相关性，使得经济地域类型受区位、资源、劳动力、技术、市场、政策等要素地域组合的影响，导致社会经济与生态环境不相协调的矛盾日益尖锐，生态环境逐渐成为社会经济发展的束缚。

周二黑（2007）[③]通过对黄河流域经济空间分异规律的研究，得出：以2000年为分界，黄河流域经济活动的空间分布及其相对于人口的空间分布，大致经历了由不均衡向均衡的发展过程。空间分布总体上具有偏重东南和沿河密集的特征，呈多极的核心－边缘空间结构，"点－轴－圈"空间模式。基于县域尺度，经济活动空间分布城乡偏置、人口偏置特征，经济活动沿河道密集，区段差异明显，"点－轴－圈"结构特征更加明显等。

杨阳、张红旗（2009）[④]研究了全国2014年各县域农业生产率的空间分异规律，得出：中国农业劳动生产率较高的县（市）数299个，主要分布在三江平原、燕山太行山山麓平原、胶东半岛与冀鲁豫

[①] 方创琳，Yehua Dennis Wei. 河西地区可持续发展能力评价及地域分异规律 [J]. 地理学报，2001，56 (5)：561-568.

[②] 董锁成，王传胜，尤飞，等. 中国西部经济社会地域分异规律研究 [J]. 地理研究 2002，21 (4)：399-407.

[③] 周二黑. 黄河流域经济空间分异规律研究 [D]. 开封：河南大学，2007.

[④] 杨阳，张红旗. 基于县域单元的中国农业生产率空间分异规律研究 [J]. 资源科学，2009，31 (5)：853-858.

低洼平原、江汉平原、洞庭湖平原和江淮平原东部、福建西部，以及新疆的部分地区；低值县（市）数 201 个，主要分布在黄土高原大部地区、川滇高原、黔桂岩溶地区、秦巴山区、内蒙古及长城沿线西部、桂南滇西地区，以及藏南部分地区。土地生产率较高的县（市）数 197 个，集中分布在江汉平原、洞庭湖平原、鄱阳湖平原、苏皖平原和长江三角洲平原；低值县（市）数 277 个，主要分布于松嫩平原西部、三江平原、内蒙古东部、黄土高原大部、秦岭大巴山区和黔贵高原等地区。

赵安周等（2011）[①] 运用重心模型、空间相关分析和 GIS 等技术，选取 1995~2009 年 31 个省区的面板数据，分析了我国入境旅游重心的空间移动和不同省区入境旅游发展的空间分异规律：各省区入境旅游发展空间集聚特征明显，国际旅游收入呈现高－高和低－低空间聚集类型；且我国 31 个省区的国际旅游收入之间存在显著的空间相关性和异质性，入境旅游发展水平呈现东部沿海省区优于西部内陆省区的特点。

许妍、吴克宁（2011）[②] 等在对东北地区三个层次产能核算成果的基础上，分析了 8 个二级区耕地产能的空间格局及其分异规律：东北地区耕地综合生产能力以西部平原和松嫩平原地区最大，理论利用潜力、可实现利用潜力从高到低依次排序为黑龙江省、辽宁省、吉林省，理论利用强度、可实现利用强度表现为吉林省、辽宁省、黑龙江省逐渐减少。

张建秋（2012）[③] 对传统农区工业化进程在空间上的分异进行定量分析。得出结论：工业化进程的空间分异受置于制造业的性质与空间布局的影响。市场化条件反映其内生能力，因此，市场化条件的空

[①] 赵安周，白凯，卫海燕．中国入境旅游重心演变与省域空间分异规律［J］．陕西师范大学学报（自然科学版）2011，39（4）：97－102．

[②] 许妍，吴克宁，程先军，等．东北地区耕地产能空间分异规律及产能提升主导因子分析［J］．资源科学，2011，33（11）：2030－2040．

[③] 张建秋．传统农区工业化空间分异规律研究［D］．开封：河南大学，2012．

间差异决定了各个区域由偶然向必然时间转化能力的差距。对地区工业化进程具有重要影响的是适中的空间聚集程度且吸纳劳动力较强的制造业。

肖建英、谭术魁（2013）① 利用 GIS 技术与空间计量分析方法，对 2003~2010 年中国 31 个省（自治区、直辖市）粮食产量的空间自相关性、集聚性进行考察和分析，发现中国粮食生产的空间分异规律：观测期内中国粮食产量存在显著的空间自相关关系；中部地区的安徽、山东等省是显著的粮食高产集聚区，存在"高－高"聚集类型。西北地区的新疆附近为显著的低产集聚区，存在"低－低"空间聚集特征，粮食产量显著离散的区域主要分布在四川、海南等省附近。观测期内，地区间粮食产量的增减会对粮食产量的空间集聚、离散趋势产生一定影响，但粮食产量重心变动并不显著。

王强等（2014）② 通过对 1990~2009 年包括台湾省在内的 31 个省区市能源效率进行测算，揭示其空间分异规律：东、中部地区能源效率整体高于西部地区，东北地区逐渐由能源效率最低层级升至第二层级；纯技术效率按照由高到低依次排序为：东部地区＞中部地区＞东北地区＞西部地区；规模效率空间分异明显，依次排序为：东部地区＞中部地区＞西部地区＞东北地区。

三、评述

1. 对城市化发展质量的评述

（1）由于不同学者站在自己的学科背景立场上，对城市化质量内涵的理解不同，因此，多从某个角度或多角度去阐释城市化质量的内涵，没有统一观点。尝试建立综合测度城市化发展质量的指标体系及

---

① 肖建英，谭术魁. 中国粮食产量省级尺度下的空间分异规律 [J]. 中国土地科学，2013，27（8）：26-32.
② 王强，樊杰，伍世代. 1990~2009 年中国区域能源效率时空分异特征与成因 [J]. 地理研究，2014，33（1）：43-56.

方法模型亦很多，但未形成通用范式。使得城市化质量还没有统一的理论框架和评价模型。同时，对城市化质量内涵界定的较多，城市化发展质量研究的较少。

（2）对于城市化质量和城市化发展质量关系还没有权威的统一口径。大多数学者认为城市化质量即为城市化发展质量。

（3）在研究对象和空间尺度上。现有对城市化质量的相关研究，对象尺度多为省域、直辖市、省会城市、地级城市等，较发达地区的研究较多，具有空间联系的城市群（圈）及县级市的区域且较偏远、落后区域研究较少。

（4）我国目前对城市化质量的理论研究较少，实证研究较多，且评价多，重表象，对其演变规律和影响因素、分异机理系统缺乏系统的探讨。忽视空间因素对城市化发展质量的影响等。从发展趋势来看，今后应注重城市化发展质量的内涵及机理、时空（时间、空间）演变规律及城市化发展水平与质量的协调性研究。

2. 对空间分异及空间分异规律研究的述评

国外研究领域多为土地利用补偿、经济、城市竞争力、行业、就业等社会现象的空间分异规律研究，得出各个研究对象存在的空间依赖性即空间分布特征及规律。国内研究较为丰富，研究内容涉及城市化及综合水平、农业、社会、经济、能源、旅游发展等领域的空间分异规律研究。而目前国内外直接对城市化发展质量从空间分异角度探讨其发展规律及影响因素及成因的研究较少。

总之，目前以新疆为研究对象，对其城市化发展质量的研究甚少，已有的研究只是停留在质量测度评价及质量提升对策的层面。时间尺度上，多局限于某一年或较短的时间段上的多项指标总体评价，样本量较少，不能反映出新疆城市化质量总体的长期发展趋势及动态演进；对新疆城市化质量从空间差异角度和影响其质量的因子方面及发展规律还没有系统的研究；指标的选取未能全面反映新疆城市化质量的实际，如社会和谐、民生改善、生态稳定，南疆特殊的民族、文化历史及交通等落后现状无法体现，南北疆城市化如何协调有序、健康发展，新疆深度城市化如何发展等。

因此，本书的研究将在现有研究的基础上，将城市化发展质量的外延界定为与城市化紧密相关的经济方面和城市群（圈）的空间结构的视角，具体内涵包括人口、经济、社会、生态环境、城乡和区域协调发展五个方面，在既定的范围之内以明确的标准进行指标的选择与指标体系的构建，时间和空间相结合，基于空间经济学理论及城市化发展规律，对 2004~2014 年新疆城市化发展质量状态的时序变化与空间分异规律进行考察，在定量分析中提炼城市化发展质量的演进规律及可能遇到的陷阱和矛盾，分析城市化发展质量来自于各个维度发生改善的贡献，归纳城市化发展质量的演进规律，为发展中地区及欠发达地区推进有质量的城市化提供借鉴经验。

第三节　研究思路与内容

一、研究思路

围绕地域特色的城市化发展质量内涵及其标度，从时空两个尺度，研究新疆城市化发展质量的地域差异，分析决定、主导或影响质量差异的特殊要素、关键因子，探索改善和提高新疆城市化发展质量的客观规律，揭示推进南北疆城市化发展质量协调的有效途径，提升南疆城市化发展质量，为新疆城市化健康发展提供科学依据。在对新疆城市化发展质量的演变和空间差异分析中，试图探索新疆城市化发展质量演变的客观规律，15 个地州市及南北疆之间城镇化质量发展地域差异，分析各自优劣势，找出差距，弥补不足，提升新疆城市化发展质量，促进南北疆城市化协调发展。

二、研究内容

本课题研究内容共分为 9 个章节，具体如下：

第一章 导　论

　　第一章：导论。本章包括研究背景与意义、国内外研究动态、研究思路与内容；研究方法与技术路线、论文可能的创新点五个内容。

　　第二章：概念界定及理论基础。首先对城市化发展质量、空间分异及城市化发展质量空间分异等相关概念进行界定。其次，阐述系统论、可持续发展理论、城市化发展理论、空间经济学理论、城市化空间发展理论。建立量化城市化发展质量空间分异的理论基础。

　　第三章：新疆城市化发展综合分析。从新疆城市化发展的历程、现状及特征等几方面对新疆城市化进程进行综合分析。

　　第四章：新疆城市化发展质量空间分异动态分析。通过城市化发展质量的内涵，结合新疆城市化的实际情况，除参考一般指标及评价方法外，从人口城市化发展质量、社会城市化发展质量、经济城市化发展质量、生态环境质量、城乡和区域协调发展质量五个子系统建立城市化发展质量指标体系和评价模型。时间序列上，运用熵值法赋权测度城市化发展质量，动态评价方法和协调模型对15个地州市2004～2014年城市化发展质量进行整体水平评价、整体动态演进分析、分维度动态演进分析、区域动态分析及各维度协调性评价等。实证分析2004～2014年各个地州市排名，以及各个子系统对不同时期的各地州市的城市化发展质量的影响，分析各个地州市城市化发展中的短板；进一步对南北疆城市化发展质量演变状态进行考察；最后，进一步分析哪些因素或原因对城市化质量提升或改善关系重大或贡献突出。从定量分析中提炼城镇化质量的演进规律。指标重点突出经济、社会稳定、生态、民生等方面，体现新疆城市化发展质量空间分异的特性。

　　第五章：新疆城市化发展质量空间分异格局研究。基于空间分析理论，采用空间分析和空间统计法，根据第四章城市化发展质量测度结果，选取2004、2009、2014年三年截面数据对15个地州市城市化发展质量空间分异格局演变进行了实证分析。首先对15个地州市城市化发展质量及各维度层级特征进行分析，不同层级的空间分布刻画城市化发展质量及各维度的整体与分维演变格局，并对其结果评价。其次运用探索性空间统计方法ESDA进行分析，探索城市化发展质量

· 33 ·

及各维度的空间集聚与异常，并对城市化发展质量与其各维度空间关联特征进一步分析。最后分析哪些因素或原因对城市化质量差异或协调关系重大或贡献突出。动态和静态分析相结合，试图探索新疆15个地州市和南北疆区域城市化质量空间分异的演变规律。

第六章：新疆城市化发展质量空间分异成因分析。从资源禀赋、人口分布、经济发展水平、交通区位、政策推动和城市化布局6个方面12个指标作为解释变量，城市化发展质量作为被解释变量，采用2004年和2014年两个时间截面数据，通过对经典回归模型（OLS）、空间滞后模型（SLM）和空间误差模型（SEM）模拟比较分析，佐证其分异成因，得出新疆城市化发展质量空间分异的主要因素。

第七章：国外典型城市城市化空间发展成功经验借鉴。从拥有石油资源且干旱、沙漠分布、缺水的迪拜、以色列，从缺乏资源、国土面积小的日本、新加坡，到美国相对落后的西部发展经验等，结合新疆实际，探讨其可借鉴之处。

第八章：提升新疆城市化发展质量对策建议。本章在前面研究的基础上，提出提高新疆城市化发展质量，统筹协调南北疆或加强、加快南疆城市化发展质量的对策建议。

第九章：在以上论述之后提出本书的结论与展望。

第四节 研究方法与技术路线

一、研究方法

第一，统计分析方法。统计分析方法是以客观事物的数量关系、特征为基础进行数据收集、整理、归纳和分析的方法[①]。本书以此方

[①] 左晓利. 基于区域差异的产业生态化路径选择研究［D］. 天津：南开大学，2010.

法对新疆15个地州市的城市化发展质量进行综合评价分析。

第二，系统分析方法。城市化发展质量系统是一个复合系统，是对其包涵的各个要素的质量分析，每一个方面都是互相联系，相互协调的，必须用系统的方法对其进行全面完整的分析。

第三，比较分析法。包括纵向比较分析和横向比较分析法。前者是以时间为参照，比较某一对象或某一具体问题在不同时间段所表现出来的不同趋势、阶段性等特点。后者以空间或区域为参照系，比较某一对象或某一问题在不同国家或地区所表现出的相同或相异的性质和特点[①]。本书在第四、五章对新疆2004~2014年15个地州市城市化发展质量水平进行测度的基础上，运用该方法对新疆城市化发展质量的空间分异动态变化及趋势和空间分异格局进行研究。

第四，规范分析与实证分析相结合的方法。规范分析是一种"应该是论述"，即它所研究的是"应该是什么"的问题，使用主观性的价值标准，体现人性、利益、目标、观念、主观条件等因素导向的原则。实证分析是一种"是论述"或"否论述"，即研究"是什么"的问题，使用客观性的事实标准，体现的是科学性与现实性相符合的原则[②]。

二、技术路线

本书在阅读大量文献及基于城市化发展相关理论学习基础上，结合新疆城市化发展现状和特殊性，界定其城市化发展质量内涵并构建指标体系。以新疆15个地州市2004~2014年的城市化发展质量为研究对象，综合评价城市化发展质量，并对其及各维度空间分异进行动态分析，并根据空间经济学原理，分析各地州市城市化发展质量及各维度的空间分异特征，探索其空间分异规律。基于时空分异特征及规

[①②] 左晓利．基于区域差异的产业生态化路径选择研究 [D]．天津：南开大学，2010．

律，探索空间分异成因，并借鉴国外典型国家城市化空间发展的成功经验，根据新疆城市化实际和发展特点，提出提升新疆城市化发展质量对策建议（见图1-1）。

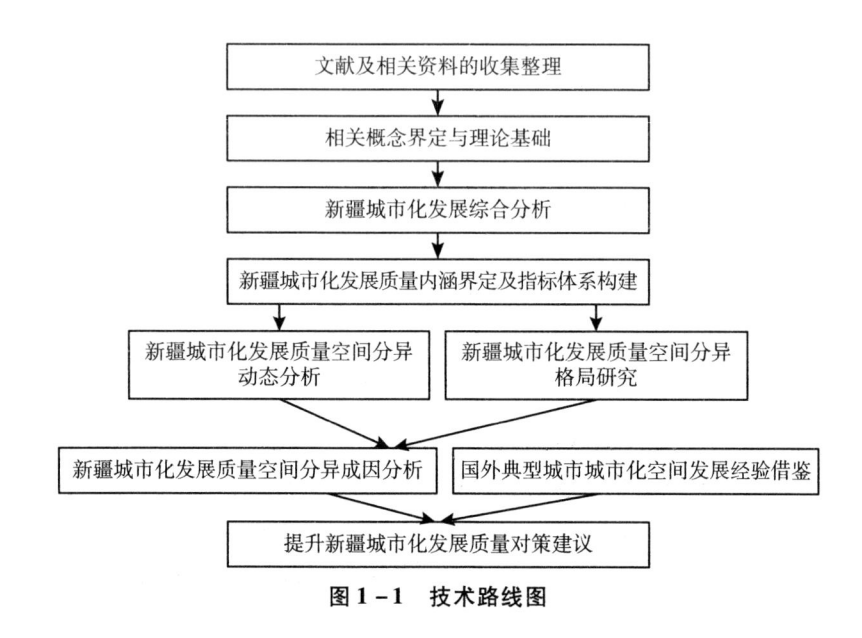

图1-1 技术路线图

第五节 创 新 之 处

一、作为当代城市文明与社会经济集聚的重要特征，城镇群是当代全球城市化发展的总体趋势。

《中国发展报告2010：中国新型城市化战略》提出，中国城市化要走以城市群为主体形态的城市化道路，在城市化空间布局上按特大城市群、大城市群、其他城市化地区（大都市区、城市圈、城市带）、边境口岸城市、点状分布的中小城市和小城镇五类考虑，实行有区别的城市化方针[①]。我国城市化的发展各自为政，忽视城市自身基础条

---

① 顾朝林. 城市群研究进展与展望[J]. 地理研究, 2011, 30 (5): 771-784.

件、功能定位，城市之间没有统一的协同分工，以至于产业结构趋同，城市发展付出巨大资源环境代价，中心城市的辐射带动作用较弱，城市间的资源要素不能合理自由流动，影响城市化发展质量。因此，本书在研究中拟从空间结构视角研究城市化发展质量，从其空间相互作用产生的系统结构，功能和效益问题。如集聚或扩散效益、规模效益、外部性等。并从城乡和区域一体化视角创新城市化发展质量指标体系，强调城市分工及功能差异的合理性，及其对评价指标体系的影响。

二、本书尝试使用 ESDA 空间自相关分析方法，对新疆城市化发展质量的空间分异从集聚－分散、功能强弱、中心边缘等方面系统分析新疆城市化发展质量空间差异及其表达的深层次规律。

三、研究内容的创新性。

新疆城市化发展质量的研究只局限于城市化质量内涵的界定及状态评价上，对其城市化发展质量的演进规律及形成原因还缺乏系统的分析。本书第四章动态分析和第五章的空间分异格局是从时间和空间过程或尺度衡量或评价新疆城市化发展质量的变化规律，并对影响城市化发展质量的主要因素进行精确的定量甄别，以找出稳定、持续、主要影响城市化质量的关键要素。探索新疆城市化发展质量的内在演进规律。以期为类似区域的城市化发展提供理论借鉴。

第二章

概念界定及理论基础

第一节 概念界定

一、城市化

城市化或城镇化（Urbanization）是指第二、三次产业在城镇集聚，农村人口不断向非农产业和城镇转移，使城镇数量增加、规模扩大，城镇生产方式和生活方式向农村扩散、城镇物质文明和精神文明向农村普及的经济、社会发展过程[1]。"城镇化"与"城市化"并没有本质的区别，它是一个发展中的概念，是具有中国特色的城市化发展的战略决策，是城市化发展的一个长期的动态过程，且在不同的发展阶段侧重不同。在城市化初级阶段，强调小城市及城镇作为城市发展载体的重要性，着重广度的量的外延型增长；在城市化发展的中高级阶段，强调大中城市发展的重要性，存在着重量化增长的同时，强调市和镇的深度的内涵发展，包括经济、人口、空间和生活方式等的

---

[1] 简新华，何志扬，黄锟. 中国城镇化与特色城镇化道路 [M]. 济南：山东人民出版社，2010：1-2.

城镇化[①]。

　　城市化进程要与经济发展相适应，以市场为主体逐步推进，而不应是人为干涉的"自上而下"的城市化方式。城市化是一个复杂的系统，其数量的增加包括城市数量和城市人口的增加，城市建成区面积的扩张，这就需要考虑自然资源和生态环境的承载能力、经济水平、产业布局、基础设施及教育、医疗、就业、社会保障等社会公共服务水平等与其相匹配。否则，只追求数量，必会造成过渡城市化，衍生"城市病"，增加新的社会矛盾。因此，城市化进程中，一个城市乃至一个国家或地区来说都需要全方位的、综合考虑其发展速度、城市布局、规模结构和功能结构等等，才能从整体上把握好城市化进展[②]。

　　郭叶波认为城镇化与城市化所对应的英文单词都是 Urbanization，两者含义等同。为叙述方便，本书统称城市化[③]。

二、城市化水平

　　通常，人们主要以城市化率及城市人口与总人口的百分比及其变动作为指标衡量城市化程度的高低和进程的快慢[④]。

　　城市化水平的测度有单一指标和复合指标，单一指标一般用城市化率，即城镇人口比重或非农业人口比重。复合指标一般从经济、社会、人口等多方面测度。

　　大部分国家和地区，都是用城镇人口占总人口的比重的百分比来衡量城市化水平[⑤]。但城市化率与城市化水平是两个既有区别又有联系的概念。狭义的城市化水平就是城市化率的高低，广义的城市化水

---

　　① 张沛，董欣，侯远志，等．中国城镇化的理论与实践：西部地区发展研究与探索[M]．南京：东南大学出版社，2009：4.
　　② 高珮义．中外城市化比较研究（增订版）[M]．天津：南开大学出版社，2004：2.
　　③④ 郭叶波．城镇化质量的本质内涵与评价指标体系[J]．学习与实践，2013（3）：13-20.
　　⑤ 孙久文，叶裕民．区域经济学教程（第二版），北京：中国人民大学出版社，2010：164-165.

平，除了城市化率的高低之外，还包括城市的建设状况、管理水平和城市化的健康等①。

三、城市化发展质量

"质量"一词有两层含义，一是表示事物的优劣程度，二是指事物的本质与特性。数量是从整个城市发展的"量"的变化上的增减，而质量则是从城市化内在的性质上来反映②。因此，不能把数量之外的所有因素都认为是质量。

目前，许多学者对城市化发展质量内涵的看法各异，并且现有相关文献对城市发展质量问题的研究仍停留在基础性问题和单一视角的讨论之上，缺乏一个系统的理论分析框架，从而也为城市化发展质量的清晰界定、准确度量及经验分析等带来困难③。城市化发展质量是效率与公平的统一，过程与结果的统一，是衡量特定区域内城市化速度是否合理，人口城镇化进程是否健康，经济城市化过程是否高效，社会城市化过程是否和谐公平的一项重要指标。

本书在前人研究基础上，结合新疆城市化发展实际与特点，认为城市化发展质量是人口发展质量、社会发展质量、经济发展质量、生态环境质量、城乡与区域统筹发展质量的有机统一。人口是城市发展的核心，社会发展决定社会的稳定，经济基础是动力，生态环境是保障，城乡与区域协调发展是目标。构成城市化质量的各个方面只有动态均衡、协调发展，才能推进城市化健康、有序发展。具体内涵为：人口发展质量强调发展的成果惠及人民，人民生活质量的提高。城市吸纳农业人口、提供非农就业，使得非农收入增加以及人们生活方式的改变，文化素质提高等；社会发展质量强调城市公共基础设施的完

---

① 简新华，何志扬，黄锟. 中国城镇化与特色城镇化道路 [M]. 济南：山东人民出版社，2010：3.
②③ 钞小静. 经济增长质量：一种理论解释及中国的实证分析 [D]. 西安：西北大学，2009.

善配套水平和满足需求的能力以及城市公共服务的现代化水平和支撑保障能力，表现为教育、就业、医疗等社会服务能力，交通、生活便利，信息发达等，反映社会现代化水平；经济发展质量强调经济增长速度与质量协调发展，经济效益提高，资源利用效率与经济发展协调并重，经济结构优化、发展动力转换、发展方式转变，对外开放能力等。突出表现在城市非农产业比重、产业结构层次、投资积累能力、要素产出水平等内生动力；生态环境质量倡导发展生态城市、绿色城市，城市的发展不能以牺牲资源环境为代价，不能突破资源上线、环境底线、生态红线，注重节约资源，保护环境。城乡与区域协调发展质量指城乡和区域之间均衡发展，消除城乡差别和区域发展不均衡、不协调的状况，最终实现城乡一体化、区域一体化[①]。

四、空间分异

（一）空间

空间是物体存在的客观形式，在地理上表现为人们生活、活动的具体场所。然而"空间"不仅仅是一个物理概念。在社会理论范畴中，空间还是经济、社会关系、生态环境、区域协调发展的产物，产生于有目的的社会实践[②]。正如卡斯特所言，"空间是共享时间之社会实践的物质支持"。

经济活动在空间产生、成长和发展。厂商作为经济活动的主体，通常会以同样的方式选择他们的生产区位，就像选择生产要素和技术那样。如生产性资源在空间的分布往往不均衡，当别处完全缺乏或仅部分存在这些资源时，它们通常集中在一些较为特殊的地方（如某些

---

① 李松霞，张军民. 新疆"丝绸之路"沿线城市发展质量空间分异研究［J］. 科技进步与对策，2015，32（20）：44-49.

② （美）曼纽尔·卡斯特. 网络社会的崛起［M］. 北京：社会科学文献出版社，2003：505.

特定区域或城市）。空间影响着一个经济系统的运转效率。空间能产生地理优势，如果一个地方在某项原材料上拥有较高禀赋并且在通达性上是便利的，从生产性过程在空间上的累加性质来看，空间是经济优势不断进发的源泉，尤其是空间上的临近可以因生产成本的降低而产生经济收益，即空间降低了交易成本。

区域经济学并非仅是在区域管理层面上对经济进行研究，作为经济学"分支"，将空间维度与其他要素一道并行纳入到市场运行分析之中。当空间作为一种经济资源并且作为一种独立的生产要素——个能使区内入驻企业产生静态和动态优势的发生器，它被纳入地区增长模型。简而言之，空间是决定一个地方生产系统的基础性重要因素。

经济学家对"空间"长期忽略的第一个理由正如区域经济学奠基人沃尔特·艾萨德（1956）[①] 所说的那样，主要是受到新古典传统的坚定影响，当代学者们为了理论分析方便往往对经济发展过程作出简化处理，严重忽略了多变的"空间"在经济活动中的重要性。第二个理由是，经济学分析对于可变空间的处理——特别是当它被包含在一个动态联系过程之中时，逻辑框架将会被复杂化。近年来，经济学家们所采取的一些分析工具难以同时把握静态和动态变化的空间，又处理不好诸如空间集聚现象或者是相邻经济这些非线性关系。此外，可变"空间"的引入也要求放弃先前的有关规模收益不变及完全竞争的传统基本假定。

（二）空间分异

地球表面上的一切现象、过程，均发生在以地理空间为背景的基础之上。自然地理环境是人类一切社会活动的基础，同时，也在很大程度上影响着社会经济发展的方向和特征。自然地理环境的地域分异，导致人类的社会经济活动也具有与其相应的空间分布上的规律性，

[①] （意）罗伯塔卡佩罗著.区域经济学[M].赵文，陈飞，等，译.北京：经济管理出版社，2014：3.

第二章　概念界定及理论基础

并且不同尺度的地域分异奠定了不同层次的社会经济空间分布特征[①]。

"分异"一词来源于地理学中的"地域分异"概念，是指地理环境整体及其组成要素在某个确定的方向上保持特征的一致性，而在另一确定方向表现出差异性。因而发生更替的规律。分异也可表示为一种由同质化到异质化、结构与功能由简单到复杂的过程和结果[②]。"分异"从语义上讲，主要是指性质相同的事物向不同的方向变化；"分异"的概念内涵反映的是事物从一个"均质"到"异质"、从"整体"到"分化"的变化特征与过程[③]。

空间分异是指空间功能分化和空间再重组的过程。按弗里德曼（John Friedman）等区域空间结构演化理论，劳动力、资本等生产要素的聚集和分散是区域空间分异的最根本的动力[④]。

空间分异性是一个经典的地理学理论，有人称之为地理学第一定律。地理空间分异实质是一个表述分异运动的概念。首先是圈层分异，其次是海陆分异，再次是大陆与大洋的地域分异等。地理学通常把地理分异分为地带性、地区性、区域性、地方性、局部性、微域性等若干级别。生物多样性是适应环境分异性的结果，因此，空间分异性、生物多样化是同一运动的不同理论表述。

传统区域经济学测度区域差异所采用的方法通常不考虑区域之间的空间相关性，认为地域之间彼此是不关联的，独立分布的，是一种线性的、定性的方法，只见树木不见森林，无法客观地揭示区域经济发展差异的空间格局与演化。空间分异性是空间的某个地理数据属性在空间上是彼此相关的，相互影响的，且在空间是非独立分布的，非线性的、非独立随机分布的，既见树木又见森林的一种定量分析方法。空间数据有空间依赖性、空间异质性和空间自相关性等特殊性质。

[①] 潘树荣等. 自然地理学（第二版）[M]. 北京：高等教育出版社，1985.
[②] 石恩名，刘望保，唐艺窈. 国内外社会空间分异测度研究综述 [J]. 地理科学进展，2015，34（7）：818 – 829.
[③] 白光润. 应用区位学 [M]. 北京：科学出版社，2009：200.
[④] 黄良伟，李广斌，王勇. "时空修复"理论视角下苏南乡村空间分异机制构演化理论 [J]. 城市发展研究，2015，22（3）：108 – 112，118.

1. 空间依赖性

空间数据最为著名的特征就是 Tobler 的地理学第一定律所描述的特征：空间上距离相近的地理事物的相似性比距离远的事物相似性大，它所反映的就是空间数据的空间依赖性。其含义是在空间的某一位置 i 处，某个变量的值与其近邻位置 j 上观测值有关，可写成如下形式：$y_i = f(y_j)$，$i = 1, 2, \cdots, n$；$j \neq i$。假设每一种地理现象由一个过程及其表述的环境定义，那么过程表示现象的基本因素的变化，环境表示现象的观测框架（即空间和时间）。空间依赖性表示环境对于过程的重要影响。换句话说，在特定位置上的现象是基本因素和近邻位置对同一现象的密度的函数，这将增加分析的复杂性。

传统的统计理论假设观测值是独立的，并服从独立分布。因为空间依赖性的存在，在空间分析环境中是一个不能接受的假设。此外关于残差分布的假设同样受到空间依赖性的影响。

空间依赖性程度是通过空间自相关测度的，这是两个直接关联的概念。实际上可以认为，空间自相关就是空间依赖性概念的表述。空间自相关的指标多样，可以分为两种类型：全局测度和局部测度。全局方法对研究区域的整体给出一个参数或指数，而局部方法提供和数据观测点等量的参数或指标。

为什么一个空间位置上的样本数据会依赖于其他位置上的观测值？这主要是由空间数据的聚集性及空间相互作用的存在引起的。一般而言，观测数据的采集通常是和空间单元相关联的，例如行政区域、人口普查单元等，这将产生测度上的误差。当采集的数据的行政边界不能精确地反映产生样本数据的基础过程特征时就会发生这种情况。例如劳动力和失业率的测度问题，由于劳动者为了寻找就业机会，经常在临近的行政区域之间流动，因此劳动力或失业率的测度就表现出空间依赖性[①]。

---

① （日）藤田昌久，（美）克鲁格曼，（英）维纳布尔斯著；梁琦，译. 空间经济学[M]. 北京：中国人民大学出版社，2012：1-201.

2. 空间异质性

空间异质性是空间数据的第二个特性。异质源于各地方的独特性质，表示空间数据很少的平稳性。空间异质性与空间上行为关系缺乏稳定性有关，这一特性也称为空间非平稳性，意味着功能形式和参数在所研究区域的不同地方是不一样的，但是在区域的局部，其变化是一致的①。

五、城市化发展质量空间分异

城市空间分异是指在城市范围内各组成要素及其综合体在空间上的差别，它不但包含物质实体，同时也涉及城市居民的经济、文化生活和社会交往等各个方面。例如居住空间分异就是一种居住现象：在一个城市中，不同特性的居民聚居在不同的空间范围内，整个城市形成一种居住分化甚至相互隔离的状况。在相对隔离的区域内，同质人群有着相似的社会特性、遵循共同的风俗习惯和共同认可的价值观，或保持着同一种亚文化；而在相互隔离的区域之间，则存在较大的差异性②。

借鉴地理学中"分异"概念，将城市化发展质量看作"地理要素"，对"城市化发展质量的空间分异"进行定义，因为微观层次上存在众多影响城市化发展质量的因素，城市化中某一点形成的空间布局就会相应影响此时点城市化发展质量在不同方向上形成具有某种规律的变化和差异，这就是城市化发展质量的空间分异。因此，城市化发展质量时空分异可以定义为，在连续的多个时点内，在同一空间区域的不同方向所表现出来的分布形态及其演化趋势③。描述不同区域的城市化发展质量在空间的分离性与非均匀性④。

---

① 王远飞，何洪林. 空间数据分析方法 [M]. 北京：科学出版社，2007：20-30.
② 吕露光. 城市居住空间分异及贫困人口分布状况研究——以合肥市为例 [J]. 城市规划. 2004，28（6）：74-77.
③ 曾晖. 城市住宅价格空间分布规律研究 [D]. 南京：南京林业大学，2012.
④ 石恩名，刘望保，唐艺窈. 国内外社会空间分异测度研究综述 [J]. 地理科学进展，2015，34（7）：818-829.

第二节 理论基础

一、系统论

系统（System）一词最早出现在古希腊。近代系统论的思想仍然受古代观念的影响较大，把世界上普遍联系的事物作为一个整体。从20世纪40年代的"老三论"：信息论、控制论、结构论到20世纪70年代的"新三论"：耗散结构论、协同论和突变论。虽然建立时间较短，但发展迅速，已被纳为系统论的新成员。

亚里士多德认为整体不是部分简单的加总，其功能与作用大于部分之和，系统需要借助整体来表现，系统中各个要素相互影响和相互作用，不是孤立的，系统中的每个要素都在时刻变化着，并起着不可替代的作用。因此，系统中的各个要素互相影响和联系，不可分割，一旦某个要素从整体中分离出来，就失去应有之意。

城市化是一个复杂的系统，涉及社会、经济、人居环境等多方面。为此，必须从系统论的角度来看待城市化，把城市化看作一个整体，城市化过程包含的各个领域都看作其子系统，各个子系统相互作用和影响。例如农村人口向城市转移，就业从农业到非农产业，从而社会关系的改变，城市的蔓延促使农村生态系统和土地使用性质等的变化，以及城市是否能提供充足的就业机会、社会保障等公共服务水平，城市基础设施是否与之相匹配等。每一个子系统的变化，都会影响整个城市的运行。因此，城市化作为一个复杂的系统，只有各系统之间协调耦合发展，才能从整体上提高城市化发展质量[1]。

---

[1] 梁振民.新型城镇化背景下的东北地区城镇化质量评价研究[D].长春：东北师范大学，2014.

二、可持续发展理论

1987年4月,联合国世界环境与发展委员会在《我们共同的未来》(Our Common Future)里,将可持续发展定义为"既满足当代人的需求,又不对后代人满足其需求的能力构成危害的发展"[①]。这一定义被1989年5月召开的第15届联合国环境理事会采用于《可持续发展的声明》中,并在1992年联合国环境与发展大会上得到了全世界不同经济发展水平和不同文化背景国家的普遍认同,也为《21世纪议程》的制订奠定了理论基础。

可持续发展的核心为"发展",目标为"协调",关键为"公平",手段为"限制"。包括经济、社会和生态三者的可持续发展。经济发展是条件,社会发展是目的,生态发展是保证。可持续发展与单纯追求经济增长的传统发展观不同,它强调经济发展、社会发展和生态发展的统一。可持续发展既重视增长的数量,又重视质量和效应的提高,力求改变过去传统的"高投入、高消耗、高污染"的粗放型生产方式,以减少资源的消费和对环境的压力。社会可持续发展的目的是提高人类生活质量,保障全人类都健康生活在平等自由的社会环境中。自然资源的高效和永续利用是可持续发展的基础,在经济发展中必须保护好资源与环境,以可持续的方式使用自然资源[②]。

三、城市化发展理论

(一) 城市化发展阶段理论

当城市化率超过30%后,将进入快速城市化发展阶段,这是城市

[①] WCED. Our Common Future [M]. Oxford: Oxford University Press, 1987.
[②] 张沛,董欣,侯远志,等. 中国城镇化的理论与实践:西部地区发展研究与探索[M]. 南京:东南大学出版社,2009,5:41-43.

化发展的规律性。

1. 城市化发展阶段理论共识

城市化的发展进程经过若干阶段有其规律性，整个过程表现出"S"型运动轨迹。随着社会经济发展水平的提高，城市化水平由低到高经历以下三个阶段。

第一、城市化水平小于30%的起步阶段。这一时期城市化进程缓慢，区域经济发展处于工业化前期。第二、城市化水平在30%~60%的发展阶段：随着工业化过程的迅速推进，城市化进入加速增长阶段，区域经济发展处于工业化中期阶段。第三、城市化水平大于70%的成熟阶段：城市化水平开始减速，区域经济发展进入工业化后期。我国目前已经步入工业化的中期阶段，正处于工业化推进和城市化的快速上升阶段[1]。

2. 单一职能型城市发展阶段理论

资源型、旅游型和加工型城市都属于单一职能城市，它们随着资源的多寡而兴盛和衰落。

第一阶段：兴起期。这一阶段属于资源开发前准备阶段，经济发展水平较落后，依赖资源优势进行勘探和研发。

第二阶段：成长期。这一阶段资源得到合理利用开发，全面投产，且具备一定规模，城市基础设施建设逐步配套完善，主导产业和其前、后关联产业逐步扩展，城市生活区及商业区雏形基本形成。

第三阶段：成熟期。这一阶段是资源开发的高峰期，城市生活区和矿区设施完善，城市规模逐步扩大。主导产业及其关联产业规模进一步壮大，是实现产业转型、发展新型产业或者替代产业的最佳时期。

第四阶段：衰退期。这一阶段依赖矿产资源开发的产业，其主导地位逐渐下降，必须实现产业转型，或发展新的产业来承接，否则城市功能将开始衰退甚至至消失。

---

[1] 孙久文，叶裕民. 区域经济学教程（第二版）[M]. 北京：中国人民大学出版社，2010：197.

3. 综合型职能型城市发展阶段理论

范登博格通过对发达国家城市人口规模的演变规律，提出城市的空间周期理论[①]。张越等通过对城市地域空间上的"集聚效应"和"扩散效应"研究，总结出以下综合型职能城市发展过程[②]。

一是向心城市化阶段（Centralized Urbanization）。在城镇化发展的初级阶段，人口、资金、技术等要素不断向中心城市集聚，越来越集中，形成聚集经济和规模效应，使得城市规模不断扩大和城镇数量日渐增多，城市文化和各种价值观也不断向农村地区转移。

二是郊区化阶段（Suburabanization）。当城市化规模集聚到一定程度后，出现城市规模集聚的负效应，房价攀升，移民成本增加，同时中心城市承载过多的人口，导致交通堵塞、环境污染等城市病开始出现，影响生活质量。如上原因使得城市中心的人口、产业等开始向郊区转移，出现城市郊区蔓延现象。

三是逆城市化阶段（Conter-urbanization）。随着人口、产业向城市及郊区的进一步集聚，当其条件不能满足迁移意愿时，人口开始迁入小村镇及乡村，城市的政治、经济、文化中心和居住等各种功能逐渐被分解，出现"逆城市化"现象。

四是再城市化阶段（Reurbanization）。即二次城市化，城市因为逆城市化阶段而引起空城及衰败，再度进行城市化的阶段，是继城市化、郊区化、逆城市化顺时延续的循环，也是循环过程的最后一个阶段。

（二）城乡关系理论

1. 基于经济层面的城乡关系研究

二元经济结构理论是经济学界对城乡关系的研究中影响最大的一

[①] 许学强，周一星，宁越敏. 城市地理学 [M]. 北京：高等教育出版社，1997：148-228.

[②] 张越，韩明清，甄峰. 对我国城市郊区化的再认识 [J]. 城市规划汇刊，1998 (6)：6-9.

个理论。英国经济学家刘易斯在1954年首先提出该理论。解释了"两个部门结构发展模型"的概念，发现并揭示两种结构体系同时并存的现象：发展中国家传统的自给自足的农业经济体系和城市现代工业体系，这两种体系统称为"二元经济结构"。之后，费景汉、拉尼斯通过修正刘易斯模型中的假设，在考虑工农业两个部门平衡增长的基础上，完善了农业剩余劳动力转移的二元经济发展思想[①]。

2. 基于空间层面的城乡关系

佩鲁的增长极理论、缪尔达尔的累积因果理论、赫希曼的空间极化发展理论、弗里德曼的中心-边缘理论等，虽然没有直接论述城乡之间的关系，但其理论从空间上解释了城市与农村的相互关系、城乡差距的形成及转变趋势，并成为许多国家制定区域与城乡发展规划的理论依据。这些理论都强调城市的中心与主导作用，把城乡经济联系看作自上而下的发展联系模式，认为资源从城市到乡村的流动就可以带动乡村地区的发展[②]。

3. 城市化与经济发展水平关系理论

城市化是社会生产力发展提高、经济结构变动的必然产物，是人类社会经济发展的一种具体形式，而经济发展是其内在动力和基础。尽管城市化进程受到自然资源和环境、经济水平、社会基础设施及公共服务水平、人口以及政策体制、文化等多方面的影响，但是经济因素自始至终都起着决定性作用。许多研究都验证了两者之间呈高度的线性的正相关性关系，城市化水平随着经济发展水平提高而提高。一般而言，两者是相匹配的。霍利斯·钱纳里（H·Chenely）对1950~1970年101个国家经济发展水平与城市化数据的分析，证明了一定的人均GDP水平，与一定的生产结构、劳动力配置结构和城市化水平相对应的关系。周一星、谢文蕙等为此建立了以下数学模型来验证这一关系的存在。$Y = a\ln X + \beta$（Y为城市化水平，X为人均国民生产总

[①②] 盛广耀. 城市化模式及其转变研究 [M]. 北京：中国社会科学出版社，2008：153-158.

值，α、β 为回归系数）。①

四、空间经济学理论

空间经济学是研究资源在空间配置和经济活动的空间区位问题。空间经济学由于其本身存在的"收益递增时的市场结构问题"特征，使得主流经济学家对该领域无所适从。空间也一直未被纳入经济学主流，区位问题一直是其研究的盲点。迪克西特和斯蒂格利茨1977年发表在《美国经济评论》上的一篇关于"建立迪克西特－斯蒂格利茨垄断竞争模型"，为经济领域的研究开创了新的研究工具，突破了经济学界前进中的技术问题。②

古典区位理论是空间经济学的渊源。冯·杜能和韦伯是代表人物，杜能的农业区位论以及韦伯工业区位论被统称为古典区位论。

（一）传统的古典区位理论——农业和工业区位论

德国著名经济学家杜能在他所创立的农业区位论中，详细分析农业布局的区位选择问题，实际上就是单位土地面积获得最大利润的问题。还把大城市高地租和物价对货币工资的影响即离心力看作是厂商迁离城市的主要因素。杜能对距离城市远近与耕作方式的关系以及影响产品运输的诸因素做了深入分析后，构建了以城市为核心的同心环状农业圈图式，形成了他的孤立国农作圈：自由农作圈、林业圈、轮作农作圈、谷草农作圈、三圃式农作圈、畜牧圈六个圈层的布局。这种同心环状的农业圈实质上就是以城市为圆心，由内向外呈同心圆状分布的农业圈层地带，受距离城市远近的影响，运费起决定性作用。

19世纪末，完成了第一次产业革命的德国迅速转向第二次产业革

---

① 盛广耀. 城市化模式及其转变研究［M］. 北京：中国社会科学出版社，2008：107－108.
② （日）藤田昌久，（美）克鲁格曼，（英）维纳布尔斯. 空间经济学［M］. 梁琦，译. 北京：中国人民大学出版社，2012：1－201.

命，学者们也开始关注产业迁徙和工业布局问题。韦伯创立的工业区位论，研究了运费对工业布局的影响。认为选择工业区位时，首先是寻求运费的最低点。并由区位三角形和区位多边形进行了解释。其次是寻求劳动费用最低点。用等费用曲线描述劳动费用随着离中心点的距离的增加而提高。最后综合分析了聚集效应对工业区位的影响，指某些工业部门向某特定地区集中所产生的使成本降低的效果，有些聚集效应要大于运费和劳动费最低点所带来的效应等。韦伯的理论至今仍为区域科学和工业布局的基本理论[①]。

(二) 新古典区位论——中心地理论和城市体系

克里斯塔勒和廖什是新古典区位理论的代表人物。中心地理论是关于一定区域内城镇等级、规模和职能间相互关系及其空间结构规律性的学说。是德国地理学家克里斯塔勒在杜能的农业区位论和韦伯的工业区位论基础上创立的。其前提假设条件为：均质的平原和资源分布、人们的需求和消费方式一致，统一的交通系统和合理的消费行为，生产商的利润最大化思想和消费者最小出行费用等。他认为，一个具有经济活动的区域发展必须有自己的核心，这些核心由若干大小不同的具有多种服务职能的城镇组成，为周围居民和单位提供各种服务。每个城镇都位于其所服务的中心，中心地大小排列有一定的规律性，同一等级的城镇数量与其规模大小成反比。还提出了各级中心分别位于六边形的中心或边或角上的中心地六边形模式，依据杜能中心城镇服务范围的圆形的观点，将中心地服务区域转换成六边形体系。把市场、交通和行政三个最优原则作为城镇等级的中心地形成条件。中心地理论首次将区域内的城市空间分布系统化，强调了城市体系中的等级关系与职能分工，通过严谨的论述和数学模拟，提出了城镇体系的组织结构模式，因此被后人公认为城镇体系研究的基础理论。

经济学家廖什将中心地理论应用于工业区位研究。用工业市场区

---

① 张敦富. 区域经济学原理 [M]. 北京：中国轻工业出版社, 1999: 79 – 81.

取代克氏的聚落市场区，引入利润原则和空间经济思想，对市场区体系与经济景观进行了深入探讨，形成了自己独具特色的市场区位理论。廖什对中心地理论的贡献为：一个中心地系统有若干 k 值，门槛认可规模多种多样，中心地的地位变化更大，城镇对绝大多数商品和服务而言具有各不相同的影响范围，他将市场网络按照基金法则排列而成的经济分布空间的等级序列称之为经济景观，认为在自然条件相同、人口分布均匀的情况下，其经济景观可以有规律地扩展，即按照三角形工业、聚落和城市分布及六边形市场区，形成一个区域、一个国家甚至整个世界的经济景观，即所谓廖什景观[1]。

（三）新经济地理学理论——集聚与扩散理论

保罗·克鲁格曼等人在 20 世纪 90 年代开创了新经济地理理论（简称为 NEG 理论）。该理论将运输成本纳入到了理论分析框架之中，认为运输成本的减少会带来聚集经济、外部性、规模经济等问题，并把这些要素融入到企业区位选择、区域经济增长及其收敛与发散性问题中，不同于传统的区域经济理论观点。

新经济地理的基本问题即解释地理空间中经济活动的集聚现象。认为城市本身就是集聚的结果，区域经济一体化也是集聚的一种形式，全球经济的中心－外围结构，即经济学家关注的南北两极分化问题是集聚的极端[2]。以克鲁格曼为代表的学者们利用数学模型模拟空间集聚经济，引入规模报酬递增、垄断竞争与运输成本，研究不同层面、不同空间尺度的集聚现象，从而重新发现了经济地理。克鲁格曼的核心－边缘模型从更微观的角度展示了向心趋势是如何出现的。解释了地理结构和空间分布怎样在"使经济活动集聚的向心力和使经济活动分散的离心力"这两股力量的相互作用下形成的[3]。

---

[1] 张敦富. 区域经济学原理 [M]. 北京：中国轻工业出版社，1999：60-63.
[2] （日）藤田昌久，（美）克鲁格曼，（英）维纳布尔斯. 空间经济学 [M]. 梁琦，译. 北京：中国人民大学出版社，2012，12：1-201.
[3] 毕秀晶. 长三角城市群空间演化研究 [J]. 上海：华东师范大学，2013.

该理论的核心是核心-外围模型,该模型分析了一个国家内部产业集聚的成因。该模型的基本机制包括三种基本效应:"本地市场效应",即垄断竞争厂商偏好在市场规模较大的地区生产,而在市场规模较小的地区销售产品;"价格指数效应",是指当地居民生活成本受厂商的区位选择的影响,在产业集聚的地区,本地商品一般比外地区要便宜,这是因为本地居民支付较少的运输成本,且本地生产的产品种类和数量多于外地输入的;"市场拥挤效应",是指不完全竞争厂商倾向于选择竞争者较少的区位进行生产。本地市场效应和价格指数效应形成了集聚力,市场拥挤效应形成了分散力,这两种作用力的大小决定了厂商的空间集聚与扩散。如果集聚力大于分散力将会导致产业集聚,反之亦然。可以利用贸易成本的高低来衡量这两种作用力的大小,高的贸易成本意味着贸易自由化的程度较低,反之,则意味着贸易自由化程度较高。

五、城市化空间发展理论

(一) 增长极理论

法国经济学家弗朗索瓦·佩鲁在1955年创立了增长极理论。认为经济空间是由若干中心(极点或焦点)组成,各种向心力或离心力则分别指向或背离这些中心。该理论将空间中心称作增长极,认为经济增长并非同时出现在所有地方,而是以不同强度首先出现于一些增长点或增长极上,然后通过不同渠道向外扩散,并对整个经济空间产生不同的最终影响。这些增长点或增长极集中了主导产业和创新产业的工业中心,产业规模较大,增长速度较快,拥有对其他部门的优势和密切联系等。随着一个个增长极的相继出现,通过自身吸引力和扩散力不断扩大自身规模,并对周围地区的经济产生影响[1]。极化效应

---

[1] 张沛. 中国城镇化的理论与实践:西部地区发展研究与探索 [M]. 南京:东南大学出版社,2009:1-100.

和扩散效应是增长极的两种作用方式，前者由于主导产业和创新企业在极点上的建设，对周围地区产生一定的向心力和吸引力，周围各种资源被吸到极点上来，产生地域极化，形成规模经济效益，从而使极点的经济实力和规模迅速扩大的过程。后者则是极点通过向腹地提供生产要素和各种服务，促使腹地经济的增长[1]。

增长极理论是在特定的地理空间和区域背景中的运用。法国布代维尔把增长极理论与地理空间中的节点城镇联系起来。他和比利时的经济学家皮克林等西欧经济学家为主的"法国学派"，把大型产业作为带动周围地区的经济发展的增长极。而以北美经济学家为主的"北美学派"把区域发展的"中心"即城市作为地区发展的增长极[2]。

（二）点—轴理论

点轴理论是一种非均衡区域发展理论。其思想就是在一定区域范围内，确定若干具有有利发展条件的区域及城市间线状基础设施轴线，对轴线地带的若干个点市的重点发展。该理论中的"点"具备这样的条件：区域中的中心城市、有各自的吸引范围、人口和产业集中地方，有较强的经济吸引力和凝聚力等。轴是包括交通干线、高压输电线路、通信设施线路、供水线路及其他工程线路等联结点的线状基础设施束。该理论实质是依托沿线轴各级城镇形成产业开发带，通过城镇点和轴的等级确定和发展时序的演进，带动整个区域的发展，是空间一体化过程中前期的必然要求。该理论适合尚未充分开发的地区，可以发挥各级中心的作用，并带动城市的发展，保证了开发所需的基础设施，可以防止工业布局过于集聚与分散。点轴开发模式顺应了经济发展在空间上集聚成点，并沿轴线渐进扩展的客观要求，有利于发挥聚集经济的效果[3]。

---

[1] 盛广耀. 城市化模式及其转变研究 [M]. 北京：中国社会科学出版社，2008：104 - 108.

[2] 张敦富. 区域经济学原理 [M]. 北京：中国轻工业出版社，1999：309 - 311.

[3] 梁振民. 新型城镇化背景下的东北地区城镇化质量评价研究 [D]. 长春：东北师范大学，2014.

(三) 核心—边缘理论

核心—边缘理论是对累积因果理论的延伸与拓展。美国著名经济学家约翰·弗里德曼在20世纪60年代对发展中国家的空间规划经过了长期研究之后提出的，认为发展是由基本创新最终汇成大规模创新系统的累积过程，通常起源于为数不多的变革中心，并从这些中心由上而下、有里向外地向其他地区扩散。他把这种创新变革的主要中心（通常为大城市区）称为"核心区"，而把特定空间系统内的所有其他地区称为"边缘区"。核心区和边缘区共同组成一个完整的空间系统。在这一空间系统中，核心区与边缘区之间的关系是平等的，核心区在地域空间上具有较高的创新变革能力，居于权威和支配的地位；边缘区则缺乏经济自主权，处于依附或被支配的地位，其自身的发展道路主要由核心区根据它们所处的自然依附关系来决定。按照核心-边缘理论的表述，在区域经济增长的同时，必然发生经济空间结构的改变，在此过程中经济增长逐步由核心区向边缘区扩散并取得空间一体化[1]。

德国犹太思想家赫希曼认为区域之间存在的不平衡现象是正常的，发达的核心区通过"涓滴效应"（相当于扩散效应）会带动落后的外围区域发展，造成劳动力和资本等要素从外围区流入核心区的极化效应，会缩小区域差异，地区间是否存在互补性决定了发达地区的发展是否带动或阻碍落后地区的发展。赫希曼在进一步对美国区域经济进行研究后发现，从长期来看发达地区向落后地区的涓滴效应将大于极化效应（相当于回波效应）。提出要缩小区域差距，政府必须加强干预，加强欠发达地区的援助和扶持[2]。

---

[1] 梁振民. 新型城镇化背景下的东北地区城镇化质量评价研究 [D]. 长春：东北师范大学，2014.

[2] 毕秀晶. 长三角城市群空间演化研究 [J]. 上海：华东师范大学，2013.

第三章

新疆城市化发展综合分析

为了更好地理解新疆城市化的战略目标,需要对新疆的城市化发展进程进行了详细的回顾和分析,对新疆城市化的现状以及存在的问题进行研究,并提出目前新疆城市化发展面临的机遇与挑战,以便总结经验教训,形成更完善的思路和目标。这一章将主要研究新疆城市化发展的历程、城市发展现状、城市发展特征。

第一节 新疆城市化发展历程

新疆地处我国西部边陲,古称西域,清朝后期改为新疆,意为故土新归,1884年设新疆省,省会迪化,新中国成立后,改迪化为乌鲁木齐,1955年成立新疆维吾尔自治区。新疆位于亚欧大陆中部,总面积166.49万平方公里,占中国陆地总面积的六分之一,周边与俄罗斯、哈萨克斯坦、塔吉克斯坦、巴基斯坦、吉尔吉斯斯坦、蒙古、印度、阿富汗等8个国家接壤,陆地边境线长达5600多公里,占中国陆地边境线的四分之一,是中国面积最大、陆地边境线最长、毗邻国家最多的省区。新疆山脉与盆地相间排列盆地与高山环抱(喻称"三山夹二盆"),北部阿尔泰山,南部为昆仑山系,天山横亘于新疆中部,把新疆分为南北两半,南部是塔里木盆地,北部是准噶尔盆地。习惯上称天山以南为南疆,天山以北为北疆,把哈密、吐鲁番盆地称为东疆。

新中国成立以来,新疆与全国的发展历程相似,也经历了不同历史阶段下的制度变迁与发展轨迹。总体来讲,城市化发展历程可以划分为计划经济(1950~1978年)和市场经济(1979年至今)两个发展时期。计划经济时期,受到国家制度、政策影响,自上而下的国家投资和政策是影响新疆城镇化进程的主要动力。改革开放后,市场经济体制逐步建立、完善,市场对经济的调控作用不断加强,新疆城市化进入了快速发展时期。

自1949~2014年,根据时间跨度的不同,新疆城市化发展具体划分为如下六个时期:其一,起步时期;其二,大起大落时期;其三,停滞时期;其四,城镇化较快发展时期;其五,城镇化发展逆转时期;其六,城镇化稳步增长时期。

一、起步时期(1949~1957年)

这一时期始于1949年新疆和平解放,止于1957年国家的"一五"计划完成。1949年5月新疆和平解放,国家开始致力于新疆的建设和发展,党和政府动员人力、物力、财力,在短短三年时间内重建了遭受重大破坏的国民经济,为新疆的城市化奠定了发展基础。新疆的城市化发展也进入一个正常发展的起步阶段。同时,恰逢第一个五年计划时期,也是新疆工业化的起步时期,为了满足地区建设项目的需要,大量内地、乡村人口被调入城市,1952年,除乌鲁木齐市外,又增设伊宁市和喀什市。城镇人口稳定发展,新疆通过部队转业、大批支边参军的内地人口进疆。在国家第一个五年计划完成时期,新疆城镇人口由52.93万增至94.07万,增幅达到170%,新疆的城镇化水平达到16.9%。

遗憾的是,这一城镇化发展速度没能保持住,因为以后出现的各种失误,导致其城市化的发展产生了较大的波折。

二、波动时期 (1958~1965年)

自1958年开始，随着国家经济发展的中心偏向工业，特别是重工业，经济结构开始失衡，国家加大了对新疆石油资源的探测与开发，1958年设置克拉玛依市，1961年设置哈密市。尽管新疆仅仅多设了两个城市，但由于当时政策的导向，疆内基础设施建设膨胀，大量农村人口涌入城市，使城市化速度加快，城市人口剧增。截至1960年末，新疆城镇人口总数为180.04万，与三年前相比，增幅达到191%，新疆的城镇化水平达到了26.2%。

因为人为的城市化，缺少城市发展的基本支撑，这种快速的城市化带来国民经济比例的严重失调，农村生产遭到严重破坏，粮食产量连年递减，城市人口增长超过了当时城市的承受能力，为了应对这一问题，国家及时调整政策，开始大量压缩城镇人口，动员部分职工及其家属返乡，1962年撤销了哈密市，从而使城镇人口大幅度下降，1965年新疆城镇人口总数回落至120.09万人，新疆的城镇化水平又重新回到六年前的16.9%。这个阶段可以看做新疆的逆城市化的阶段。

三、停滞时期 (1966~1974年)

1963年以后，由于新疆有大批支边青年援疆，有政策上的支持，城市人口略有增加，但同时又有知识青年下乡的政策导向，城镇人口基本保持不变。但在1966年之后，国民经济发展缓慢，扭曲了工业发展和城市发展的必然联系，大量城市干部被下放到农村，致使城市工业发展受阻，经济建设受到严重破坏，造成城镇迁出人口大于迁入人口，使城镇人口的增长成为负值，但在这一时期，新疆新兴工业基地刚刚形成，客观上起到了调整工业地区分布的作用，对新疆大规模经济开发和城市建设起到了重要作用。

这一时期时间跨度尽管长达8年，由于当时政策的影响，新疆没有新增设置任何城市，截至1974年，新疆城镇人口增长仅随着人口的自然增长而增长，城镇化水平仅仅提高了0.1个百分点，新疆城镇化水平维系在17%左右。

四、较快发展时期（1975～1990年）

1975年以后经过初步整顿，这一时期新疆城镇化进程加快。1975年设立奎屯市，1976年设立石河子市，1977年设立哈密市，1979年库尔勒市。1983年以后，北疆设置昌吉市、塔城市、阿勒泰市、博乐市4个城市，南疆设置阿克苏市、和田市、阿图什市3个城市，东疆设置吐鲁番市1个城市。这8个城市的设立，使新疆的城市数量增加了一倍，成为新疆设市最多的时期。再加上20世纪50年代设立的乌鲁木齐市、伊宁市、喀什市和石油城市克拉玛依市，截止到1990年，全区共有16个设市城市，71个县城，57个独立建制镇，745个集镇。城镇人口达442万，城镇化水平提高到31.90%。

五、逆转时期（1991～2000年）

20世纪90年代，是我国市场经济体制全面替代计划经济体制的时期，由于进行全面深化的改革开放，东部沿海地区逐渐形成为我国经济的增长极，强大的极化效应，吸引新疆的资本、劳动力等要素东流，新疆的劳动力资本外流，造成新疆城镇化水平在这一时期发生逆转。1990年以后，设市工作逐步规范化，新疆城镇的人口和经济指标难以达到国家设市标准，所以出现设市再度停滞时期。虽然如此，但经过各方的努力和国家对新疆的政策照顾，还于1992年设立阜康市，1996年又设立米泉市和乌苏市，克拉玛依市由县级市升格为地级市。截止到1999年末，新疆城镇人口860.76万人，城镇化率增至50.1%。由于统计口径的变化，截止到2000年，新疆共有19个设市城市，68个县城，123个独立建制镇，699个集镇，城镇化人口为624.18万，城镇人口急剧下降，城镇化率降至 33.75%，但是，随着新疆与内地区域经济发展水平的拉大，城镇化发展水平也出现逆转，1990 年新疆人口城镇化率为 31.90%，高于全国平均水平近 5.5 个百分点；而到 2000 年低于全国平均水平近 2.5 个百分点。截止到 2000 年，新疆城镇化率为 33.75%。

六、稳步增长时期（2001~2014 年）

2001 年新疆的城镇化进入稳步增长轨道。1999 年西部人均地区生产总值不足东部地区的一半（41.3%），西部比东部人均地区生产总值差距比 1978 年扩大 12.8 个百分点。面对东西部日益拉大的区域经济差距，为增强西部自我发展的能力，国家实施西部大开发战略。在这样的背景下，2003 年新疆又设立五家渠、阿拉尔和图木舒克三个农垦城市，使新疆的城市数量达到 22 个，2007 年，米泉市撤销并入乌鲁木齐成为乌鲁木齐米东新区。截至 2014 年新疆共 24 个设市城市，67 个县城，276 个独立建制镇。西部大开发实施 15 年来，新疆城镇的交通、通信、供水、供电等基础设施建设和环境绿化、文教、卫生、商业网点及社会保障体系建设都取得了长足的进步，城镇功能不断完善，城镇间的联系不断加强，城镇在区域经济增长中的增长极作用日益凸显。截至 2014 年，新疆城镇化人口为 1058.91 万，新疆城镇化率为 46.07%。

第二节　新疆城市化发展现状

一、人口城镇化水平

从 1949~2014 年，新疆城镇化总体上呈增长趋势。城镇化水平由1952年的16.9%增至2014年的46.07%；城市数量由1952年的3个增至2014年的24个。新疆15个地州市城镇化水平区域差异较大，如果以城镇人口计算，新疆克拉玛依市达到100%，乌鲁木齐市为97.12%，8个地州都高于全疆平均水平，伊犁州直属县（市）、阿勒泰地区和吐鲁番略低；南疆除克州和阿克苏稍高些，和田地区最低，城镇化率约为35%。2014年北疆城市化率78%，东疆80%，高于南疆49%，北疆和东疆接近，与南疆差异较大。

从全国来看，新疆城镇化进程明显滞后。2014年新疆城镇化水平已经远远落后于中东部及全国平均水平（54.77%），而且差距还呈现出进一步扩大的趋势。在西北五省区中，2000年，新疆城镇化水平虽落后于东部，但高于西北五省平均值近3.5个百分点，低于青海，居第二位。2014年，新疆城镇化水平为46.07%，在西北五省区中居第四位，高于甘肃。

二、城镇数量与结构

（1）新疆城市总量少，发展规模小，分布分散，集聚能力弱，这些特征进一步制约其城镇化向纵深方向发展。2014年新疆15个地州市中，有24个设市城市，67个县城，276个独立建制镇。截至2014年底，城市平均城镇人口为44.91万人（有3个城市数据缺失不计）。200万~300万以上城镇人口的大城市只有乌鲁木齐，50万~100万的中等城市只有石河子、伊宁、库尔勒和喀什，50万以下的城市19个。

（2）城市首位度过高，城镇结构发展失衡。只有乌鲁木齐一个200多万人口的特大城市，其余都是100万以下的城市，大城市偏大，中等城市偏小，大中小型城市比例失调，制约了城市间的辐射和带动作用。

（3）城镇密度小，空间分布极不平衡。南疆有8座城市，占城市总量的34%，北疆14座城市，占城市总量的58%，东疆有2座城市，占城市总量的8%。总体分布特征呈北多南少，西多东少。较高城市化水平的城市集中在天山北坡经济带和天山南坡产业带。其他区域的城镇化发展比较落后，尤其是在沿边区域，缺少规模大、有一定辐射带动作用的城市。现有24个城市中，有15个分布在北疆准噶尔盆地周围，南疆塔里木盆地只有7个城市；10个中等以上规模城市中仅有喀什1个分布在南疆地区。

从城镇数量与规模结构分析可知，新疆城镇结构体系不合理，存在乌鲁木齐首位度过大，大中等城镇偏少，小城镇比重偏高的特征，城市体系存在断层，无法有序承接大城市的辐射带动功能，以及次级中心城市进一步带动周边小城镇的经济社会发展。

三、城镇经济发展水平

新疆的经济发展远远低于内地经济发展水平，且其城镇经济发展水平、基础建设水平和居民生活水平较低且差距极大。2014年新疆15个地州市中7个地区的人均GDP低于全国47000元和新疆40648元的平均水平，仅有克拉玛依市的人均GDP较高为153084元，是最低的和田地区8993元的17倍。2014年工业化率除克拉玛依（82%）、巴州（55.1%）和吐鲁番地区（47.4%）等6个地州市较高外，其余9个地州市的工业化率都低于全国平均水平35.8%，8个地州的工业化率低于33.5%的全疆平均水平，乌鲁木齐为31.1%，最低的和田地区仅为6.4%。而新疆内部中小城镇经济发展和基础设施水平也十分不平衡，与乌鲁木齐也存在巨大差距，特别是在南疆三地州等经济欠发达地区，城镇基本公共设施不健全，基本公共服务水平较低，居民生活质量差距很等大。由此可知，新疆城镇经济实力不足且发展不均衡，与内地差距较大。另外，新疆部分城镇的功能定位模糊，发展模式呈现趋同化，**资源型城市经济发展以小规模的低附加值初级产品加工为主**，造成城镇经济发展动力不足且集聚能力较弱，带动劳动力就业能力有限，制约城市发展步伐。

第三节 新疆城市化发展特征

新疆的城市化担负着发展经济和维稳的双重历史使命。新疆的人文地理、内外部环境、行政体制、资源禀赋、动力机制,城市布局和规模要求,使得新疆城镇化道路具有一些特殊的功能。其特色体现在城市布局、水资源、人口问题、体制等。①。

一、新疆城市化的绿洲空间分布特征

新疆属于干旱、半干旱地区,尽管新疆面积166万平方公里,绿洲才仅仅有7万平方公里,不足新疆总面积的二十分之一。新疆的主要城市和95%以上人口基本都集中在这些绿洲之中。由于绿洲、沙漠阻隔,新疆城市主要分布在地理上的边缘区域,因为特有的绿洲生态环境,使得城市主要沿交通干线、盆地边缘以及河谷地带,呈串珠状、条带状分布,主要在北疆、南疆和东疆这三个地区。根据自然地理环境和水资源情况,新疆的500多块大小不等的绿洲基本散布在地势较平、距离水资源较近的准噶尔盆地和塔里木盆地的边缘,因此,新疆的城镇和人口主要分布在这两个盆地外缘的平原绿洲地带。由于这些绿洲的外围是沙漠和戈壁,受水资源和绿洲范围大小的制约,城市的分布和形状呈现出点状、片状、区块和集群的特点。

二、强烈的生态环境约束与水资源短缺的环境特征

新疆地处我国生态脆弱、环境恶劣的干旱、半干旱地区。新疆作为全国的生态屏障,良好的生态环境必将有益于新疆、我国东部地区

---

① 刘林,龚新蜀,张杰.新疆城镇化道路的特殊性和边疆特色[J].农业现代化研究,2010,31(4):402-406.

及国家经济社会持续协调发展。一旦新疆的生态环境遭受破坏，必将对国家经济社会造成难以估量的损失。新疆地处我国缺水带和少水带，城镇化与水资源、生态环境保护之间的关系难以恰当的处置。干旱区城镇化进程与生态环境之间是一种"交互胁迫的动态耦合关系"。[①] 一方面，干旱区生态环境是城市赖以发展的决定条件。以资源开发为主体、具有旱生性特征的城市和城镇，在发展过程中受到水资源和周围生态环境的胁迫，多数城市"缺水不缺地"、"缺水又费水"，并不同程度地对其自身及与水有关的生态环境造成破坏；另一方面作为城镇成长背景、因水资源短缺和用水效益低下致使本来就十分脆弱的生态环境易于出现失衡的可能，生态环境还将制约城镇发展规模以及结构优化，延滞城镇化发展进程。

三、多民族的人口与文化特征

新疆有47个少数民族，少数民族人口占新疆总人口的比重为63%，且少数民族人口大部分集中在南疆以及新疆最北端的偏远地区，由于自然地理环境及历史原因，经济发展水平较低，较为封闭落后，贫困问题突出。少数民族生活习惯、文化传统以及人口素质较低、小富则安的思想观念，加上交通不便，基础设施落后等，使得城镇居民生活水平的超前发展和农村人口素质的落后并存，加之农村人口迁移成本高、风险过大、民族人口迁移黏性大，阻碍了城镇化的发展进程。

四、城市化发展内源与外生的动力组合特征

由于新疆独特的自然地理、文化地域和特殊的历史人文背景，在城市设置和发展上要先考虑行政和军事方面的因素，历史上对新疆城

[①] 王长建，张小雷，杜宏茹. 近30a新疆城市化与生态环境互动关系的动态计量分析[J]. 中国沙漠，2012（6）：1794–1802.

市的开发与建设更多的是出于军事上的考虑,除了传统的安全因素之外,还与政府的产业安排有关。

新疆经济发展主要建立在煤、石油、天然气等能源开发基础上,由于宪法规定矿藏资源属于国家所有,这些资源的开发基本由国家主导,由此形成了新疆城镇化发展模式带有较浓厚的政府主导色彩,是一种以政府推动为核心,以重工业发展为主导、优先发展大中城市的城镇化模式。城镇化发展很大程度上依赖国家投资,城镇经济的发展主要靠大中城市带动。此外,新疆的许多市镇也是通过县改市、乡改镇等依然是依靠政府的主导行为进行的。

新中国成立后,随着克拉玛依和塔里木油田的相继发现,新疆的能源和矿产资源受到国家的高度重视,为了促进边疆地区的经济建设,国家加大对资源开发项目或基础设施项目的计划投资,使新疆城市的建立和发展较多依靠这些政策的推动。改革开放以来,国家投入大量资金扶持新疆经济,仅对塔里木油田的投资就达到了65亿元。新疆的主要城市如乌鲁木齐、克拉玛依、库尔勒、哈密都是在国家资源开发的推动下发展起来的,通过国家投入巨额资金兴建的城市。可见新疆城市化在很大程度上是依靠政府政策、投资、人才、技术的注入发展起来的。也即,新疆的城镇化由于其内部的自然资源以及外部的国家政策相互结合而进行的城镇化。

五、维稳戍边,兵地融合双重体制发展经济的特殊性

维稳戍边。新疆城镇的发展还承担着保障边疆安全的重要作用。经济发展是稳定的基础,稳定是经济发展的条件。新疆城镇化无论对维护新疆的稳定,还是保障边疆安全都具有重大的功能和作用。新疆边境线长5439公里,与8个国家接壤,现有33个边境县,多民族跨界而居,在民族族别、宗教信仰、风俗习惯、语言交流等多方面与周边国家有相似之处,边境形势比较复杂。许多城镇的设立可能不具备经济发展和适宜居住的客观条件,但却肩负着保障边疆安全的使命,

政府通过"兴边富民"、"游牧民定居"工程和"边境扶贫项目"等改善居民生产生活条件,促进城镇化区域协调发展,缩小区域内的经济发展差距,保障西北边疆安全。

兵地融合。新疆除了一般的行政区划外,还有新疆建设兵团。兵团实行党政军企合一体制,受中央和自治区双重领导。兵团承担屯垦戍边的职责,对维护新疆社会稳定发挥着重要作用。兵团是党政军企合一的特殊组织,属于中央计划单列的实体,但在行政区划上却和地方交错,由于历史原因及政治需要,新疆许多地方城镇同时也是兵团各级机关驻地,出现了"兵地共建城区"的发展模式。

此外,作为全国独特的多种体制并存的西部边疆民族自治区,新疆的城镇化发展路径不属于传统模式。新疆是由自治区、兵团、央企等多种管理体制互补并存的,未来也是多方共同推动城镇化发展,总体是在国家驱动下的发展路径,在不断对外开放的大环境下,依靠国家和全国各省市的全力支援,按照城镇化发展的规划目标,合理布局产业空间,走一条具有目标导向性的城镇化发展道路,但新疆的城镇化必须兼顾发展与稳定的双重目标导向,特别是社会稳定与长治久安。因此,新疆的城镇化对维稳戍边、发展经济、改善民生具有重要意义。

第四节 新疆城市化发展中存在问题

一、经济发展水平低,经济增长方式亟待转型

新疆2014年人均GDP接近6600美元,仅为全国平均水平的87%。目前新疆工业水平仍处于工业化初期向中期转变的阶段,工业发展以矿产资源开发利用为主,轻重工业比例为1∶9,工业结构重型化特征明显。形成了以油气资源开采加工业为代表的大中型重化工产业集群,而以优势农业产品加工业为主导的劳动密集型产业和微小企

业发展十分薄弱，规模小，产业层次低。新疆万元国内生产总值能源消费量1.5764吨标准煤/万元远远高于全国平均水平0.76吨标准煤/万元，且技术含量低，附加值低，能源消耗高，环境污染日益恶化。因此新疆经济发展亟待经济转型。

二、民生质量和公共服务水平有待进一步提高

一直以来干旱区大多数城镇的基础设施和公共服务设施都处于低水平建设阶段，教育、医疗、社会保障等涉及民生质量的发展指标也处于全国较低水平。以城镇居民收入水平为例，2014年新疆城镇和农村居民家庭人均可支配收入分别为23214元和8742元，低于全国（28844元、9892元）的平均水平。而工业结构的重型化特征导致工业化对区域经济总量增长贡献较强，而在增加非农人口就业以及富民方面则相对贡献较弱。新疆新一轮对口援建的重点是改善民生，快速推进农村饮水安全工程、富民安居工程、天然气利民工程等。重点民生工程，城乡居民生活质量得到普遍提升，但短期内仍无法满足区域发展和城镇化建设的需求。近10年来，全疆城镇人口增长的主要因素是行政建制的改变，而城镇基础设施建设较薄弱，城镇本身的规模增长速度较慢，城镇居民未能享受到高水平的城市文明生活，特别是众多的小城镇有待加速发展。

三、城市扩张过程中资源环境压力进一步加剧

由于干旱区生态环境的敏感性和脆弱性，资源环境受人类活动影响显著。伴随着城市化进程以及人口、产业的发展，资源环境压力进一步加剧。近30年来干旱区城镇化和生态环境相互作用研究表明，干旱区城镇化进程与生态环境之间是一种交互胁迫的动态耦合关系[1]，

---

[1] 王长建，张小雷，杜宏茹.近30a新疆城市化与生态环境互动关系的动态计量分析[J].中国沙漠，2012，(6)：1794-1802.

城镇化过程中对资源、能源的开采与利用,废弃物的大量产生是生态环境破坏的主要原因。

四、城镇体系不完善,空间关联性较弱

由于绿洲被沙漠所阻隔,无法形成相对连续的人类活动空间,导致干旱区同一片洲上的城镇间的内生性联系密切,而与外部其他绿洲上城镇的外向性联系弱,城镇的吸引辐射腹地常局限在同一片绿洲上,中心城市的规模普遍较小。在新疆城镇等级结构中,二级区域性中心城市的数量少、规模小,集聚能力弱。缺少50万~100万人口的大城市,20万~50万人口的中等城市平均有14个,彼此相距较远,区域集聚扩散能力有限。特大城市虽有一个,却离中等城市较远,难以发挥城市的中心作用,这就造成了特大城市的规模效益较差。中心城市辐射带动能力弱,只有一片绿洲上的城市联系强,自然会阻碍新疆城市化的发展。

五、城乡发展差距加剧,城镇区域发展不均衡

改革开放以来,我国干旱区城市经济与农村经济都得到迅猛发展,城乡发展水平显著提高,但城市区域的发展速度快于农村区域,城乡之间的差距仍在加大。以新疆为例,1980年城镇社会消费品总额是农村总额的1.4倍,1995年扩大到3.4倍,2014年进一步扩大到11倍。2014年新疆城镇居民家庭人均年可支配收入为23214元,而农村居民家庭人均纯收入只有8742元,城乡收入差异为14472元,城乡居民收入差异比为2.65:1,在南疆三地州城乡居民人均收入比在3~5倍。新疆医疗卫生资源80%以上集中在城市。南疆三地州和边远山区、高寒山区的经济发展水平仅为全疆平均的30%,社会发展水平低,贫困问题突出。干旱区城乡之间的差距仍在进一步扩大,城乡之间,区域之间的城镇发展仍不均衡。

第四章

新疆城市化发展质量空间分异动态分析

第一节 城市化发展质量动态评价理论及方法

评价城市化发展质量的方法很多,如综合指数法、模糊分析法、定量分析法等,可以归纳为两类:一类为静态评价(现状评价);另一类为动态评价(变化分析)。静态评价是对城市发展质量的成因、表现及其发展程度的静态的、定量的分析,数据一般以1年为限,或选取多年数据的平均值进行分析,只能满足静止的、相对分析城市发展空间分布的现状,不能深入分析城市发展质量的发展过程和发展趋势。动态评价是建立在城市发展质量静态评价的基础上,对一段时间内的城市化发展质量变化进行研究,是一种动态的、复合的研究方法,能够更好分析质量变化的驱动机理、演变过程、发展趋势[1]。动态分析是相对静态分析而言的,两者作为进行时点分析和时期分析或过程分析的两种既有区别又有联系的分析方法。在静态综合评价的基础上引入时间因素,构成具有时间、指标和方案三维结构的评价问题

---

[1] 蔡海生,刘木生,李凤英,等. 生态环境脆弱性静态评价与动态评价 [J]. 江西农业大学学报, 2009, 31 (1): 149-155.

称为动态综合评价问题。

一、指标体系选择

（一）选取依据

在借鉴以往对城镇化质量指标评价体系设计，结合新疆城市化进程的特点及实际，从人口发展质量、社会发展质量、经济发展质量、生态环境质量、城乡与区域统筹发展质量五个方面建立评价指标体系。城镇化的主体是"人"的城镇化，城市化质量反映城市化成果惠及人民，人民生活水平和文明程度提高，就业结构转型，资源环境得到有效利用与改善，城市社会服务功能的完善，经济发展水平的提高、城市功能的完善和人居环境的优化。鉴于此，本书评价指标体系分为三个层次，其中第一层为目标层，反映城市化发展质量总体情况，第二层为分目标层，主要包括人口发展质量、社会发展质量、经济发展质量、生态环境质量和城乡与区域协调发展五个体系；第三层次为要素层，主要包括第二层次的各个子系统的基本要素。遵循可比性强、相关性小、地域差异性大的原则，经过初步筛选和理论分析，设计出不同尺度下的评价指标体系。

（二）选取原则

1. 科学性原则

在咨询相关领域专家的意见基础上，选取能够真实、客观地反映城市化发展质量的基础性指标，以便评价指标体系能够客观、科学地反映新疆城市化发展质和量等内容。

2. 全面性原则

城市化发展质量属于一项系统工程，涉及城市化的发展方方面面的质量和数量的统一。因此，指标体系能够充分反映出城市化进程中的人口、社会发展、经济、生态环境和城乡区域协调等多方面内容，全面、综合反映出城市化发展质量。

3. 差异性原则

为反映地域空间分异特征，在指标选取时遵循地区差异性的特点，将差异性小和趋同性大的指标剔除，体现指标的地域差异性，反映出评价区域内城市化的真实水平和存在的差距。

4. 可操作性原则

在进行城市化发展质量评价的过程中，由于本书所选择的部分指标体系内容在新疆有少部分地州市年鉴和公报上根本没有涉及，没有共同的指标体系表达，没有统一的参考标准，所以根据实际，利用不同领域指标融合计算间接替代从而达到统一口径。

（三）指标体系结构

城市化发展质量是相对于城市化发展速度或数量而言的，但并不是速度及数量之外的所有因素都属于城市化发展质量的内容。前面对城市化发展质量的外延与内涵进行了清晰界定，现构建指标体系框架结构如下（见图4-1）：

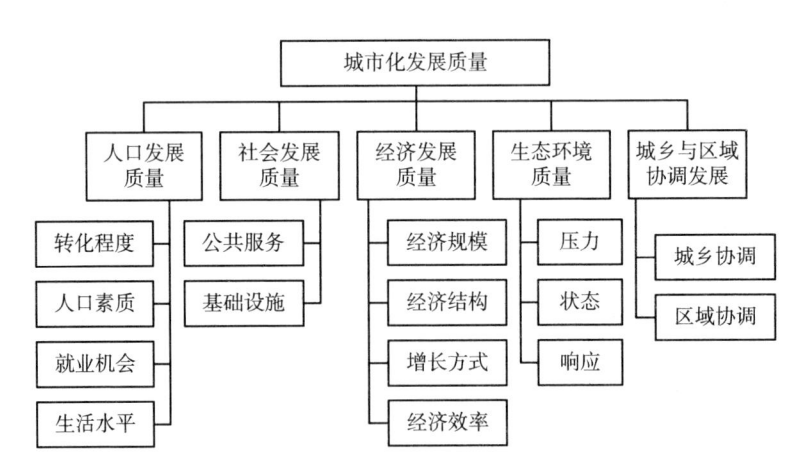

图4-1 城市化发展质量评价指标体系框架结构图

（四）指标体系内容

本书评价指标体系将系统分为人口发展质量、社会发展质量、经济发展质量、生态环境质量与城乡与区域协调发展质量5个子系统，36个指标，具体指标如下。

1. 人口发展质量

"人"是城市化进程和结果的核心，发展为了人民，发展的成果惠及人民。从人口转化程度、人口素质、收入水平、生活方式和就业机会等方面表示。包括非农化率、城镇化率、万人中专以上在校学生数、城镇居民可支配收入、农村居民可支配收入、人均消费品零售额、人均城乡居民收入、城镇登记失业率等指标。

其中，非农化率是非农业人口占总人口比重，城镇化率是城镇人口占总人口比重。万人中专以上在校生数表明人口文化素质的提升程度。城乡居民收入，表明人民收入水平，有质量的城市化应是促进人民增收的城市化，尤其是农民增收[①]。人均城乡居民储蓄和人均社会消费品零售额表明人们生活的富裕程度和生活方式，体现发展的成果惠及人民的结果。人均社会消费品零售额反映人民购买力水平。城镇登记失业率反映城镇解决就业和容纳非农就业的能力，反映人口发展的就业质量。

2. 社会发展质量

社会城市化主要反映社会公共服务功能的改进和完善，表征人类文明进步程度。公共服务正是保证满足居民生活、生存与发展，使居民受益或享受的物质条件。包括发展教育、体育、医疗等公共事业，为社会全体成员广泛参与社会经济、政治活动等提供保障。教育投资的充足性、医疗卫生条件的好坏、社会保障体系的健全、基础设施的完善极大地影响着人们的生活质量。本书选公共服务水平和基础设施水平两个方面来表示。其中公共服务水平包括一般财政性支出，万人中小学生数、中小学师生比、万人拥有医生数、万人拥有卫生机构床位数、城镇登记失业率。基础设施包括客运量、货运量、人均邮电业

[①] 马林靖，周立群. 快速城市化时期的城市化质量研究——浅谈高速城市化背后的质量危机 [J]. 云南财经大学学报，2011 (6): 119–125.

务量、供水量等指标。

其中：人均地方财政一般预算内支出，表明政府对社会的投资力度，财政支出越高，则越有利于促进城市化质量的提高；万人医生数和万人床位数两个指标个反映城市基础医疗水平的基本指标，可以在一定程度上反映一个城市居民就医的难易程度，也是衡量居民生活质量的一个重要指标；中小学教师负担学生数指一定时期内小学、中学（普通中学、高中）在校生与专任教师的比，该指标用来反映中小学教师丰富度；万人中小学学生数指一定时期内中小学学生在校人数与以万人计的人口的比，衡量一个城市义务教育状况的主要指标之一；万人就业人数表示就业机会，指一定时期内的就业人口数与以万人计的人口的比，该指标越大说明就业越充分。人均邮电业务量，说明居民获取信息和交流信息能力，反映了生活质量状况。货运量和客运量体现居民出行的便捷程度。则表明这一城市的公共交通服务能力、装备密度等基础设施水平。供水量表明基本生活设施的保障能力。

3. 经济发展质量

经济发展质量是城市化发展质量的核心内容。本书选取经济规模、经济结构、经济效率、对外开放度四方面选取表示经济发展质量方面的评价指标。其中，经济规模包括人均GDP、人均固定资产投资总额、人均财政收入等；经济结构优化选取第二产业占GDP比重、第三产业占GDP比重；经济效率选取单位固定资产实现的GDP、单位GDP规模以上工业综合能耗、单位劳动力实现GDP、单位土地面积实现的GDP；经济对外开放度选取进出口总额。

其中，地方财政收入指国家财政参与社会产品分配所得的收入，是实现国家职能的财力保证。人均固定资产投资是一定时期内用于投资建设的资金，表明发展潜力；第二、三产业占GDP比重反映一定时期经济结构及优化程度；单位土地面积实现的GDP表明经济效益的水平，反映了城市单位面积上经济活动的效率和土地利用的密集程度。单位固定资产实现的GDP表明投资效益，是经济效率指标，即全社会固定资产投资与GDP比值。单位GDP规模以上工业综合能耗表明工业资源利用方式,是粗放还是集约的。全社会劳动生产率即单位劳动力实现 GDP,指一定时期内全社会劳动者(从业人员)的劳动效率,是全部就业人员与 GDP 比值,它反映该地区经济实力的基本指标之一;进出口额度指一定时期内一个地区进口和出口额度总和,反映一个地区对外开放程度。

4. 生态环境质量

本书的生活环境主要指人工环境,如用于人类生活的建筑物、公园、绿地、服务设施等。生活环境的保护与每个人生活质量的好坏息息相关。从对生态环境的压力、状态、响应三方面表示。指标包括:万元 GDP 耗水量、万元 GDP 耗电量、人口密度、人均耕地面积、人均水资源量、人均当年造林面积。其中,万元 GDP 耗水量和万元 GDP 耗电量都表明对生态环境造成的压力,过高会影响生态环境质量,从而影响城市化发展质量。人口密度表明人口过于集聚对环境造成的压力。人均耕地面积是生态红线的保障。城市化进程不能突破用地红线,农业是基础和保障。人均水资源量是可持续发展指标,过低制约城市化发展。人均当年造林面积体现对环境的保护,是响应指标。

5. 城乡与区域协调发展质量

有质量的城市化应是城乡收入差距和区域发展差距日益缩小的城市化。城乡收入差异系数体现城乡协调发展程度。其计算公式为:$S = 1 - S_1/S_2$,式中:S 代表城乡居民的收入差异系数;S_1 代表农民居民的人均纯收入;S_2 代表城镇居民的人均可支配收入。认为当 $S > 0.5$,处于城乡二元结构状态;当 $0.2 < S < 0.5$,处于由二元结构状态向城乡一体化过渡的时期;$S < 0.2$,基本完成了城乡一体化进程[①]。

地区经济发展差异指各地区经济发展水平(人均国内生产总值)与整个地区均值的偏离程度,反映地区经济发展的均衡和协调程度。偏离度越大表明地区发展越不平衡,不利于城市化发展质量的提高。其计算公式为:$\delta = |x - \bar{x}|/\bar{x}$,式中:$x$ 为人均 GDP,$\bar{x}$ 为 N 个地区人

---

① 叶裕民. 中国城市化质量研究 [J]. 中国软科学, 2001 (7): 27-31.

均 GDP 算术平均值。

依据上述分析，构建指标体系见表 4-1。

表 4-1   新疆城市化发展质量评价指标体系

目标层	准则	指标层	指标	功效性	权重
新疆城市化发展质量	人口发展质量（0.2095）	转化程度	城镇人口比重（%）	正向	0.0134
			非农业人口比重（%）	正向	0.0186
		人口素质	万人中专以上在校生数（人）	正向	0.0653
		收入	城镇居民人均可支配收入（人）	正向	0.011
			农牧民人均纯收入（人）	正向	0.0136
		生活方式	人均社会消费品零售额（元）	正向	0.0325
			人均城乡居民储蓄（元）	正向	0.0343
		就业	城镇登记失业率（%）	逆向	0.021
	社会发展质量（0.2665）	社会投入	人均财政支出（元）	正向	0.0452
		公共服务 医疗条件	万人医生数（人/万人）	正向	0.0194
			万人床位数（张/万人）	正向	0.0246
		义务教育	万人中小学生数（人）	正向	0.011
		师资力量	中小学教师负担学生数（人）	逆向	0.0124
		就业机会	万人从业人员数（人/万人）	正向	0.0205
		基础设施 信息	人均邮电业务量（元）	正向	0.0369
		交通	货运量（万次）	正向	0.0508
			客运量（万人）	正向	0.031
		生活	人均供水量（人/立方米）	正向	0.0146
	经济发展质量（0.3995）	经济规模	人均 GDP（元）	正向	0.0318
			人均固定资产投资额（元）	正向	0.0453
			人均财政收入（元）	正向	0.0484
		经济结构优化	第二产业占 GDP 比重（%）	正向	0.0234
			第三产业占 GDP 比重（%）	正向	0.0114
		经济增长方式	规模以上工业企业单位工业产值综合能耗（吨标准煤/万元）	逆向	0.0111
		集约高效	单位土地面积实现的 GDP（元/平方公里）	正向	0.1082
		资本利用效率	单位固定资产投资实现 GDP	正向	0.0241
		劳动生产率	单位劳动力实现 GDP（元/人）	正向	0.036
		对外开放度	进出口总额（万元）	正向	0.0599

续表

目标层	准则	指标层	指标	功效性	权重
新疆城市化发展质量	生态环境质量（0.1064）	压力	万元GDP耗水量（立方米/万元）	逆向	0.0089
			万元GDP耗电量（千瓦时/万元）	逆向	0.0053
			人口密度（人口/平方公里）	逆向	0.0046
		状态	人均耕地面积（亩/人）	正向	0.024
			人均水资源量（立方米/人）	正向	0.0332
		响应	当年造林面积（公顷）	正向	0.0304
	城乡与区域协调发展（0.018）	城乡协调	城乡居民收入差异系数	逆向	0.0127
		区域协调	地区经济发展偏离度	逆向	0.0053

二、评价模型与方法

（一）权重确定

熵值法能较客观的确定城市化发展质量指标权重，避免了主观性。其步骤是：主要是对 n 项评价指标，m 个被评对象问题中，定义第 j 项指标的熵值为 $e_j = -k \sum_{i=1}^{m} P_{ij} \ln P_{ij}$，其中 $P_{ij} = X_{ij} / \sum_{i=1}^{m} X_{ij}$，$k = \left(\dfrac{1}{\ln m}\right)$，定义了熵值之后，指标的权数 $W_j = \dfrac{g_j}{\sum_{j=1}^{n} g_j} = \dfrac{1-e_j}{\sum_{j=1}^{n}(1-e_j)}$，其中 $g_j = 1 - e_j$，g_j 为第 j 项指标的差异性系数，当 g_j 值越大，则指标 X_j 在综合评价中的重要性就越强。并根据各指标标准化值与权重，加权求和计算城市化质量 $f(x)$ 综合指数。$f(x) = \sum_{i=1}^{m} a_i x'_i$，$a$ 为权重，x'_i 为标准化值，m 为指标体系个数。

（二）城市化发展质量阶段划分

通常城市化发展质量指数介于 [0, 1]，参考国内学者对中国城市化修正过的"S"型曲线，在理想状态下对城市化发展阶段的划分标准，将城市化发展质量划分为4个阶段：（0 < UDQ ≤ 0.3）为低质量阶段、（0.3 < UDQ ≤ 0.6）为加速提升阶段、（0.6 < UDQ ≤ 0.8）为优化提升阶段、（0.8 < UDQ ≤ 1）为后期完善阶段[1][2]。

（三）协调发展模型

系统之间或系统内部要素之间协调状况好坏直接影响整体城市化发展质量的提高。根据已有研究，建立基于协调发展水平和效益综合平衡的协调性评价模型，公式为[3]：

$$C = \{(P \cdot S \cdot G \cdot E \cdot T)/(P + S + G + E + T/5)^5\}^k \quad (4.1)$$

$$D = \sqrt{C \cdot T} \quad (4.2)$$

式中，C为系统的协调度，P为人口发展质量系统，S为社会发展质量系统，G为经济发展质量系统，E为生态环境质量系统，X为城乡和区域协调发展系统，k为调节系数且$k \geq 2$，取$k = 2$。协调度C虽然刻画了各维度发展的协调性，但难以反映协调发展的水平高低，即综合效益的大小，为综合考虑系统的发展水平和协调水平，构建协调发展度D来度量总系统的协调发展水平，$0 < D < 1$，T为各县市综合发展质量指数，$T = \alpha P + \beta S + \chi G + \delta E + \varepsilon T$，因各维度同等重要，取$\alpha = \beta = \chi = \delta = \varepsilon = 0.2$。根据$D$值，评价结果可分为以下10种协调类型：优质协调（0.90~1.00）、良好协调（0.80~0.89）、中级协调（0.70~0.79）、初级协调（0.60~0.69）、勉强协调（0.50~0.59）、濒临失调（0.40~0.49）、轻度失调（0.30~0.39）、中度失调（0.20~0.29）、严重失调（0.10~0.19）、极度失调（0~0.09）[4]。

---

① 方创琳，刘晓丽，蔺雪芹. 中国城市化发展阶段的修正及规律性分析[J]. 干旱区地理，2008，31（4）：512 – 523.
② 梁振民，陈才，刘继生，等. 东北地区城市化发展质量的综合测度与层级特征研究[J]. 地理科学，2013，33（8）：926 – 934.
③ 白先春，凌亢，朱龙杰，等. 我国县级城市发展质量综合评价——以江苏省县级市为例[J]. 统计研究，2005（7）：51 – 54.
④ 刘承良，熊剑平，龚晓琴，等. 武汉城市圈经济 – 社会 – 资源 – 环境协调发展性评价[J]. 经济地理，2009，29（10）：1650 – 1654.

三、数据来源

2004～2014年是新疆真正的城市化发展时期，政府在1999年提出西部大开发①，由于政策的实施的滞后性，为了更真实反映新疆城市化发展状况以及数据的质量，本书选取2004～2014年11年跨度期。大部分数据来源于2005～2015年的《新疆统计年鉴》、各地州年鉴和统计公报，部分根据其中数据计算而得。对部分缺失的数据采用均值法补齐。为避免指标体系量纲的影响，首先对原始数据进行数量极化无量纲处理，其中，正向指标和负向指标计算公式如下：$x'_{ij} = \frac{x_j - x_{\min}}{x_{\max} - x_{\min}}$；$x'_{ij} = \frac{x_{\max} - x_j}{x_{\max} - x_{\min}}$；其中，$x'_{ij}$表示指标的标准值，$x_j$是指标原始值。max，min分别表示原始指标的最大值和最小值。

本书的研究区域范围是新疆15个地州市。指北疆的乌鲁木齐市、克拉玛依市、石河子市、昌吉回族自治州、阿勒泰地区、塔城地区、博尔塔拉蒙古自治州、伊犁州直属县市；东疆吐鲁番地区和哈密地区；南疆阿克苏地区、巴尔郭楞蒙古自治州、克孜勒苏柯尔克孜自治州、喀什地区、和田地区。除石河子市是县级市外，其余地州市均是地级行政单位，为了行政级别一致性及可比性，石河子数据采用垦区数据。

四、城市化发展质量测度结果

在对2004～2014年11年间新疆15个地州市36个指标的5940个原始数据的标准化处理基础上，运用熵值法对各个指标赋权计算，得到城市化发展质量各个指标的权重和各个地州市的人口发展质量、经济发展质量、社会发展质量、生态环境质量、城乡区域协调5个子系统质量得分以及城市化发展质量的综合得分，见表4-2。

---

① 1999年9月提出，2000年1月拉开西部大开发序幕，同年10月颁布《关于实施西部大开发若干政策措施的通知》，2002年7月发布《"十五"西部开发总体规划》，2003年制定《西部开发促进法》等。资料来源：叶裕民.中国可持续发展总纲——中国城市化与可持续发展[M].北京：科学出版社，2007.

表4-2 2004~2014年新疆15个地州市城市发展质量及各维度质量指数

		2004年	2005年	2006年	2007年	2008年	2009年	2010年	2011年	2012年	2013年	2014年
乌鲁木齐	人口	0.1937	0.1694	0.1621	0.1595	0.1407	0.1705	0.1563	0.1583	0.1553	0.1554	0.1887
	社会	0.1486	0.1384	0.1661	0.1529	0.1613	0.1971	0.1492	0.1487	0.1484	0.1668	0.1896
	经济	0.1839	0.1797	0.1757	0.1565	0.1528	0.1816	0.1942	0.2071	0.2116	0.1881	0.1814
	生态	0.0216	0.0148	0.0207	0.0062	0.0207	0.0204	0.019	0.0207	0.0214	0.0224	0.0249
	协调	0.0098	0.0097	0.0097	0.0122	0.0132	0.015	0.0132	0.011	0.0154	0.0145	0.0132
	质量	0.5575	0.5121	0.5343	0.4873	0.4886	0.5847	0.5318	0.5456	0.552	0.5473	0.5978
克拉玛依	人口	0.1541	0.1472	0.1407	0.156	0.1311	0.1413	0.1344	0.1345	0.1463	0.1342	0.1474
	社会	0.1338	0.1373	0.1238	0.1274	0.1314	0.1263	0.1088	0.118	0.1315	0.1056	0.1009
	经济	0.2776	0.2731	0.281	0.2697	0.2507	0.2217	0.2346	0.2417	0.2071	0.2102	0.1943
	生态	0.0263	0.0165	0.0237	0.0062	0.0268	0.0297	0.0236	0.0264	0.0258	0.0277	0.0281
	协调	0.0056	0.0067	0.0065	0.0079	0.0095	0.0108	0.0107	0.0088	0.0112	0.0117	0.0112
	质量	0.5974	0.5808	0.5757	0.5673	0.5496	0.5298	0.5121	0.5294	0.522	0.4894	0.4819
石河子	人口	0.1728	0.1682	0.1682	0.1975	0.1776	0.1648	0.1861	0.1829	0.1942	0.1862	0.1236
	社会	0.0533	0.0626	0.0605	0.0471	0.0609	0.0592	0.0785	0.0612	0.0695	0.0843	0.0802
	经济	0.1578	0.1573	0.1573	0.1535	0.1552	0.1804	0.1742	0.1842	0.1977	0.2054	0.1978
	生态	0.0123	0.0117	0.0117	0.0104	0.0086	0.009	0.0075	0.0086	0.0082	0.0106	0.0109
	协调	0.0157	0.0151	0.0151	0.0147	0.0153	0.0168	0.0145	0.0126	0.0167	0.0157	0.0154
	质量	0.4119	0.4149	0.4128	0.4232	0.4176	0.4302	0.4608	0.4495	0.4863	0.5022	0.4279

第四章 新疆城市化发展质量空间分异动态分析

续表

		2004年	2005年	2006年	2007年	2008年	2009年	2010年	2011年	2012年	2013年	2014年
吐鲁番地区	人口	0.0366	0.0395	0.0375	0.0375	0.0382	0.0425	0.0431	0.0379	0.0403	0.0417	0.0414
	社会	0.0508	0.059	0.0647	0.0541	0.0518	0.0507	0.047	0.051	0.0584	0.0506	0.0552
	经济	0.0691	0.0609	0.0728	0.0648	0.063	0.0623	0.0583	0.0603	0.0573	0.0521	0.0475
	生态	0.0328	0.0217	0.0265	0.018	0.0246	0.0254	0.0254	0.0254	0.0277	0.0264	0.0261
	协调	0.0103	0.0111	0.0107	0.012	0.0126	0.0137	0.0106	0.0092	0.0112	0.0119	0.0111
	质量	0.1995	0.1923	0.2121	0.1865	0.1903	0.1946	0.1844	0.1838	0.1949	0.1827	0.1812
哈密地区	人口	0.0485	0.0481	0.0467	0.0564	0.0553	0.0562	0.0588	0.0637	0.0707	0.0705	0.0751
	社会	0.0521	0.0543	0.0515	0.0487	0.0492	0.0453	0.0509	0.0554	0.0565	0.0693	0.0738
	经济	0.0434	0.0427	0.0485	0.0448	0.0479	0.0523	0.0509	0.0574	0.0637	0.0632	0.0649
	生态	0.0283	0.0249	0.0331	0.0166	0.028	0.0337	0.0311	0.0324	0.0339	0.0333	0.0341
	协调	0.0084	0.0092	0.0093	0.011	0.0122	0.0135	0.0117	0.0102	0.0135	0.0141	0.013
	质量	0.1807	0.1793	0.1889	0.1775	0.1928	0.201	0.2034	0.2191	0.2383	0.2504	0.2609
昌吉回族自治州	人口	0.0614	0.0613	0.0628	0.0683	0.0615	0.0669	0.065	0.0729	0.0781	0.085	0.0937
	社会	0.0794	0.0958	0.1248	0.0955	0.108	0.1407	0.1217	0.1074	0.1129	0.11	0.1161
	经济	0.0611	0.0645	0.0864	0.0812	0.0804	0.0968	0.0798	0.0717	0.0722	0.0864	0.0894
	生态	0.0528	0.0635	0.0473	0.0378	0.0571	0.0548	0.0539	0.0644	0.0572	0.0541	0.0681
	协调	0.014	0.0149	0.0146	0.0146	0.0163	0.0195	0.0172	0.0145	0.0195	0.0182	0.0183
	质量	0.2685	0.3001	0.3359	0.2975	0.3233	0.3787	0.3376	0.3308	0.3399	0.3536	0.3857

· 81 ·

续表

		2004年	2005年	2006年	2007年	2008年	2009年	2010年	2011年	2012年	2013年	2014年
伊犁州直属	人口	0.0321	0.0327	0.0337	0.0381	0.0373	0.0457	0.0324	0.0368	0.0421	0.0373	0.0385
	社会	0.0776	0.0935	0.1364	0.0914	0.0805	0.1358	0.1029	0.0774	0.0888	0.0951	0.1381
	经济	0.0693	0.0803	0.0926	0.0707	0.087	0.0957	0.0894	0.0784	0.0793	0.0906	0.0883
	生态	0.0493	0.0477	0.0459	0.0297	0.0491	0.0485	0.0629	0.0606	0.0552	0.0526	0.0546
	协调	0.0098	0.0103	0.0102	0.0111	0.012	0.0141	0.0126	0.0131	0.0145	0.0148	0.0114
	质量	0.2381	0.2645	0.3188	0.241	0.2659	0.3398	0.3002	0.2663	0.2798	0.2903	0.3309
塔城地区	人口	0.0564	0.0565	0.0616	0.0568	0.0514	0.0481	0.0578	0.047	0.0606	0.0631	0.0559
	社会	0.0608	0.0689	0.0864	0.1289	0.0597	0.0644	0.0577	0.0589	0.067	0.0646	0.0718
	经济	0.057	0.0524	0.0565	0.0561	0.0562	0.0703	0.0581	0.066	0.0609	0.0649	0.0611
	生态	0.0546	0.0466	0.0494	0.0421	0.0592	0.0608	0.0646	0.0716	0.0704	0.0761	0.074
	协调	0.0119	0.0114	0.0114	0.0138	0.0156	0.0201	0.0198	0.0191	0.0203	0.0164	0.0166
	质量	0.2407	0.2358	0.2653	0.2976	0.2421	0.2637	0.2579	0.2626	0.2791	0.285	0.2794
阿勒泰地区	人口	0.0499	0.0445	0.0494	0.0396	0.0461	0.0542	0.0453	0.0414	0.0443	0.0444	0.0427
	社会	0.0597	0.0655	0.0771	0.0686	0.0689	0.0803	0.0813	0.0757	0.0818	0.0834	0.0785
	经济	0.0427	0.0364	0.0479	0.0471	0.0467	0.0555	0.0535	0.0608	0.0593	0.0538	0.0566
	生态	0.0782	0.0705	0.0691	0.0543	0.0563	0.0632	0.0727	0.0769	0.0751	0.0869	0.0824
	协调	0.0126	0.0104	0.01	0.0097	0.0097	0.0102	0.0092	0.0096	0.0113	0.0118	0.0102
	质量	0.2431	0.2273	0.2535	0.2194	0.2277	0.2635	0.2619	0.2644	0.2718	0.2804	0.2704

第四章 新疆城市化发展质量空间分异动态分析

续表

		2004年	2005年	2006年	2007年	2008年	2009年	2010年	2011年	2012年	2013年	2014年
博尔塔拉蒙古自治州	人口	0.0395	0.0387	0.0432	0.0576	0.0419	0.0461	0.0484	0.0484	0.0469	0.0458	0.0477
	社会	0.0529	0.057	0.0574	0.0506	0.0514	0.0528	0.0571	0.0571	0.0581	0.0613	0.0653
	经济	0.0959	0.0823	0.0894	0.0668	0.0608	0.0674	0.0541	0.0541	0.0696	0.0705	0.069
	生态	0.0457	0.0384	0.0422	0.0243	0.04	0.0458	0.0477	0.0477	0.0522	0.0456	0.0486
	协调	0.0105	0.0113	0.0115	0.0113	0.0111	0.0131	0.0135	0.0135	0.0157	0.0156	0.0167
	质量	0.2446	0.2279	0.2438	0.2106	0.2052	0.2253	0.2208	0.2208	0.2425	0.2387	0.2472
巴音郭楞蒙古自治州	人口	0.0648	0.0657	0.0543	0.0687	0.0549	0.0615	0.0682	0.0635	0.0678	0.0655	0.0664
	社会	0.0662	0.0773	0.0934	0.0772	0.0829	0.0944	0.0867	0.0801	0.0825	0.0937	0.0997
	经济	0.0728	0.0753	0.0818	0.0771	0.0819	0.0854	0.0809	0.0941	0.0885	0.0797	0.0769
	生态	0.0583	0.0522	0.0566	0.0358	0.0501	0.0562	0.054	0.0549	0.0639	0.0616	0.0643
	协调	0.0116	0.0114	0.0104	0.012	0.013	0.0174	0.0166	0.0136	0.0181	0.0179	0.015
	质量	0.2736	0.2819	0.2965	0.2708	0.2828	0.3149	0.3065	0.3063	0.3207	0.3184	0.3224
阿克苏地区	人口	0.0444	0.0545	0.0485	0.0467	0.0321	0.0419	0.0363	0.0363	0.0445	0.045	0.0431
	社会	0.0613	0.062	0.0784	0.0728	0.0776	0.0949	0.0773	0.0773	0.0825	0.0882	0.1278
	经济	0.0254	0.0253	0.024	0.0274	0.0309	0.031	0.0407	0.0407	0.0426	0.0451	0.0434
	生态	0.0566	0.0477	0.0478	0.0285	0.0428	0.0508	0.0525	0.0525	0.0389	0.0398	0.0476
	协调	0.0085	0.0089	0.0091	0.0091	0.0092	0.0109	0.0105	0.0105	0.0121	0.0125	0.0097
	质量	0.1963	0.1984	0.2078	0.1844	0.1927	0.2295	0.2173	0.2173	0.2205	0.2307	0.2715

· 83 ·

续表

		2004年	2005年	2006年	2007年	2008年	2009年	2010年	2011年	2012年	2013年	2014年
克孜勒苏柯尔克孜自治州	人口	0.0263	0.0279	0.0193	0.0096	0.0087	0.0111	0.0101	0.0101	0.0223	0.0254	0.0296
	社会	0.0332	0.0399	0.0404	0.0394	0.0427	0.0476	0.051	0.051	0.0596	0.0612	0.0611
	经济	0.021	0.0253	0.0304	0.0295	0.026	0.0272	0.0299	0.0299	0.0342	0.0335	0.037
	生态	0.0569	0.0513	0.0557	0.0375	0.0405	0.05	0.0504	0.0504	0.0576	0.0464	0.0496
	协调	0.0058	0.0057	0.0052	0.0053	0.0048	0.0038	0.0039	0.0039	0.004	0.004	0.0037
	质量	0.1432	0.1501	0.151	0.1213	0.1227	0.1397	0.1453	0.1453	0.1777	0.1705	0.181
喀什地区	人口	0.0131	0.0136	0.0141	0.0171	0.0155	0.0176	0.0151	0.0151	0.0118	0.0124	0.0144
	社会	0.0577	0.0643	0.0772	0.0674	0.0716	0.0871	0.0881	0.0881	0.0908	0.103	0.1653
	经济	0.0215	0.0151	0.0309	0.0393	0.0338	0.0326	0.0279	0.0279	0.039	0.0414	0.0429
	生态	0.0527	0.0331	0.0573	0.0534	0.0761	0.0465	0.0477	0.0477	0.0395	0.0445	0.0327
	协调	0.0052	0.0054	0.0053	0.006	0.0058	0.0064	0.0059	0.0059	0.008	0.0092	0.0075
	质量	0.1501	0.1315	0.1847	0.1832	0.2029	0.1903	0.1848	0.1848	0.189	0.2105	0.2627
和田地区	人口	0.0184	0.0075	0.0078	0.0129	0.0112	0.0131	0.0192	0.0192	0.0202	0.0177	0.0206
	社会	0.0396	0.0431	0.0613	0.0433	0.0483	0.0665	0.056	0.056	0.0531	0.0615	0.0894
	经济	0.0155	0.0149	0.0156	0.0136	0.0114	0.0146	0.0166	0.0166	0.0265	0.0229	0.0252
	生态	0.0346	0.0383	0.0342	0.0272	0.0235	0.0322	0.0332	0.0332	0.0362	0.0369	0.0611
	协调	0.0037	0.0037	0.0036	0.0036	0.0035	0.0036	0.0046	0.0046	0.0041	0.0041	0.0041
	质量	0.1118	0.1075	0.1225	0.1006	0.0979	0.13	0.1296	0.1296	0.1401	0.1431	0.2004

第二节　新疆各地州市城市化发展
质量演变过程分析

一、整体水平评价

通过上一节对2004~2014年11年间新疆15个地州市36个指标的5940个原始数据的标准化处理及对各个指标赋权，权重见表4-1，计算出2004~2014年15个地州市城市化发展质量及各维度指数（见表4-3）。

整体发展趋势。以各地州市2004~2014年城市化发展质量的平均值看（见表4-3横栏）可知，新疆城市化发展质量总体呈现逐年上升趋势，但增长缓慢。从2004年的0.27上升为2014年的0.3135，年均增长4%，但发展较不平稳。其中，2007年除石河子和塔城地区上升外，其余地区城市化发展质量呈明显下降趋势，2011年石河子、昌吉州、吐鲁番等地区有降低现象。2004~2014年，只有石河子、乌鲁木齐和克拉玛依3地区的城市化发展质量一直高于各地州市平均水平。昌吉州除2004年，巴州除2007年外城市化发展质量也高于均值水平，伊犁州直属县市在均值水平上下波动，塔城地区只有2007年高于平均水平，吐鲁番地区、哈密地区、阿勒泰地区、博州、阿克苏地区、克州、喀什地区、和田地区8个地区一直低于均值水平。从各地州极差值看，从2004年的0.4856下降为2014年的0.4081，呈逐年下降趋势，说明各地州市之间的城市化发展质量的绝对差距在缩小。

发展阶段。由表4-3中纵栏均值可知，乌鲁木齐城市化发展质量最高（0.5399），克拉玛依次之（0.5396），石河子第三（0.4398），昌吉州第四（0.332），均在（0.3＜UDQ≤0.6）区间，处于加速提升

表4-3　2004~2014年15地州市城市化发展质量得分及排名

	2004年	2005年	2006年	2007年	2008年	2009年	2010年	2011年	2012年	2013年	2014年	均值	排名
乌鲁木齐	0.5575	0.5121	0.5343	0.4873	0.4886	0.5847	0.5318	0.5456	0.552	0.5473	0.5978	0.5399	1
克拉玛依	0.5974	0.5808	0.5757	0.5673	0.5496	0.5298	0.5121	0.5294	0.522	0.4894	0.4819	0.5396	2
石河子	0.4119	0.4149	0.4128	0.4232	0.4176	0.4302	0.4608	0.4495	0.4863	0.5022	0.4279	0.4398	3
吐鲁番地区	0.1995	0.1908	0.2121	0.1819	0.1875	0.1927	0.1823	0.1806	0.1907	0.1782	0.178	0.1886	12
哈密地区	0.1807	0.1778	0.1889	0.1739	0.1903	0.1988	0.2012	0.2153	0.2332	0.2443	0.2572	0.2056	11
昌吉州	0.2685	0.3001	0.3359	0.2975	0.3233	0.3787	0.3376	0.3308	0.3399	0.3536	0.3857	0.332	4
伊犁直属	0.2381	0.2645	0.3188	0.241	0.2659	0.3398	0.3002	0.2663	0.2798	0.2903	0.3309	0.2851	6
塔城地区	0.2407	0.2358	0.2653	0.2976	0.2421	0.2637	0.2579	0.2626	0.2791	0.285	0.2794	0.2645	7
阿勒泰地区	0.2431	0.2273	0.2535	0.2194	0.2277	0.2635	0.2619	0.2644	0.2718	0.2804	0.2704	0.253	8
博州	0.2446	0.2279	0.2438	0.2106	0.2052	0.2253	0.2208	0.219	0.2425	0.2387	0.2472	0.2296	9
巴州	0.2736	0.2795	0.2965	0.262	0.2775	0.3126	0.3023	0.3005	0.3134	0.3102	0.3178	0.2951	5
阿克苏地区	0.1963	0.1984	0.2078	0.1844	0.1927	0.2295	0.2173	0.229	0.2205	0.2307	0.2715	0.2162	10
克州	0.1432	0.1501	0.151	0.1213	0.1227	0.1397	0.1453	0.1478	0.1777	0.1705	0.181	0.15	14
喀什地区	0.1501	0.1315	0.1847	0.1832	0.2029	0.1903	0.1848	0.1824	0.189	0.2105	0.2627	0.1884	13
和田地区	0.1118	0.1075	0.1225	0.1006	0.0979	0.13	0.1296	0.1354	0.1401	0.1431	0.2004	0.129	15
均值	0.2705	0.2666	0.2869	0.2634	0.2661	0.294	0.2831	0.2839	0.2959	0.2983	0.3127	0.2838	
极差值	0.4856	0.4733	0.4532	0.4667	0.4517	0.4547	0.4022	0.4102	0.4119	0.4042	0.4198		

第四章 新疆城市化发展质量空间分异动态分析

阶段，表明这4个地区城市化发展质量有很大的提升空间。其余11个地州市均在（0＜UDQ≤0.3）区间，为低水平发展阶段，占15个地州市数量的72%，表明新疆各地州市城市化发展质量整体上处于较低水平。

从准则层的权重排序看，见表4-1。新疆城市发展质量各维度依次为经济发展质量（0.3995）＞社会发展质量（0.2665）＞人口发展质量（0.2095）＞生态环境质量（0.1064）＞城乡与区域协调发展（0.018）。表明经济、社会和人口维度是城市化发展质量的主要动力，贡献率达87.5%，生态环境和城乡区域协调维度的贡献度偏低，贡献率只有1.8%，由此可见，生态环境和城乡区域协调发展将成为新疆城市化发展质量建设的重点部分。具体来讲，经济发展占主导地位，其权重远远高于社会、人口、生态环境和城乡区域协调发展，表现出其余维度与经济发展的不匹配、不协调，同时也表明经济增长只有速度而质量较低。人口发展质量较低，由于大部分劳动者缺乏劳动技能，不能顺利向非农产业转移，致使非农就业比重和农村居民收入较低。生态环境脆弱，城市化快速发展，以资源型重化工业为主，导致生态环境恶化。另外，各子系统质量的得分高低与城市化发展质量的综合得分高低并不是一一对应，即城市化发展质量水平高并不等于各子系统质量就好；城市化发展质量整体较低的城市其经济发展水平较低，但是其生态环境质量相对较高；在所有地州市中，昌吉、塔城、石河子、博州、巴州的城乡和区域统筹度最高，其他地州市都是在低位徘徊。

从指标层权重排序看（以大于权重均值0.0278为准），从大到小依次为：单位土地面积实现GDP、万人中专以上在校生数、进出口总额、货运量、人均地方财政收入、人均固定资产投资、人均地方财政支出、人均邮电业务量、单位劳动力实现GDP、人均城乡居民储蓄、人均水资源量、人均社会消费品零售额、人均GDP、客运量、当年造林面积等。大于均值的15个指标权重中经济发展质量指标占40%，这说明新疆在2004~2014年间经济增长是新疆城市化发展质量的主要动力，经济发展质量依靠经济集约度、外贸依存度、投资来拉动，但工业能耗偏高，外贸业不发达，第三产业发展水平较低。随着对交通、通信等基础设施的投入，社会发展质量有所提高，但公共服务水平指标低于权重均值水平，仍然较低。人口素质有所提高和人们生活方式有所改变，但人们的收入水平和城镇化水平仍然较低，城乡收入差距仍然较大。生态环境质量和保护力度不足以补偿人口和经济发展带来的破坏。经济发展不均衡、不协调仍然存在。今后更应注重经济增长方式的转变，降低能耗，发展第三产业，提高就业水平，加大对公共服务和生态环境保护的投入等。

二、整体动态演进分析

从15个地州市各自历年发展质量平均值来看，见表4-3纵栏，乌鲁木齐、克拉玛依和石河子位居前三，南疆三地州的克州、喀什地区、和田地区位居后三名。各地州市之间城市化发展质量较低且区域差距较大，其中高于0.3的只有乌鲁木齐、克拉玛依、石河子和昌吉州四个地区，城市化发展质量最高的乌鲁木齐市是最低的和田地区的4.19倍。除巴州外，位居前9名的地州市均位于北疆，后5名位居东疆和南疆。

从过程看，除克拉玛依市，石河子（2014年）外，各地州市城市化发展质量整体上在波动中增长趋势明显，并呈现阶段性变化规律。根据表4-3，可将2004年以来的新疆各地州城市化发展质量分为两个阶段，下降阶段（2004~2007年）和快速发展阶段（2008~2014）。2004~2007年，15个地州市城市化发展质量从0.2705下降到0.2634，年均下降0.0018，而后一阶段从2008年的0.2661增长到2014年的0.3127，年均增长0.0067，是前一阶段的4.75倍。因此，数据表明了2007年是新疆各地州市城市化发展质量的一个转折点，此后城市化发展质量有较大提高（见图4-2）。

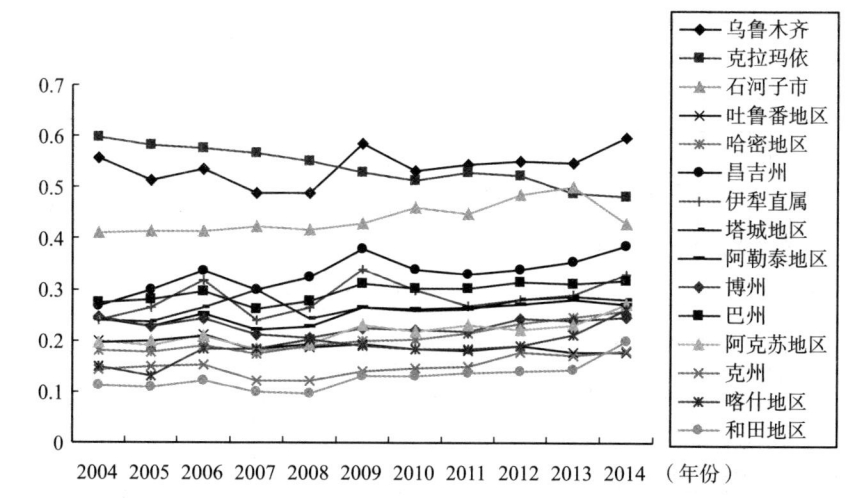

图 4-2 2004~2014 年新疆 15 个地州市城市化发展质量动态演进

三、分维度动态分析

（一）人口发展质量动态变化趋势分析

人口发展质量是城市化发展的核心，各地州市人口发展质量子系统综合评价均值从 2004 年的 0.0675 增长到 2014 年的 0.0686，年均增长率为 0.01%（见表 4-4），表明人口发展质量是不断增长的，但增长缓慢。从极差值看，从 2004 年的 0.1806 下降到 2014 年的 0.1589，各地州市人口发展质量差距呈缩小趋势。从过程看，表现出明显的阶段性变化规律。从 2004~2014 年，新疆人口发展质量在 0.06 上下浮动，在 2008 年达到最低值。2004~2008 年，从 0.0675 下降到 0.0599，5 年间平均 0.0015 的负增长，除吐鲁番和阿勒泰地区外，各地州市人口发展质量呈下降趋势。2009~2014 年，从 0.0654 增长到 0.0686，5 年间年均增长 0.0006，后期是前期增速的 1.42 倍。阶段划分滞后于前述城市化发展质量一年。尽管 2009~2010 年有小幅下降，之后在波动中又恢复上升趋势。2009~2014 年各地州市城市化发展质量呈上升趋势（见图 4-3）。

表4-4　2004～2014年新疆各地州人口发展质量指数及排名

	2004年	2005年	2006年	2007年	2008年	2009年	2010年	2011年	2012年	2013年	2014年	均值	排名
乌鲁木齐	0.1937	0.1694	0.1621	0.1595	0.1407	0.1705	0.1563	0.1583	0.1553	0.1554	0.1887	0.1645	2
克拉玛依	0.1541	0.1472	0.1407	0.156	0.1311	0.1413	0.1344	0.1345	0.1463	0.1342	0.1474	0.1425	3
石河子	0.1728	0.1682	0.1682	0.1975	0.1776	0.1648	0.1861	0.1829	0.1942	0.1862	0.1236	0.1747	1
吐鲁番地区	0.0366	0.0392	0.0375	0.0353	0.0373	0.0423	0.0424	0.0371	0.0391	0.0403	0.0411	0.0389	11
哈密地区	0.0485	0.0477	0.0467	0.0547	0.0545	0.0557	0.0581	0.0624	0.069	0.0684	0.0752	0.0583	6
昌吉州	0.0614	0.0613	0.0628	0.0683	0.0615	0.0669	0.065	0.0729	0.0781	0.085	0.0937	0.0706	4
伊犁州直属	0.0321	0.0327	0.0337	0.0381	0.0373	0.0457	0.0324	0.0368	0.0421	0.0373	0.0385	0.037	12
塔城地区	0.0564	0.0565	0.0616	0.0568	0.0514	0.0481	0.0578	0.047	0.0606	0.0631	0.0559	0.0559	7
阿勒泰地区	0.0499	0.0445	0.0494	0.0396	0.0461	0.0542	0.0453	0.0414	0.0443	0.0444	0.0427	0.0456	9
博州	0.0395	0.0387	0.0432	0.0576	0.0419	0.0461	0.0484	0.0475	0.0469	0.0458	0.0477	0.0458	8
巴州	0.0648	0.065	0.0543	0.0632	0.0523	0.0621	0.0665	0.0617	0.0656	0.0629	0.0671	0.0623	5
阿克苏地区	0.0444	0.0545	0.0485	0.0467	0.0321	0.0419	0.0363	0.0398	0.0445	0.045	0.0431	0.0433	10
克州	0.0263	0.0279	0.0193	0.0096	0.0087	0.0111	0.0101	0.0159	0.0223	0.0254	0.0296	0.0187	13
喀什地区	0.0131	0.0136	0.0141	0.0171	0.0155	0.0176	0.0151	0.0142	0.0118	0.0124	0.0144	0.0144	15
和田地区	0.0184	0.0075	0.0078	0.0129	0.0112	0.0131	0.0192	0.0186	0.0202	0.0177	0.0206	0.0152	14
均值	0.0675	0.0649	0.0641	0.0675	0.0599	0.0654	0.0649	0.0647	0.0694	0.0682	0.0686	0.0659	
极差值	0.1806	0.1619	0.1718	0.1879	0.1689	0.1594	0.176	0.1687	0.1824	0.1738	0.1743		

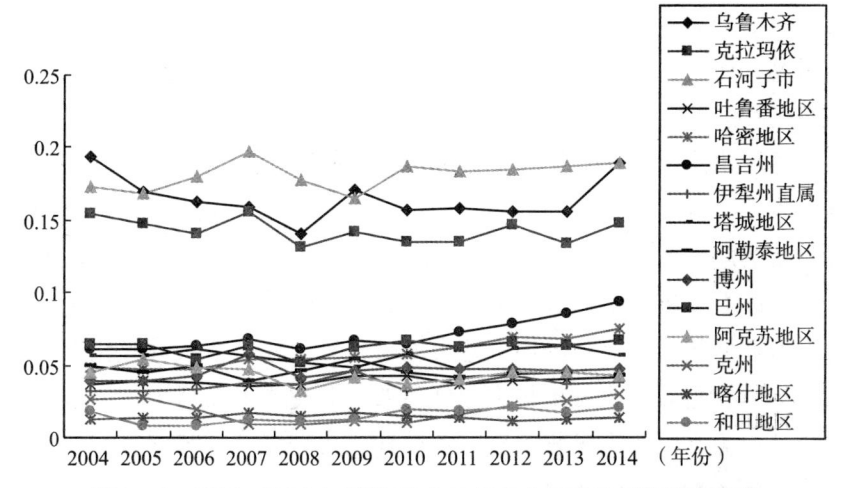

第四章　新疆城市化发展质量空间分异动态分析

图4-3　2004~2014年新疆15个地州市人口发展质量动态演进

从15个地州市人口发展质量均值来看，排名前三的依次为石河子、乌鲁木齐和克拉玛依，后三名依次为克州、和田和喀什。人口发展质量各地州差距较大，最高的石河子是最低的喀什地区的12.13倍。除乌鲁木齐、克拉玛依、石河子和昌吉州高于全疆平均值外，其余地州均低于均值水平。从图4-3可知，乌鲁木齐、克拉玛依和石河子市遥遥领先于其余地州。各地州市人口发展质量除了阿克苏、塔城和阿勒泰地区在2014年有下降趋势外，整体呈上升趋势，且增长缓慢。

具体指标而言，人口发展质量各指标均值的年均增长率排序为：城镇居民可支配收入（3.03%）、人均城乡居民储蓄余额（1.8%）、城镇化率（1.68%）、非农业人口比重（0.91%）、农牧民人均纯收入（0.36%）、人均社会消费品零售额（0.31%）、万人中专以上在校生人数（-1.5%）、城镇登记失业率（-2%）。表明人口发展质量仍然较低，城镇居民可支配收入及人均城乡居民储蓄余额相对增长较快，城镇化速度较慢，非农户籍仍然是城镇化进程的阻碍，农村剩余劳动力无法实现就业转型，农民居民收入仍然较低，从而人民生活质量和购买力仍然不高，人口素质增长较慢和就业形势依然严峻。

15个地州市人口发展质量各指标均值相比较而言，乌鲁木齐市人均社会消费品零售额指标指数最高，石河子万人中专以上在校生数指数最高，而塔城地区最低。克拉玛依市非农业人口比重、城镇化率、城镇居民可支配收入及农村居民纯收入、人均社会消费品零售额、人均城乡居民储蓄6个指标指数均最高。克州的城镇居民可支配收入和农村居民收入均最低。和田地区的城镇化率和非农业人口比重、人均城乡居民储蓄余额、人均社会消费品零售额均最低。喀什地区就业压力较大。

从以上分析表明，低质量指标均分布在南疆三地州，高质量指标分布在北疆的天山北坡的中部地带城市。和田地区由于城镇化率和非农业人口比重较低，城市集聚程度不够，非农产业发展不足，吸纳非农就业能力有限，人民收入低，从而购买力较低。乌鲁木齐、克拉玛依和石河子相对城镇化水平较高，人们向往发达城市聚集，实现一定的聚集规模，非农产业吸纳就业水平较高，商业繁荣，聚集较多高素质人口。当务之急，要提高南疆人口城市化发展质量，就要加快南疆城市化进程，提高中心城市的聚集能力。

（二）社会发展质量动态变化趋势分析

社会发展质量是社会进步的标志，是社会稳定的基石。2004~2014年各地州社会发展质量除了2014年克拉玛依、石河子和阿勒泰地区有小幅减少外，整体呈上升趋势，均值从2004年的0.0685上升到2014年的0.1005，增长了1.47倍。这表明2004年以来各地州市社会发展质量保持稳步增长的态势。从均值的极差值看，从2004年的0.1154上升到2014年的0.1356，各地州市社会发展质量差距有扩大趋势。从过程看，社会发展质量整体在波动中增长，并呈阶段性特征。见图4-4，2004~2007年，从0.0685增长到0.0775，4年间年均增长0.0016；2008~2014年，从0.0763增长到0.1005，7年间年均增长0.0035，后期是前期增速的2.13倍，与前面城市化发展质量总体评价的阶段性划分基本一致。波动中表现出上升趋势，2008~2014年下降之后有所增长，2009年表现出较高水平，2010年下降之后又恢复增长。2013年开始增长较快（见表4-5和图4-4）。

第四章 新疆城市化发展质量空间分异动态分析

表4-5 2004~2014年新疆各地州市社会发展质量指数及排名

	2004年	2005年	2006年	2007年	2008年	2009年	2010年	2011年	2012年	2013年	2014年	均值	排名
乌鲁木齐	0.1486	0.1384	0.1661	0.1529	0.1613	0.1971	0.1492	0.1487	0.1484	0.1668	0.1896	0.1606	1
克拉玛依	0.1338	0.1373	0.1238	0.1274	0.1314	0.1263	0.1088	0.118	0.1315	0.1056	0.1009	0.1223	2
石河子	0.0533	0.0626	0.0605	0.0471	0.0609	0.0592	0.0785	0.0612	0.0695	0.0843	0.0802	0.0652	10
吐鲁番地区	0.0508	0.0585	0.0647	0.0533	0.0512	0.0501	0.0465	0.0502	0.0572	0.0495	0.054	0.0533	14
哈密地区	0.0521	0.0539	0.0515	0.0479	0.0487	0.0447	0.0504	0.0545	0.0554	0.0677	0.0723	0.0545	13
昌吉州	0.0794	0.0958	0.1248	0.0955	0.108	0.1407	0.1217	0.1074	0.1129	0.11	0.1161	0.1102	3
伊犁州直属	0.0776	0.0935	0.1364	0.0914	0.0805	0.1358	0.1029	0.0774	0.0888	0.0951	0.1381	0.1016	4
塔城地区	0.0608	0.0689	0.0864	0.1289	0.0597	0.0644	0.0577	0.0589	0.067	0.0646	0.0718	0.0717	9
阿勒泰地区	0.0597	0.0655	0.0771	0.0686	0.0689	0.0803	0.0813	0.0757	0.0818	0.0834	0.0785	0.0746	8
博州	0.0529	0.057	0.0574	0.0506	0.0514	0.0528	0.0571	0.0519	0.0581	0.0613	0.0653	0.056	11
巴州	0.0662	0.0767	0.0934	0.076	0.0819	0.0933	0.0858	0.0788	0.0808	0.0916	0.0977	0.0838	6
阿克苏地区	0.0613	0.062	0.0784	0.0728	0.0776	0.0949	0.0773	0.0795	0.0825	0.0882	0.1278	0.082	7
克州	0.0332	0.0399	0.0404	0.0394	0.0427	0.0476	0.051	0.0499	0.0596	0.0612	0.0611	0.0478	15
喀什地区	0.0577	0.0643	0.0772	0.0674	0.0716	0.0871	0.0881	0.0859	0.0908	0.103	0.1653	0.0871	5
和田地区	0.0396	0.0431	0.0613	0.0433	0.0483	0.0665	0.056	0.0537	0.0531	0.0615	0.0894	0.056	12
均值	0.0685	0.0745	0.0866	0.0775	0.0763	0.0894	0.0808	0.0768	0.0825	0.0863	0.1005	0.0818	
极差值	0.1154	0.0985	0.1257	0.1135	0.1186	0.1524	0.1027	0.0988	0.0953	0.1173	0.1356		

· 93 ·

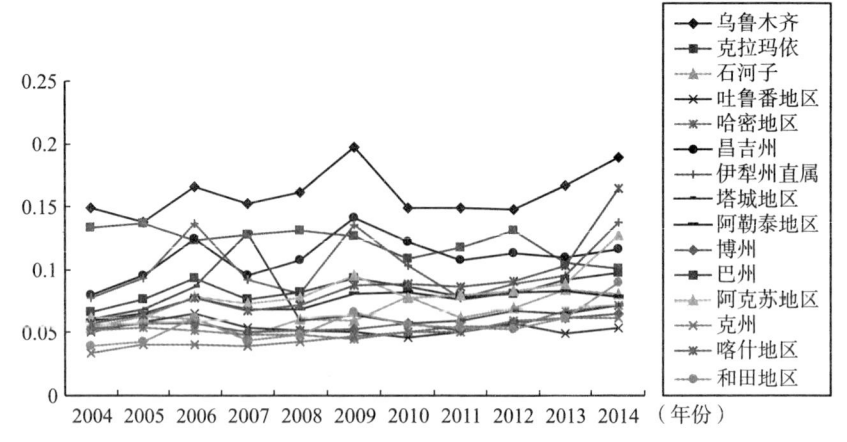

图4-4 2004~2014年新疆15个地州市社会发展质量动态演进

从15个地州市各自历年社会发展质量均值排名看，乌鲁木齐最高，因为它是新疆政治、经济、文化、科技中心。疆外省市经常来乌鲁木齐举办产品展会，使其国际贸易城市的地位凸现。其次是克拉玛依和昌吉自治州，克拉玛依完成了老城的改造和新城的建设。哈密地区、吐鲁番地区和克州位居后三名，主要原因是该地区经济发展水平低，用于城镇建设的投资少，投资渠道单一，吸引投资的能力弱。最高社会发展质量乌鲁木齐是最低的克州的3.36倍，相对人口质量维度差距较小。乌鲁木齐、克拉玛依、昌吉州、伊犁州直属县市、巴州、阿克苏和喀什地区均高于均值水平，其余地州市低于均值水平。表明2004年以来，政府注重改善民生等社会服务水平和基础设施建设。

具体指标而言，社会发展质量系统各指标均值的均增长率依次排序为：人均邮电业务量（13.26%）、客运量（8.39%）、人均供水量（5.78%）、货运量（3.46%）、万人中小学生数（3.46%）、中小学教师负担学生数（2.36%）、每万人口医生数（2.08%）、人均财政支出（1.48%）、万人从业人员数（-2.12%）、每万人床位数（-0.88%）。人均邮电业务量、客运量、人均供水量和货运量等反映

第四章 新疆城市化发展质量空间分异动态分析

基础设施水平的指标增长最快。其次是基础义务教育及师资力量，财政支出和万人医生数，而万人从业人员数和床位数出现负增长。表明2004年以来，基础设施的投入建设取得成效，是社会发展质量子系统演进的最主要因素。政府注重基础教育也取得成效。但由于产业结构单一，农村剩余劳动力转移困难，使得社会就业水平较低，同时医疗等社会公共服务还处于较低水平。

各地州市社会发展质量的各指标均值相比较而言，乌鲁木齐的货运量、万人平均医生数和床位数最高，劣势是人均供水量较低，随着人口激增，用水缺口大。克拉玛依的人均财政支出、万人中小学学生数、万人从业人员数指标指数最高，人均邮电业务量最低。石河子万人中小学学生数最低，随着石河子人口增长，基础教育师资力量缺乏。阿勒泰地区人均供水量和中小学教师负担学生数指数最高。伊犁州直属县市客运量指数最高。喀什地区人均邮电业务量最大，万人从业人员数和人均财政支出最低。和田地区万人医生数最低。克州的客货运量最低。表明基础设施滞后。

以上分析表明，乌鲁木齐市和克拉玛依市社会发展程度较高，但乌鲁木齐供水量最低是其发展瓶颈。北疆的阿勒泰地区和伊犁州直属县市近几年社会发展水平有所提高。石河子由于中小学学生数指数较低，影响其社会发展质量。南疆除了喀什地区设为经济特区，基础设施水平有所提高外，克州与和田地区社会发展程度仍然较低。尽管国家及政府注重新疆基础设施建设的投入，各地州市基础设施水平有所提高，但历史欠账太多，今后更应注重道路、通信等基础设施建设投入，尤其是克州、和田等偏远地区。另外，更应注重提高医疗服务、基础教育等社会公共服务保障水平，增加财政支出比重。社会发展水平低，不能够提供足够的就业岗位，而医疗水平低、师生负担逐年加重、基础师资缺乏等，不利于社会稳定。因此，新疆的发展更多的是需要靠政府的转移支付，增加社会发展投入，发展基础教育、医疗、就业等公共服务水平及基础设施的建设。

（三）经济发展质量动态变化趋势分析

经济发展是社会发展的动力，但是经济发展不能以资源环境的耗竭为代价。

见表4-6，新疆各地州市经济发展质量均值从2004年的0.0809增长到2014年的0.0848，只增长了1.05倍。表明2004年以来各地州市经济增长缓慢。而从地州市历年经济发展质量极差值来看，从2004年的0.2621减少为2014年的0.1726，表明经济发展质量差距有缩小趋势。从过程看，经济发展质量呈阶段性特征，2004~2007年，从0.0809下降到0.0797，年均下降0.0003，2008~2014年，从0.0788上升到0.0848，年均增长0.0009，后期是前期增速的4倍，与城市化发展质量阶段划分基本一致。2009年是各地州经济发展的拐点，2004~2007年，除了石河子、阿克苏和喀什地区外，均呈下降趋势。2008~2014年在波动中有上升趋势，但2013年和2014年，增长乏力，经济发展有放缓迹象，与我国经济增长呈现的新常态的国情一致（见图4-5）。

从15个地州市各自历年经济发展质量均值排名看，见图4-5，北疆的克拉玛依市、乌鲁木齐市和石河子市三者经济发展质量遥遥领先于其余地州，位居前三名，南疆的克州、喀什、和田位居后三名。乌鲁木齐市、克拉玛依市、石河子、伊犁州直属县（市）高于全疆平均水平，昌吉州、博州、巴州接近平均水平，其余南疆地州低于均值水平。克拉玛依市依托其资源优势，由于人均GDP最高，使得经济发展质量是最低的和田地区的13.52倍，差距较大。南北疆的经济发展水平严重不平衡，差距较大。主因是南疆以农业为主，资源虽多，但技术落后，资源优势不能凸显，因此，缩小南、北疆之间的差距是关键点。2010年喀什地区设为经济特区以来，使其以点带面，辐射带动区域经济整体发展，推进区域城市化进程[①]。

[①] 安晓亮，安瓦尔·买买提明. 新疆新型城镇化水平综合评价研究［J］. 城市规划，2013, 37 (7): 23-27.

第四章 新疆城市化发展质量空间分异动态分析

表4-6 2004~2014年新疆各地州市经济发展质量指数及排名

	2004年	2005年	2006年	2007年	2008年	2009年	2010年	2011年	2012年	2013年	2014年	均值	排名
乌鲁木齐	0.1839	0.1797	0.1757	0.1565	0.1528	0.1816	0.1942	0.2071	0.2116	0.1881	0.1814	0.183	2
克拉玛依	0.2776	0.2731	0.281	0.2697	0.2507	0.2217	0.2346	0.2417	0.2071	0.2102	0.1943	0.242	1
石河子	0.1578	0.1573	0.1474	0.1535	0.1552	0.1804	0.1742	0.1842	0.1977	0.2054	0.1978	0.1737	3
吐鲁番地区	0.0691	0.0605	0.0728	0.0638	0.0623	0.0616	0.0577	0.0593	0.0561	0.0509	0.0465	0.0601	8
哈密地区	0.0434	0.0424	0.0485	0.0441	0.0474	0.0516	0.0504	0.0565	0.0624	0.0618	0.0636	0.052	10
昌吉州	0.0611	0.0645	0.0864	0.0812	0.0804	0.0968	0.0798	0.0717	0.0722	0.0864	0.0894	0.0791	6
伊犁州直属	0.0693	0.0803	0.0926	0.0707	0.087	0.0957	0.0894	0.0784	0.0793	0.0906	0.0883	0.0838	4
塔城地区	0.057	0.0524	0.0565	0.0561	0.0562	0.0703	0.0581	0.066	0.0609	0.0649	0.0611	0.06	9
阿勒泰地区	0.0427	0.0364	0.0479	0.0471	0.0467	0.0555	0.0535	0.0608	0.0593	0.0538	0.0566	0.0509	11
博州	0.0959	0.0823	0.0894	0.0668	0.0608	0.0674	0.0541	0.0656	0.0696	0.0705	0.069	0.0719	7
巴州	0.0728	0.0747	0.0818	0.0759	0.0809	0.0844	0.08	0.0926	0.0867	0.0779	0.0753	0.0803	5
阿克苏地区	0.0254	0.0253	0.024	0.0274	0.0309	0.031	0.0407	0.0497	0.0426	0.0451	0.0434	0.035	12
克州	0.021	0.0253	0.0304	0.0295	0.026	0.0272	0.0299	0.0338	0.0342	0.0335	0.037	0.0298	14
喀什地区	0.0215	0.0151	0.0309	0.0393	0.0338	0.0326	0.0279	0.0354	0.039	0.0414	0.0429	0.0327	13
和田地区	0.0155	0.0149	0.0156	0.0136	0.0114	0.0146	0.0166	0.0199	0.0265	0.0229	0.0252	0.0179	15
均值	0.0809	0.0789	0.0854	0.0797	0.0788	0.0848	0.0827	0.0882	0.087	0.0869	0.0848	0.0835	
极差值	0.2621	0.2582	0.2654	0.2561	0.2393	0.2071	0.218	0.2218	0.1851	0.1873	0.1726		

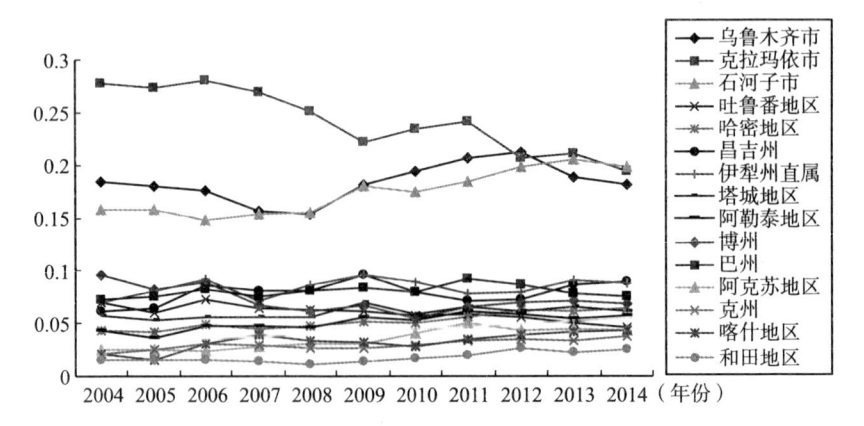

图 4-5　2004~2014 年新疆 15 个地州市经济发展质量动态演进

具体指标而言，经济发展质量系统各指标均值的年均增长率排序为：单位固定资产实现 GDP、规模以上单位工业产值能耗、单位劳动力实现 GDP、人均固定资产、第三产业比重、人均 GDP、单位土地面积实现 GDP、人均财政收入、进出口总额、第二产业比重。其中单位固定资产实现 GDP 增速最快，表明国家及政府对新疆的投入效果显著，且新疆一直靠国家及政府的输血帮扶，人均固定资产逐年增长。规模以上单位工业产值能耗是负向指标，年均增长率在经济发展质量指标中排名第二，表明各地州工业是高耗能产业，工业水平处于较低层次，低技术低附加值，经济发展方式粗放。随着经济发展和城市化进程的推进，劳动生产率和第三产业比重有所提高。而单位土地面积实现 GDP、人均财政收入、二产比重和进出口总额出现负增长，表明新疆经济的自我发展能力较弱，经济集约化程度低，传统的工业化发展空间有限，进出口贸易不发达。

各地州市经济发展质量系统的各指标均值比较分析，克拉玛依的人均 GDP、人均固定资产投资、人均财政收入、二产比重、单位固定资产实现 GDP，单位劳动力实现 GDP 等指标在 15 个地州市中是最高的，而其第三产业比重最低。克拉玛依的最高指标指数对应却是和田地区最低的。乌鲁木齐的进出口总额和第三产业比重最高。石河子面积较小，单位土地面积实现 GDP 最高。克州的单位工业产值耗能指数最低，而阿克苏地区单位工业产值耗能最高。10 个指标中，和田地区 8 个指标均位居最低水平。

总体来看，克拉玛依市人均固定资产投资最高，表明国家政策支持力度及发展潜力较大，劳动生产效率和资本利用效率较高，使得其经济发展质量最高，但其第三产业发展滞后。乌鲁木齐市作为省会城市，经济发展的对外开放程度较高，第三产业较发达。石河子土地集约利用效率较高。南疆三地州由于缺乏产业支撑，缺乏后续动力，尤其是和田地区经济发展质量最低，需要全方位发展经济，阿克苏地区能耗较高影响其经济发展质量。因此，国家应重视南疆的经济发展质量，加大资金投入，因地制宜，培育和扶持适合本地发展的主导产业。边境城市加强口岸城镇建设，发展对外贸易等。阿克苏地区和克拉玛依市作为资源型城市应转变经济增长方式，节能降耗，提高工业技术含量，增加附加值，同时发展后续产业，实现产业转型，走创新发展之路。

（四）生态环境质量动态变化趋势分析

新疆各地州市生态环境质量虽增长缓慢，但总体呈上升趋势。由表 4-7 可知，各地州 2004~2014 年生态环境质量均值来看，从 2004 年的 0.0441 上升到 2014 年的 0.047。从极差值看，从 2004 年的 0.0659 上升到 2014 年的 0.0715，生态环境质量差距有扩大趋势。从过程看，生态环境质量阶段性特征明显，2004~2007 年，从 0.0441 下降到 0.0285，4 年间平均下降 0.0039。2008~2014 年，从 0.0401 增长到 0.047，7 年间年均增长 0.0001，随着城市化进程推进，边污染边治理，使得生态环境质量增长较为缓慢。总体上 2007~2014 年呈逐步提高趋势。生态环境质量从 2004 年开始下降，2007 年达到最低值后逐步提高（见图 4-6）。

从 15 个地州市生态环境质量排名看，阿勒泰地区、塔城地区和昌吉回族自治州、巴州、伊犁州直属县市位居前五名，高于全疆平均

表4-7 2004~2014年新疆各地州市生态环境质量指数及排名

	2004年	2005年	2006年	2007年	2008年	2009年	2010年	2011年	2012年	2013年	2014年	均值	排名
乌鲁木齐	0.0216	0.0148	0.0207	0.0062	0.0207	0.0204	0.019	0.0207	0.0214	0.0224	0.0249	0.0193	14
克拉玛依	0.0263	0.0165	0.0237	0.0062	0.0268	0.0297	0.0236	0.0264	0.0258	0.0277	0.0281	0.0237	12
石河子	0.0123	0.0117	0.0112	0.0104	0.0086	0.009	0.0075	0.0086	0.0082	0.0106	0.0109	0.0099	15
吐鲁番地区	0.0328	0.0216	0.0265	0.0177	0.0243	0.0251	0.0251	0.025	0.0272	0.0258	0.0255	0.0251	13
哈密地区	0.0283	0.0247	0.0331	0.0163	0.0277	0.0334	0.0308	0.0319	0.0332	0.0326	0.0334	0.0296	11
昌吉州	0.0528	0.0635	0.0473	0.0378	0.0571	0.0548	0.0539	0.0644	0.0572	0.0541	0.0681	0.0555	3
伊犁州直属	0.0493	0.0477	0.0459	0.0297	0.0491	0.0485	0.0629	0.0606	0.0552	0.0526	0.0546	0.0506	5
塔城地区	0.0546	0.0466	0.0494	0.0421	0.0592	0.0608	0.0646	0.0716	0.0704	0.0761	0.074	0.0609	2
阿勒泰地区	0.0782	0.0705	0.0691	0.0543	0.0563	0.0632	0.0727	0.0769	0.0751	0.0869	0.0824	0.0714	1
博州	0.0457	0.0384	0.0422	0.0243	0.04	0.0458	0.0477	0.0416	0.0522	0.0456	0.0486	0.0429	9
巴州	0.0583	0.0518	0.0566	0.0352	0.0495	0.0555	0.0535	0.054	0.0626	0.0602	0.063	0.0546	4
阿克苏地区	0.0566	0.0477	0.0478	0.0285	0.0428	0.0508	0.0525	0.0494	0.0389	0.0398	0.0476	0.0457	8
克州	0.0569	0.0513	0.0557	0.0375	0.0405	0.05	0.0504	0.0424	0.0576	0.0464	0.0496	0.0489	6
喀什地区	0.0527	0.0331	0.0573	0.0534	0.0761	0.0465	0.0477	0.0386	0.0395	0.0445	0.0327	0.0475	7
和田地区	0.0346	0.0383	0.0342	0.0272	0.0235	0.0322	0.0332	0.0368	0.0362	0.0369	0.0611	0.0358	10
均值	0.0441	0.0385	0.0414	0.0285	0.0401	0.0417	0.043	0.0433	0.044	0.0441	0.047	0.0414	
极差值	0.0659	0.0588	0.0579	0.0481	0.0675	0.0542	0.0652	0.0683	0.0669	0.0763	0.0715		

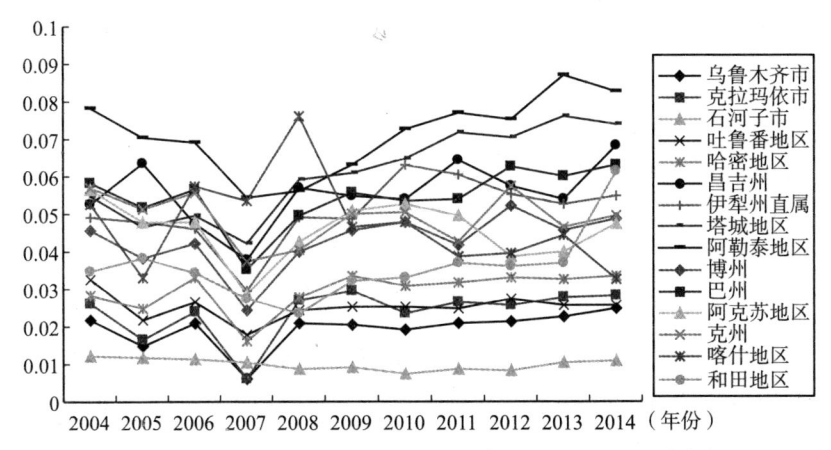

第四章　新疆城市化发展质量空间分异动态分析

图4-6　2004~2014年新疆15个地州市生态环境质量动态演进

水平，生态环境相对较好。而石河子、乌鲁木齐、克拉玛依、吐鲁番地区和哈密地区生态环境较差，位居后五名，低于全疆平均水平。生态环境质量最高的阿勒泰地区是最低的石河子地区的7.2倍。可以看出，经济发展质量好，第二产业比重较高的地区生态环境质量较差，而阿勒泰、塔城等地区人口和工业较少，生态环境质量较好。表明新疆经济增长方式还是粗放型的，发展经济和保护环境的矛盾日益尖锐。

从各地州市看，2004~2014年，石河子和喀什地区生态环境质量呈逐年下降趋势。石河子生态环境质量逐年缓慢下降，喀什地区在2008年达到质量最高时后开始逐年下降，且下降幅度较大。从2008年的0.0761下降到2014年的0.0327。其余地州市在2007年生态环境质量下降到最低值之后，到2008年又逐步回升。究其原因，石河子人口密度、人均水资源量、万元GDP电耗给生态环境造成的压力过大，而生态环境保护举措不足以弥补经济发展对生态环境造成的压力。而喀什的万元GDP耗水量过大，人口密度较高等都对生态环境造成较大压力。

从具体指标看，整体上，生态环境质量系统的各指标均值年均增长率排序为：人均耕地面积、当年造林面积、人口密度、人均水资源量、万元GDP耗电量、万元GDP耗水量，其中后三个指标负增长。

其一，表明地方政府注重生态环境建设，加大生态环境投入力度，严保耕地红线；其二，随着人口和经济活动的聚集，人均水资源呈现逐年下降趋势；其三，依据国家提倡的资源节约型、环境友好型政策，万元 GDP 耗电量、耗水量有下降趋势。

各地州市生态环境质量系统的各指标均值比较分析，乌鲁木齐的人均耕地面积最低，石河子的人均水资源量、造林面积最低，人口密度和万元 GDP 耗电量最高，生态环境压力大，质量较差；克拉玛依是万元 GDP 耗水量较低，喀什造林面积指标指数最高，克州万元 GDP 耗电量较低，巴州人口密度低对生态环境的压力较小。阿勒泰地区人均水资源量最丰富，塔城地区人均耕地面积最多，因此两个地区的生态环境质量较高。因此，继续实施推进国家资源节约型、环境友好型政策，节能降耗，保护水资源，保护生态环境。尤其是北疆中心城市生态环境的恶化应引起政府重视。

（五）城乡与区域协调发展动态变化趋势分析

城市化发展质量，不仅包括城市区域，也包括农村区域，不仅是对城市的再城市化，而是针对城市和乡村同步协调发展，城乡一体城市化。

从历年各地州协调程度均值看，见表 4-8，从 2004 年的 0.0096 上升到 2014 年的 0.0118，城乡与区域间的协调发展在波动中呈上升趋势。从极差值看，从 2004 年的 0.012 上升到 2014 年的 0.0146，差距有略微扩大趋势，但相比 2009 年和 2010 年有所缓和。从过程看，2004~2006 年，从 0.0096 下降到 0.0094，年均下降 0.0001，2007~2014 年，从 0.0103 上升到 0.0118，年均增长 0.0002，后期是前期的 2 倍。从各地州市整体来看，2004~2014 年，城乡与区域协调发展质量从 2009 年达到最高值后，又逐年下降，整体表现出上升趋势。南疆的克州、喀什、和田在 2004~2011 年表现出上升趋势时，2011~2014 年呈下降趋势，呈倒"U"型。其余地州市在 2004~2009 年和 2011~2014 年时间段呈上升趋势，2009~2011 年呈下降趋势，呈"M"特征，见图 4-7。

第四章　新疆城市化发展质量空间分异动态分析

表4-8　2004~2014年新疆各地州城乡区域协调发展质量指数及排名

	2004年	2005年	2006年	2007年	2008年	2009年	2010年	2011年	2012年	2013年	2014年	均值	排名
乌鲁木齐	0.0098	0.0097	0.0097	0.0122	0.0132	0.015	0.0132	0.011	0.0154	0.0145	0.0132	0.0124	6
克拉玛依	0.0056	0.0067	0.0065	0.0079	0.0095	0.0108	0.0107	0.0088	0.0112	0.0117	0.0112	0.0091	12
石河子	0.0157	0.0151	0.0141	0.0147	0.0153	0.0168	0.0145	0.0126	0.0167	0.0157	0.0154	0.0151	3
吐鲁番地区	0.0103	0.011	0.0107	0.0118	0.0124	0.0136	0.0105	0.0091	0.011	0.0116	0.0109	0.0112	9
哈密地区	0.0084	0.0091	0.0093	0.0109	0.0121	0.0134	0.0116	0.01	0.0132	0.0138	0.0127	0.0113	8
昌吉州	0.014	0.0149	0.0146	0.0146	0.0163	0.0195	0.0172	0.0145	0.0195	0.0182	0.0183	0.0165	1
伊犁州直属	0.0098	0.0103	0.0102	0.0111	0.012	0.0141	0.0126	0.0131	0.0145	0.0148	0.0114	0.0122	7
塔城地区	0.0119	0.0114	0.0114	0.0138	0.0156	0.0201	0.0198	0.0191	0.0203	0.0164	0.0166	0.016	2
阿勒泰地区	0.0126	0.0104	0.01	0.0097	0.0097	0.0102	0.0092	0.0096	0.0113	0.0118	0.0102	0.0104	10
博州	0.0105	0.0113	0.0115	0.0113	0.0111	0.0131	0.0135	0.0124	0.0157	0.0156	0.0167	0.013	5
巴州	0.0116	0.0113	0.0104	0.0118	0.0128	0.0172	0.0164	0.0133	0.0177	0.0175	0.0147	0.0141	4
阿克苏地区	0.0085	0.0089	0.0091	0.0091	0.0092	0.0109	0.0105	0.0106	0.0121	0.0125	0.0097	0.0101	11
克州	0.0058	0.0057	0.0052	0.0053	0.0048	0.0038	0.0039	0.0058	0.004	0.004	0.0037	0.0047	14
喀什地区	0.0052	0.0054	0.0053	0.006	0.0058	0.0064	0.0059	0.0084	0.008	0.0092	0.0075	0.0066	13
和田地区	0.0037	0.0037	0.0036	0.0036	0.0035	0.0036	0.0046	0.0064	0.0041	0.0041	0.0041	0.0041	15
均值	0.0096	0.0097	0.0094	0.0103	0.0109	0.0126	0.0116	0.011	0.013	0.0128	0.0118	0.0111	
极差值	0.012	0.0114	0.011	0.0111	0.0128	0.0165	0.0159	0.0133	0.0163	0.0142	0.0146		

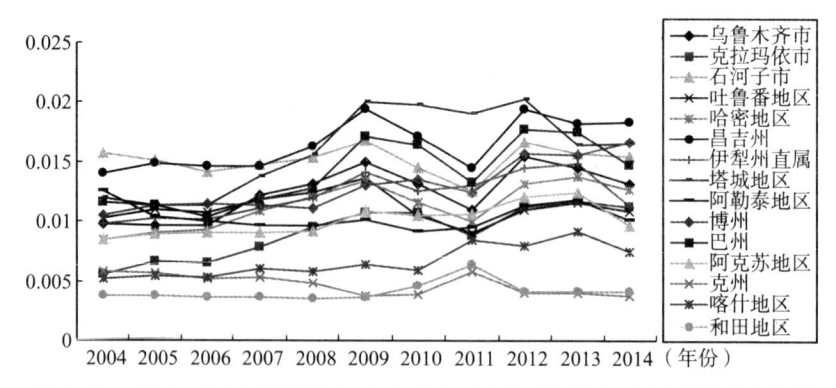

图 4-7 2004~2014 年新疆 15 个地州市城乡和区域协调发展质量动态演进

从 15 个地州市排名看,协调程度位居前五名的是昌吉州、塔城地区、石河子、巴州和博州,城乡和协调发展程度较好,高于全疆平均水平。后五名的是克拉玛依市、南疆的阿克苏地区、克州、喀什、和田地区,低于全疆平均水平。协调发展程度最高的昌吉州是最低的和田地区的 4 倍。

从具体指标看,城乡收入差异系数增速最快,从 2004 年的 0.0056 增长到 2014 年的 0.0075。经济偏离度从 2004 年的 0.0039 增长到 2014 年的 0.0043,增速慢于城乡收入差异系数。表明城乡收入差异和经济区域差异均有扩大趋势。分地区而言,乌鲁木齐、吐鲁番、哈密、伊犁州直属、阿勒泰、阿克苏、克州、喀什、和田等地区的城乡收入差异系数均大于 0.5,是典型的城乡二元结构,表现出明显的城乡不协调。而克拉玛依、昌吉州、石河子、塔城地区、博州、巴州地区城乡收入差异系数在 0.2~0.5,处于由二元结构状态向城乡一体化过渡的时期。从区域协调发展情况看,克拉玛依、石河子、巴州三地区和南疆三地州偏离新疆经济发展平均水平差距最大,呈现空间的两极分化,体现出整体经济发展的不均衡性。

第三节 区域差异动态分析

以南、北、东疆区域所包括地州市城市化发展质量的平均值来分

第四章 新疆城市化发展质量空间分异动态分析

析新疆2004~2014年城市化发展质量区域差异的变化情况。结合图4-8和表4-9可知,2004~2014年11年间,城市化发展质量区域差异较大,且水平较低。北疆城市发展质量远远高于南疆和东疆,且发展质量趋势增长缓慢。东疆城市化发展质量在2009年前高于南疆,分别在2009~2011年、2013~2014年时间段南疆逐渐超过东疆,并在2014年拉开差距。从均值看,总体上是,北疆>东疆>南疆,但是东疆和南疆仅相差0.0014。南、北、东疆区域发展质量总体偏低,2004~2014年中的最高值为2014年的北疆(0.3777)。11年间,北疆一直在0.35左右,南疆和东疆在0.2左右。

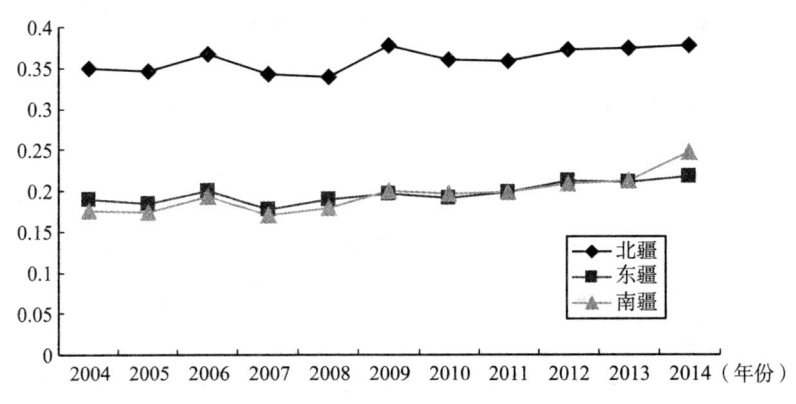

图4-8 2004~2014年新疆南北东疆城市化发展质量动态演进

表4-9 2004~2014年南、北、东疆城市化发展质量指数均值比较

	2004年	2005年	2006年	2007年	2008年	2009年	2010年	2011年	2012年	2013年	2014年	均值
北疆	0.3502	0.3454	0.3675	0.343	0.34	0.377	0.3604	0.3585	0.3717	0.3734	0.3777	0.3604
东疆	0.1901	0.1843	0.2005	0.1779	0.1889	0.1958	0.1918	0.198	0.212	0.2113	0.2176	0.1971
南疆	0.175	0.1734	0.1925	0.1703	0.1787	0.2004	0.1959	0.199	0.2081	0.213	0.2467	0.1957

从阶段性看,南、北、东疆城市发展质量表现出阶段性特征。2007年和2009年分别为南、北、东疆城市发展质量的拐点,北疆在

2008年达到最低点,随后又开始逐渐上升,且增长缓慢。东疆和南疆在2007年达到最低点,随后一直处于上升态势,南疆从2009年开始超过东疆,2012年略微下降后又超过东疆。且2014年各地州差距较2004年有缩小趋势。

第四节 城市化发展质量各维度协调性评价

城市化发展质量是由人口、经济、社会、生态环境和城乡及区域协调发展五个子系统综合集成,如果某个子系统的发展质量低下,将影响到整个地区城市化发展质量的提高[①]。城市化发展质量作为一个复杂的系统,不是各维度质量的简单加总,而是各维度的协调均衡发展,任何一系统出现过快或过慢,都会影响整个地区的城市化发展质量,因此本书利用各地州市城市化发展质量各维度得分指数,通过式(4.1)、(4.2),得出其城市化发展质量系统的协调发展度(见表4-10)。从而得出城市化发展质量各维度协调类型(见表4-11)。

总体看来,2004~2014年15个地州市城市化发展质量各维度协调发展度除了克拉玛依、石河子、昌吉州和塔城地区有上升趋势外,其余地州市波动中呈下降趋势,并以2007年为界划分为两个阶段,见表4-10和图4-9。

北疆的乌鲁木齐市、克拉玛依市和石河子市,南疆的克州、喀什地区和和田地区这6个地区的协调发展度最低,历年来极度失调水平占比93%,其余地州协调发展水平相对较好。但是11年来15个地州市城市化发展质量各维度整体协调水平较差,整体处于失调阶段(0~0.35)。失调类型分别为:轻度失调(0.30~0.39)、中度失调(0.20~0.29)、严重失调(0.10~0.19)、极度失调(0~0.09)四中类型,见表4-11。

---

① 梁振民. 新型城镇化背景下的东北地区城镇化质量评价研究[D]. 长春:东北师范大学,2014.

第四章 新疆城市化发展质量空间分异动态分析

表 4-10　2004~2014 年新疆各地州城市化发展质量各维度协调发展度

区域	2004 年	2005 年	2006 年	2007 年	2008 年	2009 年	2010 年	2011 年	2012 年	2013 年	2014 年
乌鲁木齐市	0.0485	0.0384	0.0498	0.0229	0.0743	0.0653	0.0608	0.0529	0.0727	0.0746	0.0675
克拉玛依市	0.0268	0.022	0.0283	0.0105	0.0508	0.0692	0.055	0.0487	0.0671	0.0752	0.0759
石河子市	0.0448	0.0511	0.0386	0.0262	0.0283	0.03	0.0245	0.0203	0.0244	0.0299	0.0383
吐鲁番地区	0.1913	0.1779	0.1676	0.1678	0.2093	0.2301	0.1992	0.1732	0.2036	0.2236	0.2116
哈密地区	0.1798	0.1817	0.2018	0.1682	0.2298	0.258	0.2237	0.1921	0.2287	0.2285	0.2065
昌吉州	0.2546	0.2524	0.1981	0.2141	0.25	0.2404	0.2423	0.2375	0.2852	0.267	0.2759
伊犁州直属	0.1662	0.1497	0.1068	0.1532	0.1866	0.1633	0.1659	0.2135	0.2284	0.204	0.1324
博州	0.241	0.2256	0.2074	0.174	0.2944	0.3349	0.3441	0.3204	0.3439	0.2925	0.2922
巴州	0.2275	0.191	0.1895	0.1944	0.1973	0.197	0.1707	0.1749	0.2003	0.1953	0.1793
塔城地区	0.17	0.1919	0.1931	0.1851	0.2262	0.252	0.2694	0.2422	0.2852	0.2769	0.2931
阿勒泰地区	0.2248	0.2111	0.1813	0.1959	0.22	0.2736	0.273	0.2264	0.2946	0.287	0.2484
阿克苏地区	0.1583	0.1643	0.1459	0.1517	0.1568	0.1605	0.1893	0.1955	0.2068	0.2049	0.1216
克州	0.1188	0.1309	0.1062	0.0919	0.0739	0.0599	0.0557	0.1123	0.0779	0.0866	0.084
喀什地区	0.0706	0.068	0.0637	0.0941	0.0679	0.0814	0.0653	0.0923	0.0742	0.0751	0.032
和田地区	0.0865	0.0487	0.0364	0.0716	0.0551	0.0447	0.0839	0.1183	0.0914	0.0743	0.0503

· 107 ·

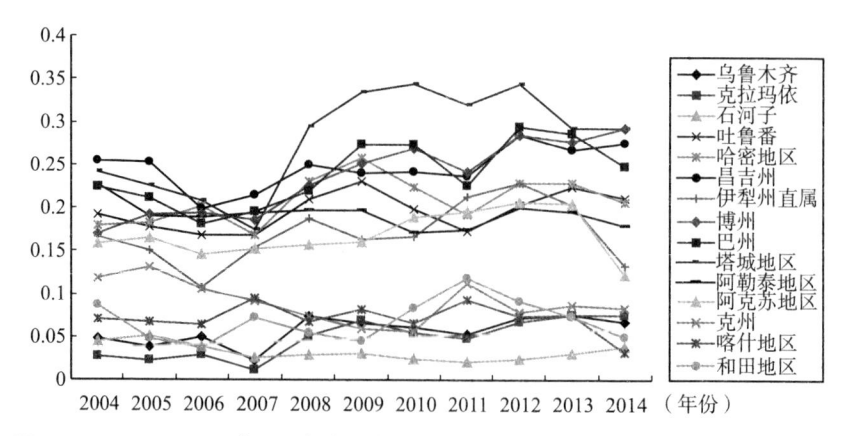

图4-9 2004~2014年15个地州市城市化发展质量各维度协调发展度动态演进

表4-11　　　　　2004~2014年新疆各地州市城市化发展质量各维度协调类型

区域	2004年	2005年	2006年	2007年	2008年	2009年	2010年	2011年	2012年	2013年	2014年
乌鲁木齐市	极度	极度	极度	极度	极度	极度	极度	极度	极度	极度	极度
克拉玛依市	极度	极度	极度	极度	极度	极度	极度	极度	极度	极度	极度
石河子市	极度	极度	极度	极度	极度	极度	极度	极度	极度	极度	极度
吐鲁番地区	严重	严重	严重	严重	中度	严重	严重	中度	中度	中度	中度
哈密地区	严重	严重	中度	严重	中度	中度	中度	中度	中度	中度	中度
昌吉州	中度	中度	严重	中度	中度	中度	中度	中度	中度	中度	中度
伊犁州直属	严重	严重	严重	严重	严重	严重	严重	严重	严重	严重	严重
博州	中度	中度	中度	中度	中度	轻度	轻度	轻度	轻度	中度	中度
巴州	中度	严重	严重	严重	严重	严重	严重	严重	严重	严重	严重
塔城地区	严重	严重	严重	严重	严重	严重	严重	严重	严重	中度	中度
阿勒泰地区	中度	中度	中度	中度	中度	中度	中度	中度	中度	中度	中度
阿克苏地区	严重	严重	严重	严重	严重	严重	严重	严重	严重	中度	严重
克州	严重	严重	严重	极度	极度	极度	极度	严重	极度	极度	极度
喀什地区	极度	极度	极度	极度	极度	极度	极度	极度	极度	极度	极度
和田地区	极度	极度	极度	极度	极度	极度	极度	严重	极度	极度	极度

第四章　新疆城市化发展质量空间分异动态分析

　　11年来新疆15个地州市城市化发展质量各维度协调发展水平之所以这么低，总体来看，是各地州市生态环境质量、城乡和区域协调发展质量过低，严重滞后于人口、经济和社会系统，拉低整体协调水平。一方面也体现了新疆城市化进程始终是以资源环境为代价，粗放型的经济增长方式，另一方面也体现了新疆城乡严重的二元结构和区域经济发展的极端不平衡。城市化发展质量各维度的组成是一个完整的系统，是系统就要协调发展，任何一方超前和滞后都不利于整体发展。

小　　结

　　本章通过对2004~2014年11年来，新疆15个地州市城市化发展质量及各维度质量的时序变化的动态分析，得出：

　　（1）城市化发展质量及各维度质量整体上呈上升趋势，各地州市的城市化发展质量、人口发展质量和经济发展质量的差距呈缩小趋势，而社会发展质量、生态环境质量、城乡与区域协调发展的绝对差距呈扩大趋势。新疆整体城市化发展质量水平处于低质量阶段。除乌鲁木齐、克拉玛依、石河子和昌吉州4地区城市化发展质量处于加速提升阶段外其余地州均处于低质量阶段。

　　（2）新疆城市化发展质量各维度权重依次为经济发展质量（0.3995）＞社会发展质量（0.2665）＞人口发展质量（0.2095）＞生态环境质量（0.1064）＞城乡与区域协调发展（0.018）。表明经济、社会和人口维度是城市化发展质量的主要动力，生态环境和城乡区域协调贡献度偏低。

　　（3）15个地州市城市化发展质量及各个维度差距较大，人口、经济和生态环境质量各维度差距大于整体差距，且经济发展质量差距最大，其差距从大到小依次排序为：经济发展质量（13.52倍）＞人口发展质量（12.13倍）＞生态环境质量（7.2倍）＞整体质量（4.19

倍)＞城乡区域协调发展（4.02 倍）＞社会发展质量（3.36 倍）。各地州市城市化发展质量及各维度动态变化呈阶段性变化规律，但又有不一致特点。新疆城市化整体发展质量及社会发展质量、经济发展质量、生态环境质量维度以 2007 年为界，人口发展质量、城乡和区域协调发展分别以 2008 年、2006 年为分水岭，各自划分为两个阶段；总体上呈现先下降后上升的趋势。

（4）15 个地州市城市化发展质量呈现明显的区域差距，北疆与东疆、南疆的差距较大，但其差距近几年有缩小趋势，东疆和南疆的差距逐渐消失，南疆在 2013 年后超过东疆。南、北、东疆区域动态变化以 2007 年和 2009 年为界呈现阶段性特征。

（5）11 年来 15 个地州市城市化发展质量各个维度协调水平较差，整体处于失调阶段（0～0.35），且各维度协调发展水平以 2007 年为界划分为两个阶段。

通过对新疆 2004～2014 年 15 个地州市城市化发展质量整体及分维、区域层面空间分异动态分析，得出其变化原因：新疆城市化发展是以政府为主导的，基本符合国家宏观政策变化及不同发展历史时期特点。2000 年以前，新疆整体处于农牧业时期，为简单粗放的农业大省。当时是央企等驻疆企业，处于农产品初级加工阶段，经济发展水平较低。2000 年以后即西部大开发之后，可看做是粗放型的开发资源时期。当时东部缺乏资源，新疆作为资源供应地，由政府主导，大规模开发优势资源，输出资源。这个时期城市化发展质量及各维度表现出下降趋势，且各维度协调性较差。而 2008 年以后，新疆才开始强调城市化，注重改善民生、就业、生活环境、基础设施的建设等，城市化发展质量及各维度均有所提升，且各维度协调性有所提高。

第五章

新疆城市化发展质量空间分异格局研究

新古典经济学忽视空间因素对经济活动的影响，在经济分析过程中并未考虑不同地域间空间相关性。因而，新经济地理开始将空间因素纳入到一般均衡分析框架，研究经济活动的空间分布规律。这种研究视角更能契合经济现象在地域空间上存在邻近溢出与关联依赖的客观事实[1]。探究其空间现象及规律，将多种空间分析与空间统计方法结合，探索空间分布特征及热点区域研究还较为鲜见[2]。当前研究多侧重于时间演变或空间差异的单一视角分析，而时空角度的结合更有利于问题的深入探讨[3]。因此，借助空间分析和空间统计方法进行分析，有助于分析城市化发展质量演化趋势，剖析其成因机理，揭示空间集聚效应的作用机制，避免出现单一地、孤立地探讨城市化发展质量以及定性地分析影响机制等经验性做法[4]。将新疆15个地州市作为研究单元，拟分析新疆城市化发展质量的空间分布特征，在此基础上考察其总体差异，试图探索其空间依赖性与空间集聚模式，并进一步

---

[1] 赵磊，方成，黄武龙. 浙江省县域经济发展差异时空演变分析 [J]. 华东经济管理，2014，28（3）：6-11.
[2] 蒋天颖. 浙江省区域创新产出空间分异特征及成因 [J]. 地理研究，2014，33（10）：1825-1836.
[3][4] 闫人华，熊黑钢，瞿秀华，等. 1975年以来新疆县域产业结构的空间分异研究 [J]. 经济地理，2013，33（3）：99-106.

进行空间分异影响因素及成因的探讨，从而达到优化15个地州市城市化发展质量的空间格局，缩小区域差异提供参考。

第一节　空间分异格局研究理论及方法

空间演化最基本的运动形式包括集聚、扩散或转移，主要是指空间要素在自组织或他组织的两种作用力下通过该运动形式，促使新的空间格局不断形成，即扩散与转移、空间等级体系、空间联系网络等在集聚区的演变。空间系统的自组织作用和过程起着重要作用。区域空间演化是区域内各组成要素的功能、结构等在这两种作用力下的时间维度上的变化。其包括空间形态的变化，相互作用、关联及隐形关系的景观变化，空间结构与组织的有机整合等。区域空间演化从空间尺度，时间维度，区域内主要要素空间结构的时空过程与格局，节点以及主要要素的相互作用关系演变的四方面加以理解分析。因此，分析区域空间演化格局必须分析其影响因素及形成机理、刻画空间演化过程的时空状态、从"全局－局域"视域，从宏观到微观、从格局到关联的深入剖析[①]。

一、空间分析理论解析

空间分析是基于数据的分析技术，以地学原理为依托，通过分析算法，从空间数据中得出地理对象的空间位置、分布、形态、形成和演变等信息。空间分析理论包括空间关系理论、空间认知和理论、空间推理理论和空间数据分析的不确定性理论等。空间分析借鉴相关社会科学的方法和工具，提供了准确认识、评价和综合理解空间位置和空间相互作用重要性的方法。本书采用探索性空间数据分析方法

---

① 毕秀晶. 长三角城市群空间演化研究［D］. 上海：华东师范大学. 2013.

(ESDA),通过对空间自相关的分析来揭示空间依赖性和异质性[1]。

二、探索性空间数据分析方法

基于空间经济学理论,空间单元上的某种经济地理现象或某一属性值与邻近地区同一现象或属性值普遍具有空间依赖性或空间自相关性特征[2]。ESDA 探索性空间数据分析技术即是以空间关联测度为核心,通过对事物或现象空间分布格局的描述与可视化,以发现隐含在数据中的空间集聚与异常,揭示单元之间的某些空间特征、相互作用机制和规律[3][4][5],是基于 GIS 技术平台,利用统计学原理和图形及图表等相互结合对空间信息的性质进行分析、鉴别的一种"数据驱动"方法[6]。通过计算在空间不同位置上同一属性值的高、低值的聚集情况,并检验其与相邻地区是集聚、分散及相互独立或随机分布的过程。从空间异质性和关联性上刻画同一属性值的空间分异格局和结构特征。探索性空间数据分析法(ESDA)包括全局空间自相关(Global Moran's I)和局域空间自相关(LISA)[7]。

(一)全局空间自相关法

全局空间自相关有效揭示了变量在研究区域内的时空演变规律,

---

[1] 王劲峰. 空间分析 [M]. 北京:科学出版社,2006:2-4,440-443.

[2] Anselin L, Rey S, Montouri B. Regional Income Convergence:A Spatial Econometric Perspective [J]. Regional Studies, 1991, 33 (2):112-131.

[3] Messner S F, Anselin L, Baller R D, et al. The Spatial Patterning of County Homicide Rates:An Application of Exploratory Spatial Date Analysis [J]. Journal of Quantitative Criminology, 1999, 15 (4):423-450.

[4] Hampson R E, Simeral J D, Deadwyler S A. Distribution of Spatial and Nonspatial Information in Dorsal Hippocampus [J]. Nature, 1999, 402 (6762):610-614.

[5] 杨慧. 空间分析与建模 [M]. 北京:清华大学出版社,2013:143-152.

[6] 孟斌,王劲峰,张文忠,等. 基于空间分析方法的中国区域差异研究 [J]. 地理科学, 2005, 25 (4):11-18.

[7] 王远飞,何洪林. 空间数据分析方法 [M]. 北京:科学出版社,2007:110-119.

而不是无序随机分布①②。通过全局空间自相关指数（Global Moran's I）检验研究区域某一属性值在整个区域上的聚集趋势及其在整个区域的空间特征的描述。本书通过 GeoDA 的全局莫兰指数（Global Moran's I）来分析各地州市之间城市化发展的空间关联和差异程度。其计算公式③如下：

$$I = \frac{n \sum_{i=1}^{n} \sum_{j=1}^{n} w_{ij}(x_i - \bar{x})(x_j - \bar{x})}{\sum_{i=1}^{n} \sum_{j=1}^{n} w_{ij} \sum_{i=1}^{n} (x_i - \bar{x})^2} = \frac{\sum_{i=1}^{n} \sum_{j \neq 1}^{n} w_{ij}(x_i - \bar{x})}{S^2 \sum_{i=1}^{n} \sum_{j \neq 1}^{n} w_{ij}}$$

$$S^2 = \frac{1}{n} \sum_{i=1}^{n} (x_i - \bar{x})^2 \quad \bar{x} = \frac{1}{n} \sum_{i=1}^{n} x_i \tag{5.1}$$

式中：I 为 Moran 指数；i 为区域的观测值；W_{ij} 为空间权重矩阵，GeoDa 软件关于空间权重矩阵主要分为两类：基于邻接关系和距离关系的空间权重矩阵。本书采取的是具有距离关系的空间权重矩阵。当区域 i 和 j 的距离小于 d 时，$W_{ij}=1$；当区域 i 和 j 的距离为其他时，$W_{ij}=0$。Moran 指数 I 的取值一般在 [-1,1] 之间，大于 0 正相关，即属性值越大（较小）的区域在空间上显著集聚，值越趋近于 1，总体空间差异越小；当小于 0 表示负相关，即区域与其周边地区具有显著的空间差异，有分散分布趋势，值越趋近于 -1，总体空间差异越大；等于 0 表示不相关，且随机分布。

对于 Moran's I，采用正态分布假设来检验 n 个区域是否存在空间自相关关系，其标准化统计量 Z 计算公式为：

$$Z(I) = \frac{I - E(I)}{\sqrt{Var(I)}} \tag{5.2}$$

其中，$E(I) = -\frac{1}{n-1}$ 为数学期望，$Var(I)$ 为方差。当 Z 为正且

---

① 黄飞飞，张小林，余华，等. 基于空间自相关的江苏省县域经济实力空间差异研究 [J]. 人文地理，2009 (6)：84-89.
② 徐建华. 计量地理学 [M]. 北京：高等教育出版社，2006：120-122.
③ Anselin L. Local Indicators of Spatial Association – LISA [J]. Geographical Analysis, 1995, 27 (2)：93-115.

显著时，表明存在正的空间自相关，也就是说相似的观测值（高值或低值）趋于空间集聚；当 Z 为负且显著时，表明存在负的空间自相关，相似的观测值趋于分散分布；当 Z 值为零时，观测值呈独立性随机分布。对 I 值进行显著性检验时，在 5% 显著水平下，$Z(I)$ 大于 1.96 时，表示研究范围内某现象的分布有显著的关联性，亦即研究范围内存在空间单元彼此的空间自相关性；若 $Z(I)$ 值介于 -1.96 与 1.96 之间，则表示研究范围内某现象的分布的关联性不明显，空间自相关较弱；若 $Z(I)$ 小于 -1.96 时，则表示研究范围某现象的分布的关联性不明显，呈现负的空间自相关[1]。当 $Z(I) > Z_{P=0.05}$ 时，I 达到显著性水平；$Z(I) > Z_{P=0.01}$ 时，I 值达到极显著水平[2]。

（二）局部空间自相关法

全局空间自相关假定空间是同质的，即只存在一种充满整个区域的趋势。局域空间自相关指标（LISA）可以探索子区域的异质性，揭示具体的空间分布规律，衡量每个空间要素属性在"局部"的相关性质。以 LISA 法作图可以验证不同区域与其周边地区的集聚类型和显著性水平。

安瑟林（Anselin）指出，地区间空间关联的局域分布模式可能会出现全局指标无法反映的"非典型"情况，甚至还会出现局域空间关联关系与全局相反的情况。一般采用局域空间自相关分析来揭示局部区域的空间集聚特征，所以有必要使用空间关联局域指标（LISA）来分析局域空间关联特征[3]。本书全局空间自相关指标 Moran's I 用于验证新疆各地州市城市化发展质量的空间分布，而局域空间自相关指标 LISA 则用于反映一个区域城市化发展质量与其周边地区之间的空间差

---

[1] 李连发, 王劲峰. 地理空间数据挖掘 [M]. 北京: 科学出版社, 2014: 42-47.

[2] Anselin L. Local indicators of spatial association – LISA [J]. Geographical Analysis, 1995, 27 (2): 93-115.

[3] Anselin L. The Future of Spatial Analysis in the Social Sciences [J]. Geographic Information Sciences, 1999, 5 (2): 67-76.

异程度和差异的显著性。局部 Moran's I 公式如下：

$$I_j = \frac{(x_i - \bar{x})}{S^2} \sum_j W_{ij}(x_j - \bar{x}) \qquad (5.3)$$

Moran 散点图表现某个变量的观测值向量与它的空间滞后向量之间的相关关系，通过散点图的形式表现出来。其中横轴对应观测值向量，纵轴对应空间滞后向量，即该观测值邻域的加权平均。全局空间相关指数 Moran's I 就是空间滞后向量对观测值向量线性回归的斜率系数。局域自相关 Moran's I 散点图的四个象限，分别对应区域内相邻单元之间四种类型的局部空间集聚类型：高-高（H-H）、低-低（L-L）、高-低（H-L）和低-高（L-H）。其中，高-高（H-H）即某一空间单元自身和周边区域的城市化发展质量水平较高，即为通常所说的热点区；低-高（L-H）即某一空间单元城市化发展质量较低，周边地区较高，二者的空间差异程度较大；低-低（L-L）即某一空间单元和周边地区的城市化发展质量均较低，二者的空间差异程度较小；高-低（H-L）即某一空间单元城市化发展质量较高，周边地区较低。其中，第一象限属于扩散互溢区，第二象限属于极化效应区，第三象限属于低速增长区，第四象限属于落后过渡区[①]。

第二节 空间分异层级特征

一、整体层级特征

为了对 2004~2014 年新疆城市化发展质量空间格局的总体了解，把 11 年各地州市城市化发展质量的均值采用箱地图（Box Map）方法（Hinge = 1.5），初步了解其空间分布情况。

---

① 赵磊，方成，黄武龙. 浙江省县域经济发展差异时空演变分析[J]. 华东经济管理, 2014, 28 (3): 6-11.

第五章　新疆城市化发展质量空间分异格局研究

从表5-1可知,新疆城市化发展质量被分为五个层级,呈现较为明显的空间分异状态,层级特征明显。其中,得分高地区(0.5~0.55)和较高地区(0.3~0.5)均位于经济较发达的天山北坡中部的克拉玛依和乌鲁木齐,昌吉自治州和石河子,再次是天山南北坡两侧的塔城地区、阿勒泰地区、伊犁州直属和巴州地区(0.25~0.3);第四层级(0.1885~0.25)的是吐鲁番地区、哈密地区、博州和阿克苏地区。最低层级(0.10~0.1885)是南疆三地州,克州、喀什地区与和田地区。可以看出,一、二层级差距较大,后三层级差距小。

表5-1　新疆15个地州市城市化发展质量均值的空间分布

箱地图分级	Upper outlier	>75%	50%~75%	25%~50%	<25%
层级类型	高质量地区	较高质量地区	中等质量地区	较低质量地区	最低质量地区
得分范围	0.5~0.55	0.3~0.5	0.25~0.3	0.1885~0.25	0.10~0.1885
地区	克拉玛依和乌鲁木齐	昌吉自治州和石河子	塔城地区、阿勒泰地区和伊犁州直属和巴州地区	吐鲁番地区、哈密地区、博州和阿克苏地区	克州、喀什地区和和田地区

为了从整体上把握新疆各地州城市化发展质量的发展变动趋势,根据公式(5.1)计算2004~2014年各年的全局Moran's I指数,并对其空间自相关进行分析,见图5-1。

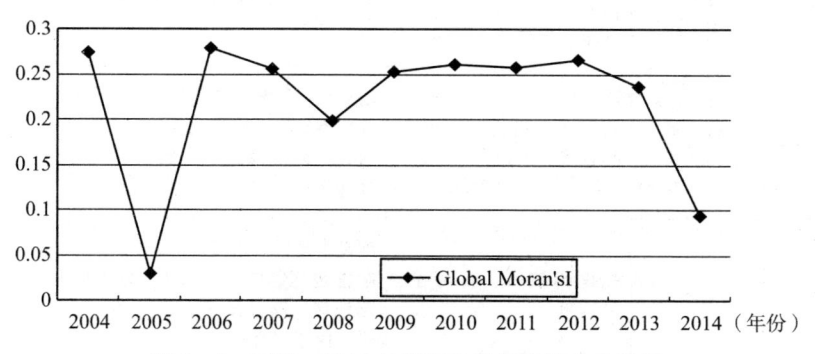

图5-1　2004~2014年新疆各地州市城市化发展质量全局Moran's I数值及变化趋势

可知，2004~2014年新疆城市化发展质量全局Moran's I指数均大于零，但显著性不强，表明新疆各地州市城市化发展质量在空间上虽与相邻的区域具有正相关性，但集聚特征不显著，在空间分布上具有分散趋势。这种空间分布上的分散特征在2005、2014年较为明显，并呈阶段性特征，2005~2006年趋于上升，2006~2008年下降趋势，2008~2012年趋于上升，2012年之后趋于下降趋势。总体趋势来看，I值在波动中呈下降趋势，从另一个角度反映了区域城市化发展质量总体差异正在逐步扩大。随着时间推移，呈现出"下降—上升—下降—上升—下降"波动趋势，对应"分散—聚集—分散—聚集—分散"空间格局。

二、各地州市城市化发展质量层级特征演变

基于GIS自然断裂法，把2004、2009、2014年15个地州市城市化发展质量指数分为高质量区域、较高质量区域、较低质量区域、低质量区域四种类型区，结果见表5-2。

表5-2　2004、2009、2014年15个地州市城市化发展质量空间变化

年份	高质量地区	较高质量地区	较低质量地区	低质量地区
2004	乌鲁木齐、克拉玛依	塔城地区、阿勒泰地区、博州、伊犁州直属、昌吉州、石河子、巴州	吐鲁番地区、哈密地区、阿克苏地区	克州、喀什地区、和田地区
2009	乌鲁木齐、克拉玛依	石河子、昌吉州、伊犁州直属、巴州	塔城地区、阿勒泰地区、吐鲁番地区、哈密地区、博州、阿克苏地区、喀什地区	克州、和田地区
2014	乌鲁木齐	克拉玛依市、石河子、昌吉州	阿勒泰地区、塔城地区、哈密地区、博州、阿克苏地区、喀什地区、巴州、伊犁州直属	吐鲁番地区、克州、和田地区

第五章　新疆城市化发展质量空间分异格局研究

由表5-2可知，2004年高质量地区为克拉玛依、石河子和乌鲁木齐，城镇化水平较高，呈点状分布。其中，乌鲁木齐和克拉玛依资源丰富、工业化水平较高。石河子是自治区直辖市，是传统农业地区，产业是初级的农产品加工业，依靠便利的交通条件，以及乌鲁木齐和克拉玛依的辐射带动作用使其位于高城市化发展质量层级。较高质量区域呈片状集中分布在北疆西北角阿勒泰地区、塔城地区、昌吉州、伊犁州直属县市及博州和南疆的巴州，较低质量地区分布在高质量和较高质量地区南北两侧，包括阿克苏地区、吐鲁番地区和哈密地区。低质量地区呈片状分布在南疆的克州、喀什地区、和田地区三地州。2004年，15个地州市整体处于较低水平，高质量地区极少，地区差异大，关联性不明显。

2009年城市化发展质量空间格局变化明显，乌鲁木齐市与克拉玛依市为高质量地区，石河子质量下降，与昌吉州、伊犁州直属县市、巴州为较高质量地区。阿勒泰地区、塔城地区、博州质量下降，随着国家对喀什经济特区的建设投资以及重视南疆的发展，对口支援等，喀什地区城市化发展质量有所提高，与阿克苏地区、吐鲁番地区和哈密地区为较低质量地区，南北分离格局明显，分散分布。低质量地区为克州、和田地区。总体上讲，地区差异及均衡性有一定改善，格局的演变相对初期格局而言，后三个质量等级的变化较大。

2014年高质量地区只有乌鲁木齐市一个。克拉玛依、昌吉州、石河子为较低质量地区，喀什地区、阿勒泰地区、博州、哈密地区、阿克苏地区、塔城地区、伊犁州直属县市、巴州为较低质量地区，呈片状集中分布在南疆大部分和北疆的东西两端。吐鲁番地区质量下降与克州、和田地区成为低质量地区且分散分布。整体而言，变化较大，有40%的地区质量相对层级有不同程度的上升和下降。尤其是第二、三等级城市化发展质量转变较大。

从2004~2014年城市化发展质量空间分布可以看出，15个地州市城市化发展质量层级特征明显，二、三层级即较高质量层级和较低质量层级变换较大。乌鲁木齐一直处于高质量层级，克州与和田地区一直处于低质量层级，整体上形成以天山北坡中部为核心的点－轴空间模式，向外围扩散的稀疏网格状的"中心－外围"结构。

三、分维度层级特征演变

（一）人口发展质量空间分异层级特征

从表5-3可知，2004年人口发展质量高质量地区包括克拉玛依、石河子、乌鲁木齐。较高质量区域包括阿勒泰地区、塔城地区、昌吉州、哈密地区和巴州。较低质量地区包括伊犁州直属县市、博州、阿克苏地区、吐鲁番地区。低质量地区是南疆三地州的克州、喀什地区与和田地区。

表5-3　　2004、2009、2014年15个地州市人口发展质量空间变化

年份	高质量地区	较高质量地区	较低质量地区	低质量地区
2004	乌鲁木齐、克拉玛依、石河子	阿勒泰地区、塔城地区、昌吉州、哈密地区、巴州	伊犁州直属、博州、吐鲁番地区、阿克苏地区	克州、喀什地区、和田地区
2009	乌鲁木齐、克拉玛依、石河子	昌吉州、阿勒泰地区、哈密地区、巴州	塔城地区、博州、伊犁州直属、阿克苏地区、吐鲁番地区	克州、喀什地区、和田地区
2014	乌鲁木齐、克拉玛依、石河子	昌吉州、哈密地区、巴州	塔城地区、阿勒泰地区、博州、阿克苏地区、吐鲁番地区、伊犁州直属	克州、喀什地区、和田地区

2009年人口发展质量高质量地区包括克拉玛依市、石河子市和乌鲁木齐市，较高质量地区包括昌吉州、阿勒泰地区、哈密地区、巴州。较低质量地区包括塔城地区、博州、伊犁州直属县市、阿克苏地区、吐鲁番地区。低质量地区仍为南疆三地州。

2014年人口发展质量高质量地区同2009年，较高质量地区包括昌吉州、哈密地区和巴州。较低质量地区包括塔城地区、阿勒泰地

区、博州、伊犁州直属县市、阿克苏地区、吐鲁番地区。低质量地区没有变化。

从2004~2014年人口发展质量层级特征演变特征可以看出，层级特征明显，但各层级变化较小，呈固化态势，凸显人口发展质量提升的难度。乌鲁木齐市、克拉玛依市和石河子一直处于高质量层级，吐鲁番地区、博州、伊犁州直属县市、阿克苏地区一直处于较低质量层级。南疆三地州一直处于低质量层级，巴州、哈密地区、昌吉州一直处于较高质量层级。塔城地区和阿勒泰地区人口发展质量有所下降，从较高质量层级下降为较低质量层级。

（二）社会发展质量空间分异层级特征

从表5-4可知，2004年社会发展高质量地区为克拉玛依市和乌鲁木齐市。较高质量地区为昌吉州、伊犁州直属。较低质量地区包括石河子、阿勒泰地区、塔城地区、博州、吐鲁番地区、哈密地区、巴州、阿克苏地区、喀什地区。低质量地区包括克州、和田地区。

表5-4   2004、2009、2014年15个地州市社会发展质量空间变化

年份	高质量地区	较高质量地区	较低质量地区	低质量地区
2004	克拉玛依、乌鲁木齐	昌吉州、伊犁州直属	石河子、阿勒泰地区、塔城地区、博州、吐鲁番地区、哈密地区、巴州、阿克苏地区、喀什地区	克州、和田地区
2009	乌鲁木齐、克拉玛依、昌吉州、伊犁州直属	阿勒泰地区、阿克苏地区、巴州、喀什地区	塔城地区、石河市、和田地区	博州、克州、吐鲁番地区、哈密地区
2014	乌鲁木齐、克拉玛依、石河子	昌吉州、哈密地区、巴州	塔城地区、阿勒泰地区、博州、阿克苏地区、吐鲁番地区、伊犁州直属	克州、喀什地区、和田地区

2009年社会发展高质量地区为克拉玛依市、乌鲁木齐市、昌吉州和伊犁州直属，较高质量地区包括阿勒泰地区、阿克苏地区、巴州、

喀什地区。较低质量地区包括塔城地区、石河子、和田地区。低质量地区包括博州、克州、吐鲁番和哈密地区。

2014年社会发展质量进一步南移。高质量地区包括乌鲁木齐市和喀什地区。较高质量地区包括昌吉州、伊犁州直属县市、阿克苏地区。较低质量地区包括克拉玛依市、阿勒泰地区、石河子、巴州、和田地区。低质量地区为克州、塔城地区、博州、吐鲁番地区和哈密地区。石河子市等地区之所以社会发展质量较低，由于其客、货运量相对较低，但其他社会公共服务水平指标较高。同时也体现了交通等基础设施对社会发展质量的重要性。

从2004~2014年社会发展质量空间分异层级演变特征可以看出，各层级空间分异特征明显，且各层级之间空间转换剧烈。空间格局从天山北坡中部向其南北两侧及新疆西南方向转移。除了克拉玛依市下降趋势明显，乌鲁木齐市一直处于高质量层级，克州一直处于低质量层级，南疆三地州除了克州外，均有所提升，尤其喀什地区社会发展质量提升最快，从2004年的较低质量层级到2014年高质量层级，与国家对喀什经济特区的建设投资分不开的。东疆的吐鲁番地区和哈密地区从2009年始一直处于低质量层级。

（三）经济发展质量空间分异层级特征

表5-5可知，2004年经济发展高质量区域只有克拉玛依市、石河子市和乌鲁木齐市，较高质量地区包括博州、伊犁州直属县市、吐鲁番地区和巴州。较低质量地区包括昌吉州、塔城地区、阿勒泰地区、哈密地区。低质量为南疆的喀什地区、克州、阿克苏地区、和田地区。

2009年经济发展高质量区域包括克拉玛依市、石河子市和乌鲁木齐市。较高质量地区包括昌吉州、伊犁州直属县市和巴州。较低质量地区阿勒泰地区、塔城地区、博州、哈密地区、吐鲁番地区。低质量地区同2004年没变。

表5-5　　2004、2009、2014年15个地州市经济发展质量空间变化

年份	高质量地区	较高质量地区	较低质量地区	低质量地区
2004	克拉玛依、石河子、乌鲁木齐	博州、伊犁州直属、吐鲁番地区、巴州	昌吉州、塔城地区、阿勒泰地区、哈密地区	喀什地区、阿克苏地区、克州、和田地区
2009	克拉玛依、石河子、乌鲁木齐	昌吉州、巴州、伊犁州直属县市	阿勒泰地区、塔城地区、博州、哈密地区、吐鲁番地区	喀什地区、克州、阿克苏地区、和田地区
2014	乌鲁木齐、克拉玛依、石河子	昌吉州、巴州、伊犁州直属县市	塔城地区、阿勒泰地区、博州、哈密地区	喀什地区、阿克苏地区、和田地区、克州、吐鲁番地区

2014年经济发展高质量和较高质量区域同2009年，较低质量区域为塔城地区、阿勒泰地区、博州、哈密地区。低质量地区包括南疆的喀什地区、克州、阿克苏地区、和田地区和东疆的吐鲁番地区。

从2004~2014年经济发展质量层级特征演变过程可以看出，层级特征明显，但是变化不大，与人口发展质量相似有固化趋势。南疆的阿克苏地区、喀什地区、克州、和田地区一直处于低质量层级。高质量层级一直是克拉玛依市、石河子市和乌鲁木齐市。阿勒泰地区、塔城地区和哈密地区一直处于较低质量层级。伊犁州直属县市和巴州一直处于较高质量层级。塔城地区和阿勒泰地区一直处于较低质量层级。昌吉州质量从较低提升到较高质量层级。吐鲁番地区和哈密地区均有所下降，尤其吐鲁番地区下降最快，从较高质量层级下降为低质量层级。

（四）生态环境质量空间分异层级特征

从表5-6可知，2004年生态环境质量最好的只有阿勒泰一个地区。较高质量地区包括昌吉州、塔城地区、伊犁州直属县市、博州、阿克苏地区、巴州、克州、喀什地区。较低质量地区包括吐鲁番地区、哈密地区、和田地区和克拉玛依市。低质量地区包括石河子市和乌鲁木齐市。

表5-6　　　　2004、2009、2014年15个地州市生态环境质量空间变化

年份	高质量地区	较高质量地区	较低质量地区	低质量地区
2004	阿勒泰地区	昌吉州、塔城地区、博州、巴州、克州、伊犁州直属、阿克苏地区、喀什地区	吐鲁番地区、哈密地区、和田地区、克拉玛依	石河子、乌鲁木齐
2009	阿勒泰地区、巴州、昌吉州、塔城地区	博州、伊犁州直属、阿克苏地区、喀什地区、克州	吐鲁番地区、哈密地区、和田地区、克拉玛依	石河子、乌鲁木齐
2014	阿勒泰地区、昌吉州、塔城地区	博州、伊犁州直属、巴州、阿克苏地区、克州、和田地区	乌鲁木齐、克拉玛依、吐鲁番地区、哈密地区、喀什地区	石河子

2009年生态环境质量好的地区包括阿勒泰地区、塔城地区、昌吉州和巴州。较高质量地区包括博州、伊犁州直属县市、阿克苏地区、喀什地区、克州。较低质量和低质量地区同2004年没变化。

2014年生态环境质量好的地区包括阿勒泰地区、塔城地区和昌吉州，较好质量地区包括博州、伊犁州直属县市、阿克苏地区、巴州、克州、和田地区。较低质量地区包括乌鲁木齐市、克拉玛依市、吐鲁番地区、哈密地区和喀什地区。生态环境低质量地区只有石河子市。

从2004~2014年生态环境质量空间分异特征演变可以看出，层级特征明显，层级间转换较小，高质量地区集中分布在北疆的阿勒泰地区、塔城地区和昌吉州。低质量地区克拉玛依市、石河子、乌鲁木齐市零星分布在天山北坡中部，2014年三个城市除了石河子外，生态环境质量有所提升。较高质量层级分布在天山北坡中部的南北两侧及西部地区。东疆的吐鲁番和哈密地区一直处于较低质量层级。南疆的喀什地区到2014年有所下降，和田地区有所上升。新疆整体生态环境质量相对较好。较高以上质量层级地区数量占比重为60%。

(五) 城乡和区域协调发展质量空间分异层级特征

从表5-7可知，2004年城乡和区域协调发展质量好的地区只有昌吉州和石河子。较好地区包括塔城地区、阿勒泰地区和巴州。较低

地区包括乌鲁木齐、伊犁州直属县市、博州、吐鲁番地区、哈密地区、阿克苏地区。低质量地区包括克拉玛依、克州、喀什地区、和田地区。

表5-7　　　　2004、2009、2014年15个地州市城乡和区域
协调发展质量空间变化

年份	高质量地区	较高质量地区	较低质量地区	低质量地区
2004	昌吉州、石河子	塔城地区、阿勒泰地区、巴州	乌鲁木齐、伊犁州直属、博州、吐鲁番地区、哈密地区、阿克苏地区	克拉玛依、克州、喀什地区、和田地区
2009	石河子、塔城地区、昌吉州、巴州	乌鲁木齐、博州、伊犁州直属、吐鲁番地区、哈密地区	阿勒泰地区、克拉玛依、阿克苏地区	克州、和田地区、喀什地区
2014	石河子、昌吉州、博州、塔城地区	乌鲁木齐市、哈密地区、巴州	克拉玛依、阿勒泰地区、喀什地区、伊犁州直属县市、吐鲁番地区、阿克苏地区	克州、和田地区

2009年城乡和区域协调发展质量好的地区包括石河子市、塔城地区、昌吉州和巴州。较高质量地区包括乌鲁木齐、博州、伊犁州直属县市、吐鲁番地区和哈密地区。较低质量地区包括阿勒泰地区、克拉玛依和阿克苏地区。低质量地区为南疆三地州。

2014年城乡和区域协调发展质量好的地区包括石河子市、昌吉州、博州和塔城地区。较高质量地区包括乌鲁木齐、哈密地区和巴州。较低质量地区包括克拉玛依市、阿勒泰地区、伊犁州直属县市、吐鲁番地区、阿克苏地区和喀什地区。低质量地区为克州、和田地区。

整体上看，除了南疆喀什地区的城乡和区域协调发展维度有所上升外，克州与和田地区一直处于较低层级。塔城地区、石河子和昌吉州一直处于较高以上质量层级。第二、三质量层级之间转换剧烈。2014年较低质量以下层级地区数量一直占比重为53%，表明15个地州市城乡和区域协调发展质量整体水平较低。

第三节 城市化发展质量空间关联性分析

一、各地州城市化发展质量空间分异特征演变

根据第四章城市化发展质量空间分异动态分析趋势图 4-2 可以看到，新疆各地州城市化发展质量及各维度趋势曲线图在 2009 年呈现转折点，因此本章节以 2004 年、2009 年、2014 年三个断面，分析研究新疆 15 个地州市 11 年来城市化发展质量空间分异演变特征，从而探寻其空间分异规律。

（一）各地州城市化发展质量全局自相关分析

从图 5-2 可以看出，Moran's I 从 2004 年的 0.2742，2009 年的 0.2517 逐渐下降到 2014 年的 0.0942，表明新疆 15 个地州市城市化发展质量经历了从弱聚集到趋向弱分散的过程，且在 2009 年之前具有明显的空间集聚及关联功能，符合城市化"核心－边缘"分异模式。Moran's I 均大于 0，表明各地州市城市发展质量存在正自相关，正的空间相关性表示邻接地区特征相类似的空间联系结构，即具有较高质量水平的地区倾向相互临近，具有较低质量水平的地区趋于与其他较低质量水平的区域相邻。

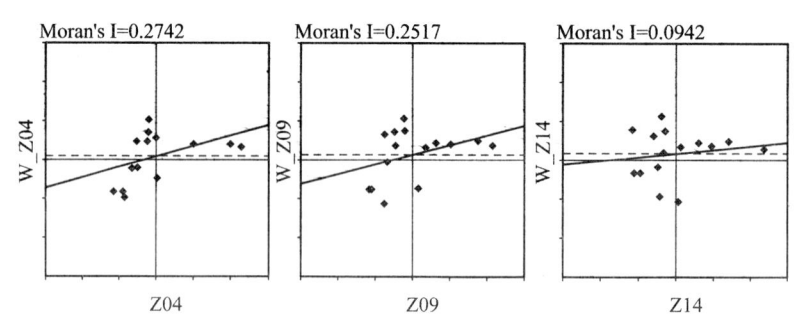

图 5-2 2004、2009、2014 年新疆 15 个地州市城市化发展质量全局自相关 Moran 散点图

第五章　新疆城市化发展质量空间分异格局研究

通过 Geoda 软件中的蒙特卡洛模拟 999 次检验结果（见图 5-3，表 5-8），2004 年、2009 年三年的 Moran's I 指数值在 5% 显著水平下，计算出的 Z 值均大于 1.96，则表示研究范围内城市化发展质量分布的关联性，存在明显的空间聚集现象。而 2014 年没有通过显著性检验，空间自相关较弱。表明 2004~2014 年各地州城市化发展质量由集中走向分散趋势，高质量地区的集聚能力有下降趋势。另外，Moran's I 不高，说明各地州城市化发展质量的正向空间自相关性不强，表现出较弱的空间集聚特征。

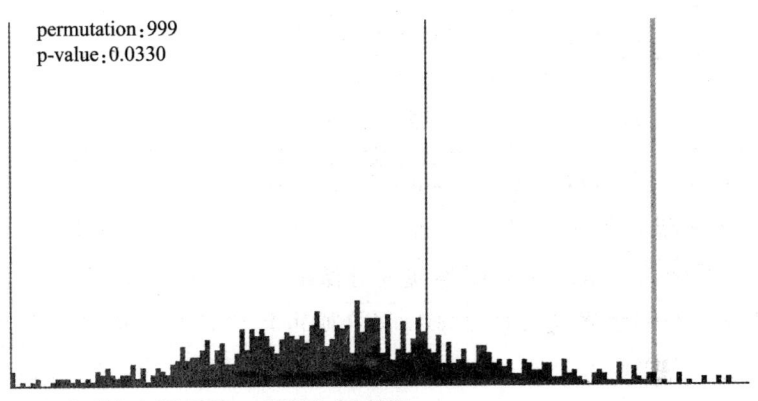

permutation:999
p-value:0.0330

I:0.2742 E[I]:−0.0714 Mean:−0.0816 sd:0.1797
(a)

permutation:999
p-value:0.0430

I:0.2517 E[I]:−0.0714 Mean:−0.0823 sd:0.1870
(b)

permutation:999
p-value:0.1430

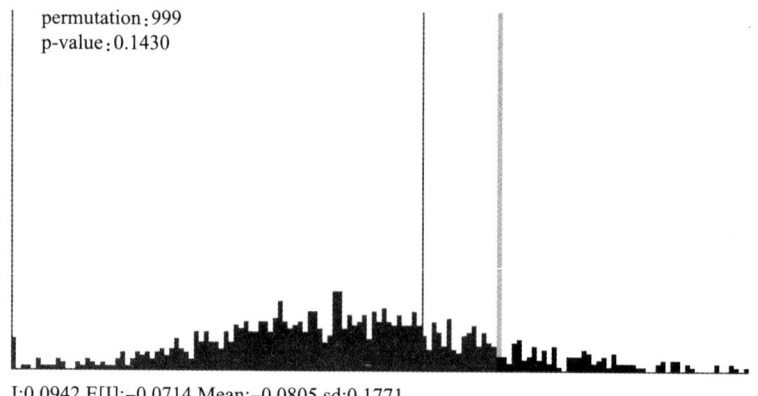

I:0.0942 E[I]:-0.0714 Mean:-0.0805 sd:0.1771

(c)

图 5-3　2004、2009、2014 年新疆 15 个地州市
城市化发展质量 Moran's I 检验图

表 5-8　　　　　新疆 15 个地州市城市化发展质量 Moran's I 检验

年份	Moran's I	E(I)	Sd	Z(I)	P-value	显著水平	相关性	是否通过检验	分布格局
2004	0.2742	-0.0714	0.1797	5.9622	0.033	5%	正	是	集聚
2009	0.2517	-0.0714	0.1870	5.7294	0.0430	5%	正	是	集聚
2014	0.0942	-0.0714	0.1771	6.0497	0.1430	不显著	正	否	随机

（二）各地州城市化发展质量局域自相关分析

检验全局空间自相关性的 Moran's I 指数是从整体上判断各地州市城市化发展质量是否存在显著的空间集聚特征。局域空间自相关分析为分解全局空间自相关关系提供了有益探索。为进一步表明 15 个地州市 2004 年以来城市化发展质量的具体演变特征，通过局部空间自相关分析法，探索其空间关联模式和聚集类型，结果见表 5-9。

根据 2004 年局域 LISA 空间集聚结果可知，在 2004 年 15 个地州市城市发展质量形成三种聚集类型或空间关联模式。即高-高（H-H）类型、低-低（L-L）类型、低-高（L-H）类型，而没有形成高-低（H-L）类型。高-高（H-H）类型区域分布在乌鲁木齐

表5-9　　新疆15个地州市城市化发展质量局域自相关聚类类型表

年份 \ 集聚类型	高-高 （H-H）类型	高-低 （H-L）类型	低-高 （L-H）类型	低-低 （L-L）类型
2004	乌鲁木齐、石河子、克拉玛依	无	塔城地区、昌吉州、阿勒泰地区	喀什地区
2009	乌鲁木齐、石河子、克拉玛依、昌吉州	无	塔城地区、阿勒泰地区	喀什地区
2014	克拉玛依	巴州	塔城地区、阿勒泰地区、吐鲁番地区	喀什地区

市、石河子市和克拉玛依市，形成了高-高聚集区，即热点区域。低-高（L-H）类型分布在塔城地区、阿勒泰地区、昌吉州。即该类型区域城市发展质量相对低于周围地区。只有喀什地区因为该区域城市化发展质量较低而形成低-低（L-L）聚集类型，即所谓的冷点区域。其余区域不显著。

从2009年局域LISA集聚结果可以看出，在2009年15个地州市城市发展质量形成三种聚集类型或空间关联模式。即高-高（H-H）类型、低-低（L-L）类、低-高（L-H）类型，而没有形成高-低（H-L）类型。乌鲁木齐市、石河子市、克拉玛依市与昌吉州形成了高-高聚集区，即热点区域。塔城地区、阿勒泰地区形成了低-高聚集类型，即该类型区域城市发展质量相对低于周围地区。喀什地区因为该区域城市化法质量较低而形成低-低聚集类型，即所谓的冷点区域。其余区域不显著。

从2014年局域LISA集聚结果可以看出，在2014年15个地州市城市发展质量形成四种聚集类型或空间关联模式。即高-高（H-H）类型、低-低（L-L）类、低-高（L-H）、高-低（H-L）类型。只有克拉玛依市位于高-高（H-H）类型即热点区域。塔城地区、阿勒泰地区和吐鲁番地区形成了低-高聚集类型，即该类型区域城市发展质量相对低于周围地区。巴州因其城市化发展质量高于周围地区而形成高-低聚集类型。喀什地区因为该区域城市化发展质量较低而形成低-低聚集类型，即所谓的冷点区域。其余区域不显著。

总之，2004~2014年，15个地州市城市化发展质量空间分异显著，呈现出沿天山北坡经济带由新疆中西部向东部转移，然后向西部和东南部均衡转移的空间轨迹。城市化发展质量较高地区始终位于天山南北坡，而城市化发展质量较低区域始终位于南疆的喀什地区。且较高质量地区对低质量地区的辐射带动作用较弱。2004年新疆城市发展质量较高区域只有位于新疆中西部，即天山北坡中段的乌鲁木齐、克拉玛依和石河子市三地区，其对周围地区的辐射带动作用较弱，被较低的城市化发展质量区域所包围。2009年随着乌昌一体化建设，昌吉州经济得到了发展，热点区域增加了昌吉州，高质量区域连片发展，且沿天山北坡向西部转移。而到了2014年，这种聚集类型被周围区域日益提高的城市化发展质量所均衡。热点区域只有克拉玛依市，一方面表现出向西部转移，另一方面，巴州城市化发展质量高于周围区域，呈现出向天山南坡的东南方向转移趋势。

二、分维度空间分异特征评价

（一）人口发展质量空间分异特征演变

1. 全局自相关分析

从图5-4可知，2004年、2009年、2014年的Moran's I均大于0，表明人口发展质量存在正的自相关，通过Geoda软件中的蒙特卡洛模拟999次检验结果（见图5-5、表5-10），计算出的Z值大于1.96，表明Moran's I在10%显著水平下，2004年、2009年、2014年三个年份内人口发展质量分布的关联性不强，表现出较弱的空间集聚特征。Moran's I从2004年的0.2002到2009年的0.2689，再到2014年的0.2482，显示出各地州人口发展质量从较弱集中趋于分散分布的趋势。

第五章　新疆城市化发展质量空间分异格局研究

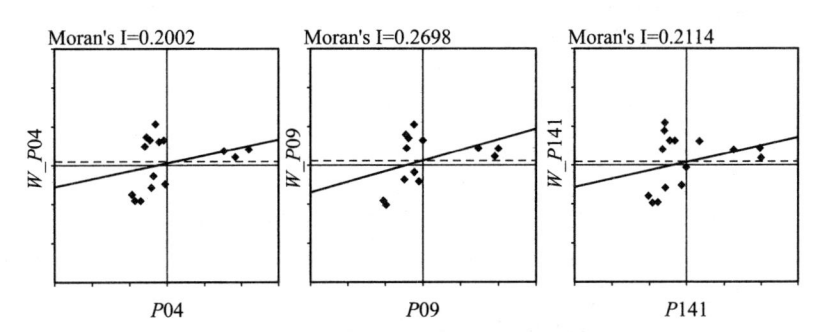

图 5-4　2004、2009 和 2014 年 15 个地州市人口发展质量 Moran 散点图

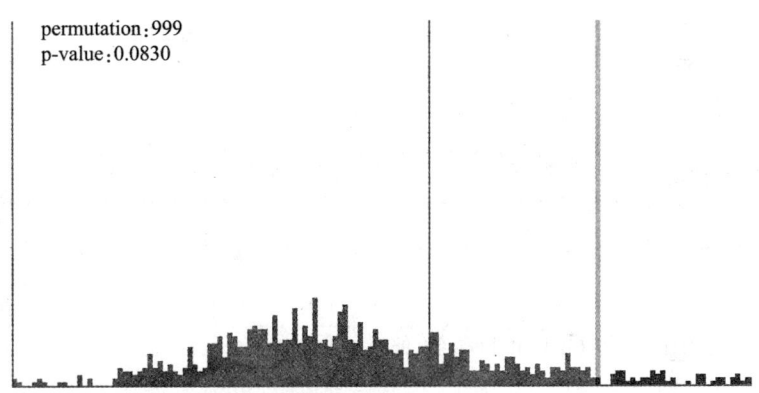

I:0.2002 E[I]:−0.0714 Mean:−0.0733 sd:0.1876

(a)

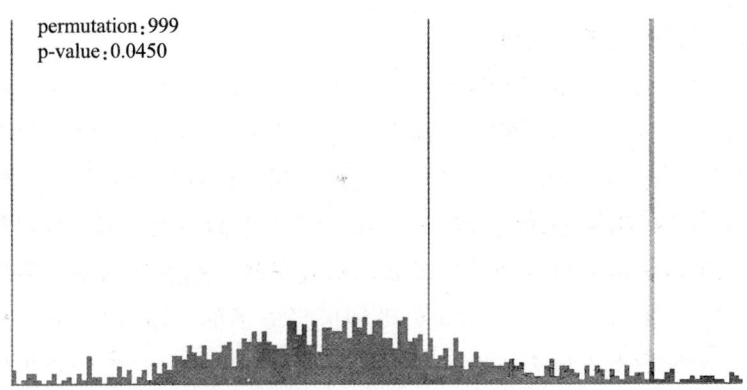

I:0.2698 E[I]:−0.0714 Mean:−0.0819 sd:0.1795

(b)

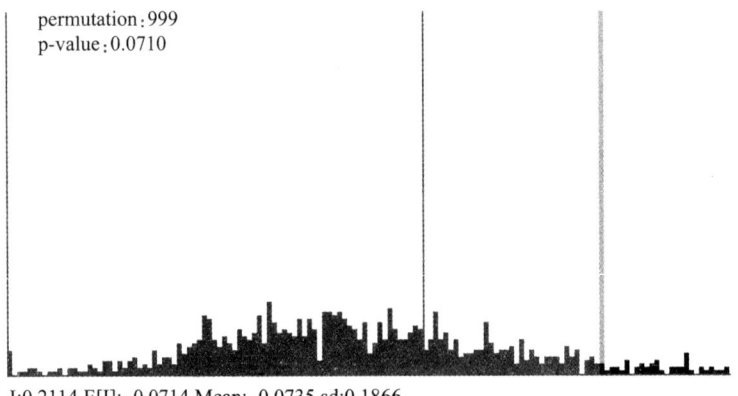

```
permutation:999
p-value:0.0710
```

I:0.2114 E[I]:−0.0714 Mean:−0.0735 sd:0.1866

(c)

图 5−5 2004 年、2009 年和 2014 年 15 个地州市
人口发展质量 Moran 检验图

表 5−10　　新疆 15 个地州市人口发展质量 Moran's I 检验

年份	Moran's I	E(I)	Sd	Z(I)	P-value	显著水平	相关性	是否通过检验	分布格局
2004	0.2002	−0.0714	0.1876	5.7111	0.0830	10%	正	是	集聚
2009	0.2698	−0.0714	0.1795	5.9688	0.0450	5%	正	是	集聚
2014	0.2114	−0.0714	0.1866	5.7417	0.071	10%	正	是	集聚

2. 局域自相关分析

从表 5−11 可知，2004 年人口发展质量与周边地区的 LISA 集聚结果呈现三种空间关联模式，即高−高（H−H）类型、低−低（L−L）类型、低−高（L−H）类型，而没有形成高−低（H−L）类型。乌鲁木齐市、石河子市与克拉玛依市，形成了高−高（H−H）聚集区，表明该区域人口发展质量较高，形成所谓"热点"区域。塔城地区、阿勒泰地区、昌吉州和吐鲁番地区形成了低−高（L−H）聚集类型，即该类型区域人口发展质量相对低于周围地区。喀什地区因为该区域人口发展质量较低而形成低−低（L−L）关联模式，即所谓的冷点区域。其余区域不显著。

表5-11　　新疆15个地州市人口发展质量局域自相关集聚类型表

集聚类型 年份	高-高 （H-H）类型	高-低 （H-L）类型	低-高 （L-H）类型	低-低 （L-L）类型
2004	乌鲁木齐、石河子、克拉玛依	无	塔城地区、阿勒泰地区、昌吉州、吐鲁番地区	喀什地区
2009	乌鲁木齐、石河子、克拉玛依、昌吉州	无	塔城地区、阿勒泰地区、吐鲁番地区	喀什地区
2014	乌鲁木齐、昌吉州	无	塔城地区、阿勒泰地区、吐鲁番地区	喀什地区

2009年人口发展质量与周边地区LISA聚集结果呈现三种空间关联模式，即高-高（H-H）类型、低-低（L-L）类型、低-高（L-H）类型，而没有形成高-低（H-L）类型。与2004年不同的是热点区域即高质量地区增加了昌吉州。

2014年人口发展质量与周边地区LISA聚集结果同样呈现三种空间关联模式，即高-高（H-H）类型、低-低（L-L）类型、低-高（L-H）类型，而没有形成高-低（H-L）类型。与2009年不同的是热点区域即高质量地区只有乌鲁木齐和昌吉州，而克拉玛依和石河子不显著。

从2004、2009和2014年15个地州市人口发展质量的空间聚集分布情况可以看出，喀什地区始终是人口发展质量的"低洼"区域，应加强该区域人口教育的投资和素质的培养，提高就业技能，实现就业转型。塔城地区、阿勒泰地区和吐鲁番地区也始终处于落后于周边地区的状态。空间转移看，人口发展质量始终处于向东转移趋势。

（二）社会发展质量空间分异特征演变

1. 全局自相关分析

从图5-6可知，2004年15个地州市社会发展质量Moran's I大于0，存在正的空间自相关特征。而2009年和2014年分别小于0，存在负的空间自相关特征。通过蒙特卡洛模拟999次检验结果，见图5-7和表5-12所示，计算出$Z > 1.96$，但因为$P > 10\%$不显著，所以没有通过显著性检验，不存在自相关。各地州社会发展质量在空间分布上表现出完全随机状态。

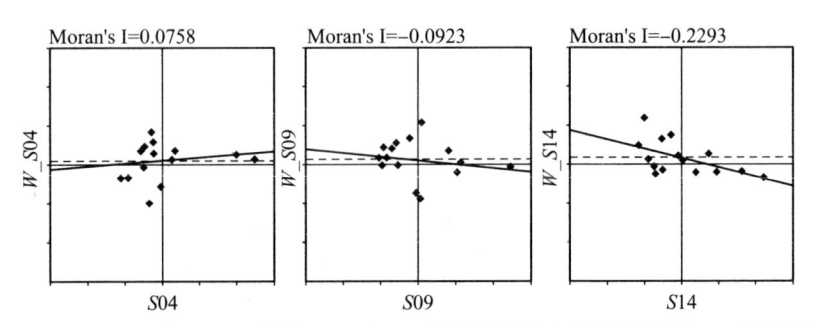

图5-6 2004年、2009年和2014年15个地州市社会发展质量Moran散点图

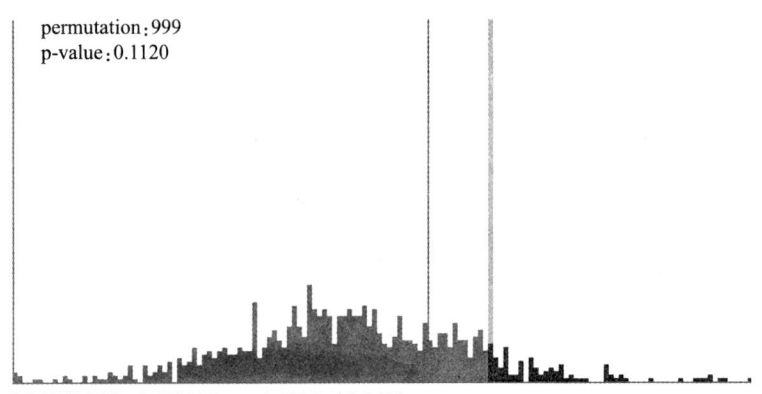

(a)

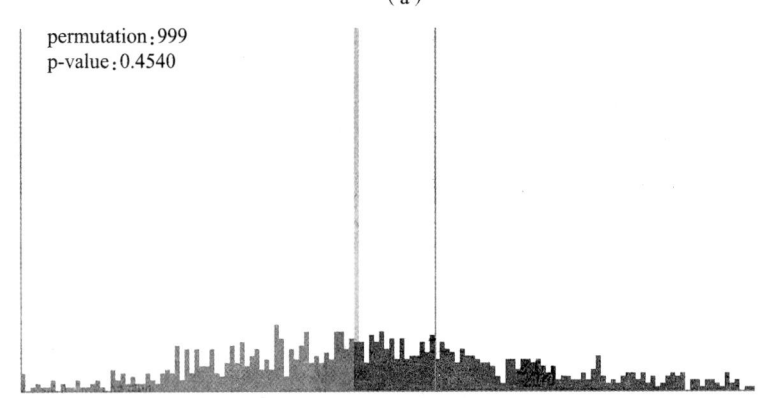

(b)

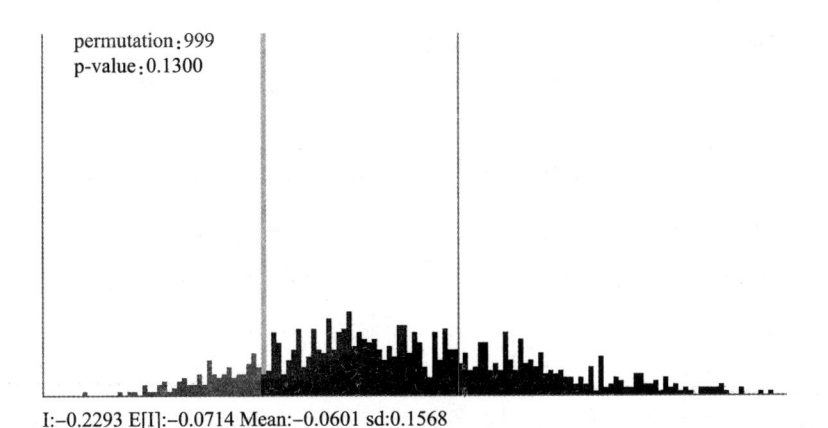

```
permutation:999
p-value:0.1300
```

I:–0.2293 E[I]:–0.0714 Mean:–0.0601 sd:0.1568
(c)

图 5-7 2004 年、2009 年和 2014 年 15 个地州市社会发展质量 Moran 检验图

表 5-12　　　　新疆 15 个地州市社会发展质量 Moran's I 检验

年份	Moran's I	E(I)	Sd	Z(I)	P-value	显著水平	相关性	是否通过检验	分布格局
2004	0.0758	-0.0714	0.161	6.6547	0.112	不显著	正	否	随机
2009	-0.0923	-0.0714	0.1974	5.4276	0.454	不显著	负	否	随机
2014	-0.2293	-0.0714	0.1568	6.8329	0.13	不显著	负	否	随机

2. 局域自相关分析

从表 5-13 可知，2004 年 15 个地州市社会发展质量与周边地区的空间关联模式有三种，高-高（H-H）类型区，只有克拉玛依，低-高（L-H）类型区是阿勒泰地区和塔城地区，低低（L-L）类型区域只有喀什一个地区。其他区域不显著。

表 5-13　　新疆 15 个地州市社会发展质量局域自相关集聚类型表

集聚类型 年份	高-高 （H-H）类型	高-低 （H-L）类型	低-高 （L-H）类型	低-低 （L-L）类型
2004	克拉玛依	无	塔城地区、阿勒泰地区	喀什地区
2009	无	无	塔城地区、阿勒泰地区	无
2014	无	无	克州	无

2009年15个地州市社会发展质量的空间关联模式只有一种低－高（L－H）类型，只有阿勒泰地区和塔城地区，其他类型区尚未形成，其他地区不显著。

2014年15个地州市社会发展质量的空间关联模式只有一种低－高（L－H）类型，且只有克州，其他类型区尚未形成，其他地区不显著。

从2004年、2009年、2014年社会发展质量的局域空间自相关分析可知，15个地州市的社会发展质量较低，聚集效果不显著，加上间距远，绿洲封闭，沙漠阻隔的自然环境，使得高质量地区无法辐射带动低质量区域的发展。应加强各地州交通等基础设施的建设，克服自然环境制约，实现互通互联。

（三）经济发展质量空间分异特征演变

1. 全局自相关分析

从图5－8可知，2004年、2009年和2014年经济发展质量的Moran's I均大于0，表明存在正的空间自相关特征。且经济发展质量空间分布形态经历了2004~2009年的空间集聚逐渐加强，到2014年的聚集程度减弱的"集中－强集中－分散"过程。但在Geoda中采用蒙特卡洛模拟999次检验，见图5－9和表5－14，2004年、2009年Moran's I指数值在5%水平下显著，2014年在10%水平下显著，三个时间截面的Z值均大于1.96，表明经济发展质量存在较强的空间集聚特征。

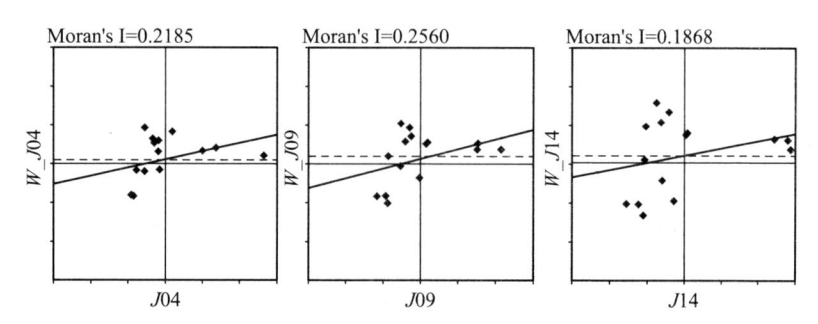

图5－8 2004、2009和2014年15个地州市经济发展质量Moran散点图

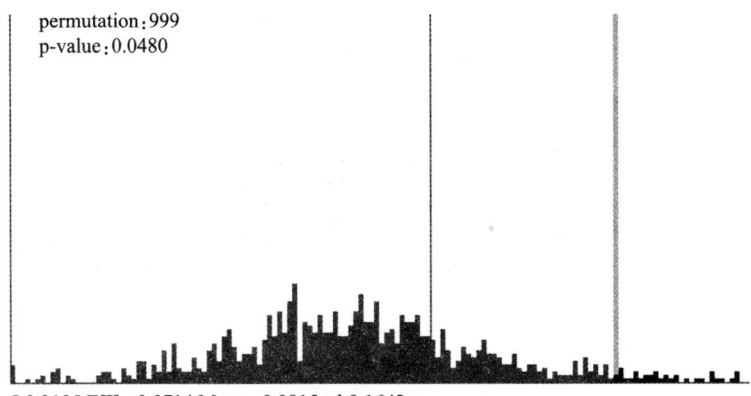

permutation:999
p-value:0.0480

I:0.2185 E[I]:−0.0714 Mean:−0.0815 sd:0.1642

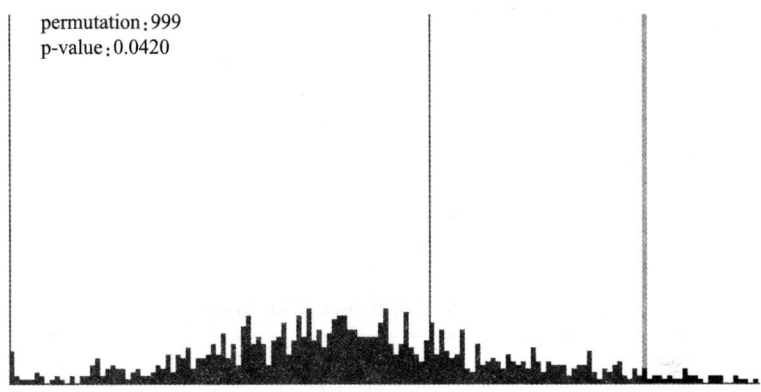

permutation:999
p-value:0.0420

I:0.2560 E[I]:−0.0714 Mean:−0.0821 sd:0.1831

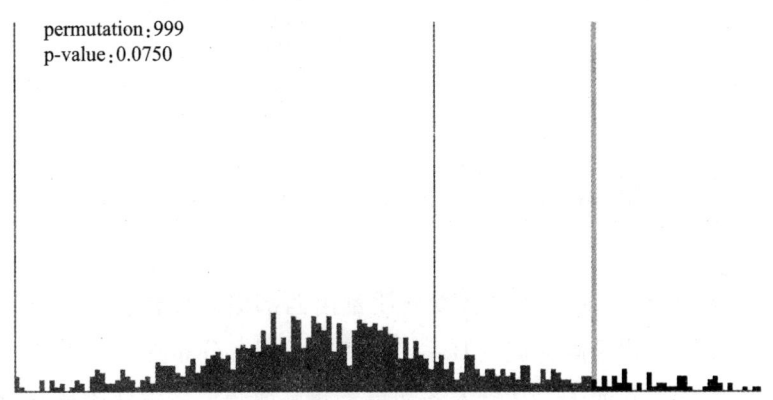

permutation:999
p-value:0.0750

I:0.1868 E[I]:−0.0714 Mean:−0.0941 sd:0.1794

图5－9　2004年、2009年和2014年15个地州市
经济发展质量Moran检验图

表 5-14　　　　新疆15个地州市经济发展质量 Moran's I 检验

年份	Moran's I	E(I)	Sd	Z(I)	P-value	显著水平	相关性	是否通过检验	分布格局
2004	0.2185	-0.0714	0.1642	6.525	0.0480	5%	正	是	集聚
2009	0.256	-0.0714	0.1831	5.8514	0.0420	5%	正	是	集聚
2014	0.1868	-0.0714	0.1794	5.9721	0.0750	10%	正	是	集聚

2. 局域自相关分析

15个地州市经济发展质量与周边地区的 LISA 聚集结果可知，见表5-15，2004年呈现三种聚集类型，分别是高-高（H-H）聚集类型，分布在天山北坡中部的乌鲁木齐、克拉玛依和石河子以及西部的博州。低-高（L-H）聚集类型分布在阿勒泰地区、塔城地区和昌吉自治州。低-低（L-L）聚集类型的只有喀什地区。高低类型区尚未形成。其余区域不显著。

表 5-15　　　新疆15个地州市经济发展质量局域自相关集聚类型表

集聚类型＼年份	高-高（H-H）类型	高-低（H-L）类型	低-高（L-H）类型	低-低（L-L）类型
2004	乌鲁木齐、克拉玛依、石河子、博州	无	阿勒泰地区、塔城地区、昌吉自治州	喀什地区
2009	克拉玛依、石河子、乌鲁木齐和昌吉州		塔城地区、阿勒泰地区	喀什地区
2014	拉玛依市、石河子市、昌吉州	无	阿勒泰地区、塔城地区、昌吉自治州	喀什地区

2009年15个地州市经济发展质量由西部向东部转移，呈现三种聚集类型，分别是高-高（H-H）聚集类型，分布在天山北坡中部的克拉玛依、石河子、乌鲁木齐和昌吉州。博州经济发展质量有所下降，与塔城地区、阿勒泰地区形成新的低-高（L-H）聚集类型。喀什地区是经济发展质量的"低洼"地区，形成低-低（L-L）聚

集空间关联模式。

2014年15个地州市经济发展质量在空间上呈分化趋势，低－高（L－H）区域和低－低（L－L）区域没有变化，乌鲁木齐从经济发展热点区域剥离出来。热点即高质量（H－H）区域只有克拉玛依市、石河子市、昌吉州。高－低区域尚未形成。其余区域不显著。

从2004年、2009年和2014年15个地州市经济发展质量的空间聚集类型即空间关联模式分析可知，只形成了高－高（H－H）、低－高（L－H）和低－低（L－L）类型，高－低（H－L）类型尚未形成，经济发展质量空间聚集分布沿线天山北坡西部、中部转移，最后定格中部。这与中部自然环境、交通便利、政策倾斜等优势是分不开的，而北疆北部边缘和南疆的喀什由于路途遥远，交通不便，沙漠阻隔等使得受到高质量地区的辐射带动作用较弱而处于较低经济发展质量区域。

（四）生态环境质量空间分异特征演变

1. 全局自相关分析

从图5-10可知，15地州市生态环境质量Moran's I在2004年大于0且较小，表明存在正的弱空间自相关特征。2009年和2014年小于0而趋近于0，存在负的空间自相关特征。且蒙特卡洛模拟999次检验中均未通过检验（见图5-11和表5-16），虽Z值大于1.96，但均没有通过显著性检验，空间自相关是不显著的。表明15个地州市生态环境质量较低，在空间上呈随机分布态势。

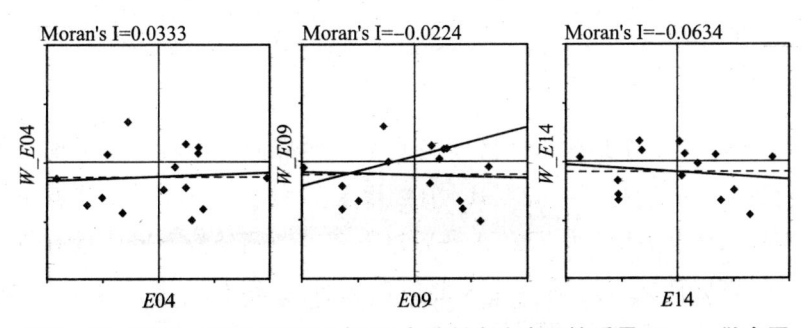

图5-10　2004、2009和2014年15个地州市生态环境质量Moran散点图

permutation:999
p-value:0.1750

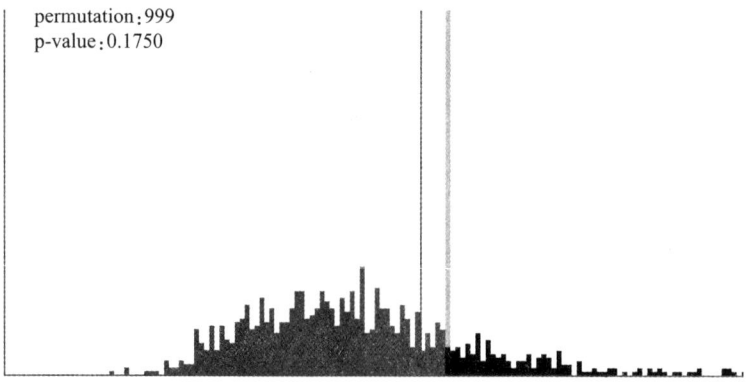

I:0.0333 E[I]:−0.0714 Mean:−0.0763 sd:0.1308

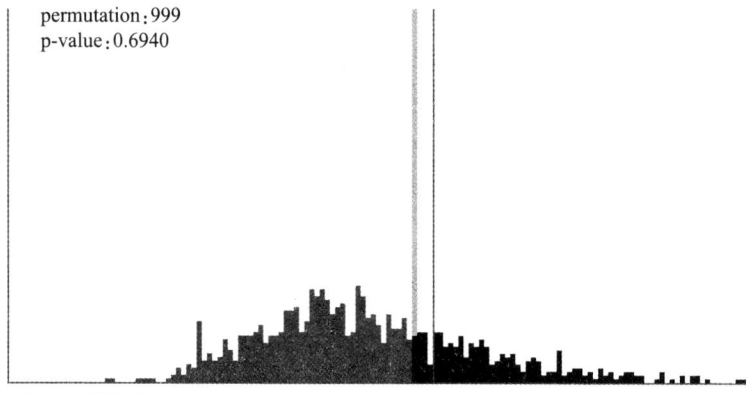

permutation:999
p-value:0.6940

I:0.0224 E[I]:−0.0714 Mean:−0.0708 sd:0.1366

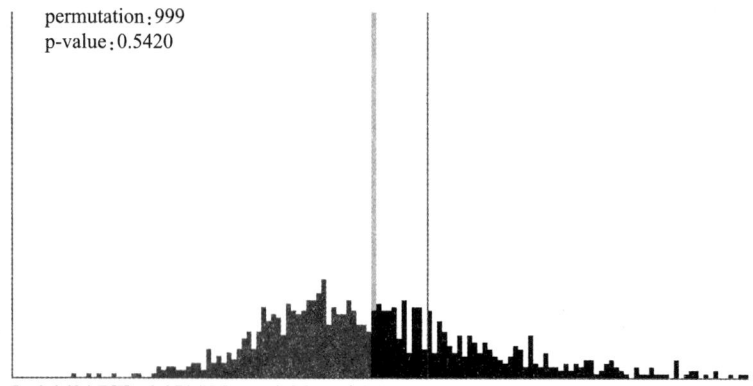

permutation:999
p-value:0.5420

I:−0.0634 E[I]:−0.0714 Mean:−0.0614 sd:0.1347

图 5−11　2004 年、2009 年和 2014 年 15 个地州市
生态环境质量 Moran 检验图

第五章　新疆城市化发展质量空间分异格局研究

表 5-16　　　　　新疆 15 个地州市生态环境质量 Moran's I 检验

年份	Moran's I	E(I)	Sd	Z(I)	P-value	显著水平	相关性	是否通过检验	分布格局
2004	0.0333	-0.0714	0.1308	8.1911	0.1750	不显著	正	否	随机
2009	-0.0224	-0.0714	0.1366	7.8433	0.694	不显著	负	否	随机
2014	-0.0634	-0.0714	0.1347	7.954	0.5420	不显著	负	否	随机

2. 局域自相关分析

从2004年15个地州市生态环境质量与周边地区的LISA集聚结果可知，见表5-17，聚集类型只有高-低（H-L）和低-低（L-L）。高-低（H-L）类型分布在塔城地区和巴州，表明该类型区域生态环境质量高于周围地区。低-低（L-L）类型区域分布在乌鲁木齐市和吐鲁番地区，表明该类型区域生态环境质量较低，处于低生态环境质量的极端，"低洼"区域。

表 5-17　　　新疆 15 个地州市生态环境质量局域自相关集聚类型表

年份 \ 集聚类型	高-高（H-H）类型	高-低（H-L）类型	低-高（L-H）类型	低-低（L-L）类型
2004	无	塔城地区、巴州	无	乌鲁木齐、吐鲁番地区
2009	无	塔城地区、巴州	无	乌鲁木齐、吐鲁番地区
2014	无	塔城地区、巴州	无	乌鲁木齐

2009年15个地州市生态环境质量LISA空间集聚结果与2004年一致，集聚类型及包括区域都没有变化。2014年15个地州市生态环境质量聚集类型与2004年和2009年一样没有变化，只是低质量生态环境质量的冷点区域只有乌鲁木齐市，表明乌鲁木齐市及周围区域生态环境质量均处于较低水平。而塔城地区和巴州生态环境质量高于周围地区而形成高-低类型的空间关联模式。

从表5-17地州市生态环境质量局域自相关集聚类型表可知，

2004~2014年生态环境质量空间关联模式只有高-低（H-L）和低-低（L-L）类型，高-高（H-H）和低-高（L-H）类型区域尚未形成。空间变化及转移趋势不大，生态环境质量较好地区始终在塔城地区和巴州，生态环境质量较差的始终围绕在以乌鲁木齐市为中心的经济发达地区。凸显经济发展与生态环境恶化的矛盾。

（五）城乡和区域协调发展质量空间分异特征演变

1. 全局自相关分析

从图5-12可知，2004年、2009年、2014年新疆15个地州市城乡和区域协调质量的Moran's I均大于0，呈现正的较强的空间自相关特征。2004~2014年，Moran's I从0.4802增长到2014年的0.5599，空间集聚程度逐渐增强。且Moran's I指数值在蒙特卡洛模拟999次检验中均通过检验，计算出2004、2009、2014年三年的Z值均大于1.96，（见图5-13和表5-18），表明城乡和区域协调发展质量在1%的显著水平下，存在正的空间自相关特征，且是极具显著空间关联性。因此，城乡和区域协调发展质量在15个地州市之间存在彼此的空间自相关性。Moran's I指数在2004~2009年呈现逐年增强趋势，并且维持在较高的水平（大于0.5），说明城乡和区域协调发展质量的正向空间自相关性较强，表现出较为强烈的空间集聚特征。而到2014年聚集趋势有所减弱，但仍表现出较高集聚特征。

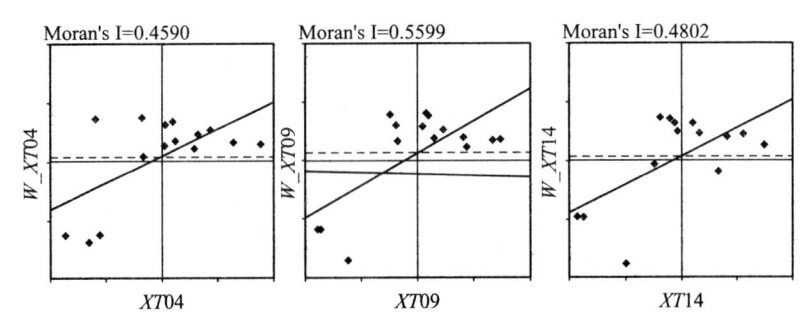

图5-12 2004年、2009年和2014年15个地州市城乡和区域协调发展质量Moran散点图

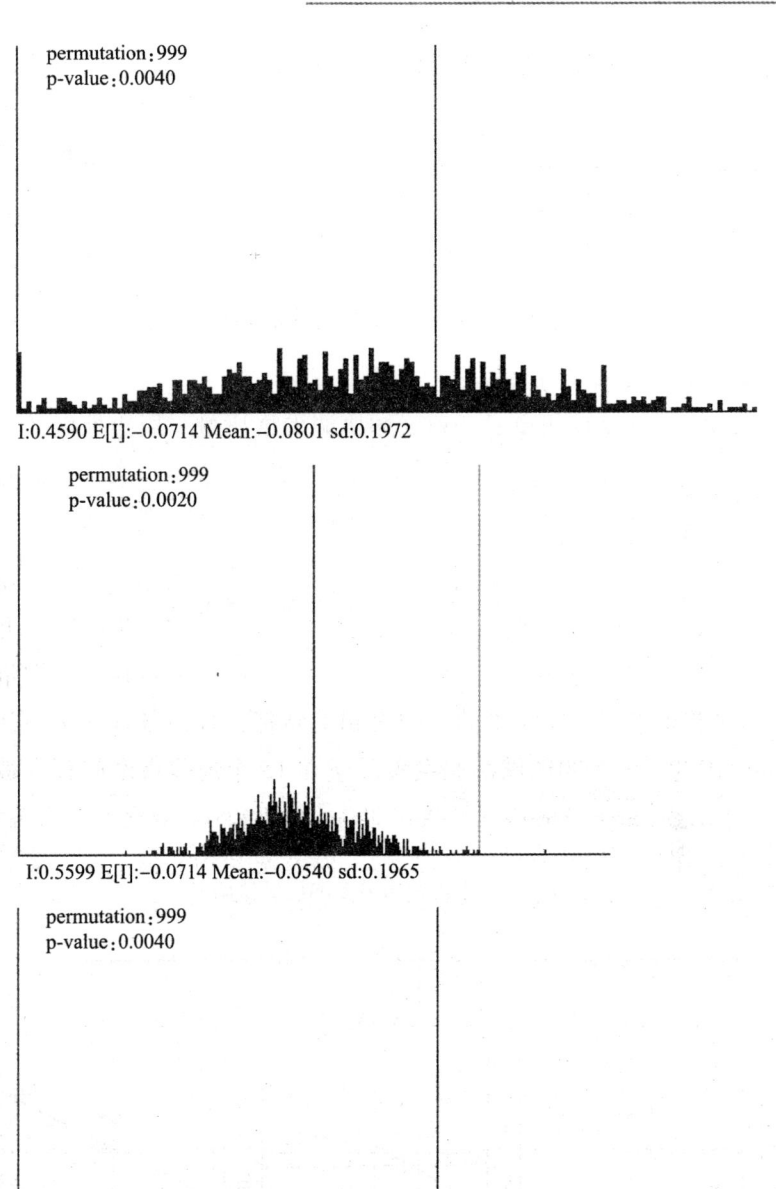

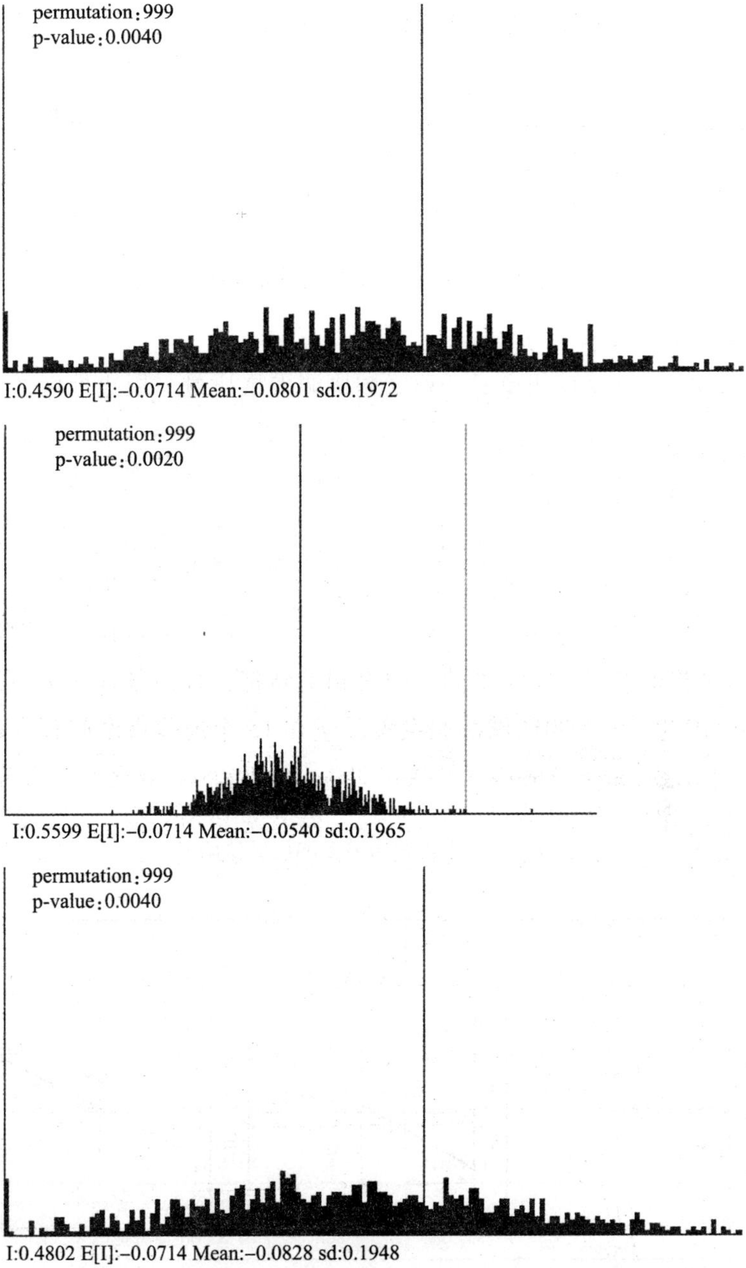

permutation:999
p-value:0.0040

I:0.4590 E[I]:−0.0714 Mean:−0.0801 sd:0.1972

permutation:999
p-value:0.0020

I:0.5599 E[I]:−0.0714 Mean:−0.0540 sd:0.1965

permutation:999
p-value:0.0040

I:0.4802 E[I]:−0.0714 Mean:−0.0828 sd:0.1948

图 5-13　2004 年、2009 年和 2014 年 15 个地州市城乡和
区域协调发展质量 Moran 检验图

表 5-18　　　　新疆 15 个地州市城乡和区域协调发展 Moran's I 检验

年份	Moran's I	E(I)	Sd	Z(I)	P-value	显著水平	相关性	是否通过检验	分布格局
2004	0.4590	-0.0714	0.1972	5.4331	0.004	1%	正	是	集聚
2009	0.5599	-0.0714	0.1965	5.4524	0.002	1%	正	是	集聚
2014	0.4802	-0.0714	0.1948	5.5	0.004	1%	正	是	集聚

2. 局域自相关分析

2004 年 15 个地州市城乡和区域协调发展质量与周边地区的空间自相关聚集结果，见表 5-19 可知，在空间上表现出三类空间关联模式，高-高（H-H）类型、低-高（L-H）类型、低-低（L-L）类型，高-低（H-L）类型尚未形成。图中高-高（H-H）类型，包括阿勒泰地区、塔城地区、石河子、乌鲁木齐和吐鲁番地区，形成城乡和区域协调发展的高-高质量集聚区，即热点区域。克拉玛依城乡和区域协调发展质量低于周围地区而形成低-高（L-H）类型区。低-低（L-L）类型区域位于南疆的喀什地区，形成城乡和区域协调发展的较低质量地区。其余区域不显著。

表 5-19　　　　新疆 15 个地州市城乡和区域协调发展局域自相关集聚类型表

年份 \ 集聚类型	高-高（H-H）类型	高-低（H-L）类型	低-高（L-H）类型	低-低（L-L）类型
2004	阿勒泰地区、塔城地区、石河子、乌鲁木齐、吐鲁番地区	无	克拉玛依	喀什地区
2009	塔城地区、石河子、乌鲁木齐、吐鲁番地区	无	克拉玛依、阿勒泰地区	喀什地区
2014	塔城地区、石河子	无	阿勒泰地区、克拉玛依、吐鲁番地区	喀什地区

2009 年 15 个地州市城乡和区域协调发展质量局域自相关集聚结

果在空间上也表现出三类空间关联模式，高－高（H－H）类型、低－高（L－H）类型、低－低（L－L）类型。低－低（L－L）类型是喀什没有变化，高－高（H－H）类型向东转移，包括塔城地区、石河子、乌鲁木齐和吐鲁番地区。低－高（L－H）类型包括克拉玛依和塔城地区。

2014年15个地州市城乡和区域协调发展质量局域自相关集聚结果在空间上同样表现出三类空间关联模式，高－高（H－H）类型、低－高（L－H）类型、低－低（L－L）类型。高质量区域向西转移，包括塔城地区和石河子两个地区。低－高（L－H）类型区域向西转移，包括阿勒泰地区、克拉玛依和吐鲁番地区。而低－低（L－L）类型区域依旧是喀什地区，没有变化。

2004～2014年新疆15个地州市城乡和区域协调发展质量的空间转换，表现出空间分异特征。可以看出，协调发展质量较高的区域在北疆天山北坡沿线转移，由西部向东部，然后又转向西部。喀什地区始终是城乡和区域协调发展质量最低的地区。总体来看，北疆由于南疆和东疆，随着城市化进程政策的推进，城乡统筹和区域经济发展均衡程度在各地州间转换，最终达到共同协调发展。

三、各地州城市化发展质量与各维度的空间关联性分析

利用ESDA的全局自相关的，计算出2004～2014年15个地州市城市化发展质量与各维度的多变量的莫兰指数Moran's I，以便分析各地州城市发展质量与各维度的空间关联性，见表5-20。

表5-20　2004、2009、2014年15个地州市城市化发展质量与各维度空间关联Moran's I指数

年份	人口	社会	经济	生态环境	城乡和区域协调
2004	0.2281	0.2042	0.2501	0.0036	0.4442
2009	0.2568	0.0736	0.2461	-0.0179	0.3618
2014	0.1396	-0.1846	0.1456	0.0611	0.2304

可知，横向看，2004年城市化发展质量与各维度之间的Moran's I大于0，成正的空间自相关特征，但只有与城乡区域协调发展质量通过显著性检验，与其余维度均没有通过检验，表明2004年除了城乡和区域协调发展维度外，城市化发展质量与其余维度之间不存在对应的显著关系。2009年城市化发展质量与人口、适合、经济、城乡和区域协调之间的Moran's I大于0，与生态环境的Moran's I小于0，均没有通过显著性检验。2014年也是如此，表明城市化发展质量与各维度不存在显著的对应关系。纵向看，除了生态环境质量维度外，城市化发展质量与各维度关联性呈下降趋势，表明2009年以来注重生态环境保护与改善。

小　　结

本章选取2004年、2009年和2014年三年的截面数据，采用空间分析和空间统计法对新疆15个地州市城市化发展质量及各维度质量空间分异特征进行了分析。得出：

（1）15个地州市历年来城市化发展质量及各维度层级特征明显，第一、二层级间即高质量和较高质量地区差异较大，三、四级即较低质量和低质量层级间差距较小。人口、经济与城市化发展质量层级特征相似，且集中在天山南北坡之间。由于国家近几年重视南疆民生改善和基础设施建设，社会发展质量好的地区空间上向南疆转移。人口、经济与生态环境层级间转换较小，凸显提高人口发展质量、经济发展质量和保护生态环境的任务任重而道远。城市化发展质量、社会发展质量、城乡和区域协调发展质量层级转换较剧烈，尤其是二、三层级之间。因此，质量层级高的地区应注重生态环境保护建设，缓解经济发展与生态环境的矛盾。同时兼顾城乡、区域协调发展。低质量地区在环境承载力允许范围内发展经济，加大国家转移力度，继续加强其公共服务和交通基础设施的投入力度。

（2）从全局自相关分异看，新疆整体发展质量呈南、北疆空间分异特征明显。除了生态环境质量维度外，城市化发展质量及其余四个维度的较低质量区域均分布在南疆的喀什地区，形成新疆整体发展的"低洼"区域。而较高质量地区集中分布在北疆区域的天山南北坡沿线，尤其是天山北坡中段。

（3）从局域自相关分异看，各地州市城市化发展质量及各维度聚集程度逐年减弱，新的力量在改变空间格局。新疆城市化发展质量较高区域不仅局限于沿线中部的克拉玛依、石河子和乌鲁木齐，而向西和向南扩展趋势。从2014年各地州市城市化发展质量LISA局域空间自相关集聚结果可以看出，巴州城市化发展质量高于周围区域，乌鲁木齐和石河子不显著，靠近西部区域只有克拉玛依一个地区。

（4）人口、社会、经济、生态环境和城乡区域协调发展五个维度聚集特征总体上由集聚趋向分散。除生态环境和社会发展质量呈随机分布外，其余维度集聚程度相对明显。经济发展质量较好地区对应较低的生态环境质量。各地州城市化发展质量与各维度在空间上不具有显著的对应关系。

（5）并不是聚集程度高就代表地区发展质量就高了，空间聚集只是相对的概念，只是表现空间的异质性和同质性。地区之间某一属性值在空间上因与所在区域相近或相异而表现在空间上的聚集或分散特征，只是提供一种客观的空间可视化，为相关研究提供参考。具体的为什么在这个区域聚集而在别的区域发散，还需要具体分析其内在成因。

通过对新疆15个地州市2004年、2009年和2014年三个时期城市化发展质量空间分异特征、空间关联性等空间分异格局的动态变化，分析其变化原因：新疆城市化发展质量的空间分异有其行政依赖性、交通依赖性、区位依赖性。行政化明显，高质量地区集中在行政中心、交通干线及周边区域，同时也反映出一定的交通和区位优势。另外，遵循地区及城市的职能定位作用，政策倾斜和国家重点规划的区域或城市，得到资源投资较多，有力的发展支撑。

第六章

新疆城市化发展质量空间分异成因分析

新疆城市化发展质量的提高是一项复杂艰巨的系统工程，既受一些共性因素影响，也受一些地方特殊性因素影响，既有外部因素影响，又有内部因素影响。

通过以上章节分析表明，研究时段内新疆各地州市城市化发展质量的空间分异受到自然和区位条件、交通基础设施、国家政策、经济发展水平及城市空间布局等的影响，存在明显的南、北、东疆间的空间分异特征。这些空间分异特征决定其人口分布、产业布局与区域城市化水平。例如，地形和气候因素的影响使北疆的天山北坡经济带更加适宜人的生活和产业更好的发展。具体来讲，这些空间分异特征与区域资源禀赋、人口分布、交通区位、经济发展水平、政府政策及城市化布局等因素直接相关。从区域分布上看，人口城镇化水平和人口素质、矿产和水资源丰富、交通便利、工业基础较好的地区，城市化发展质量相应较高。因此，这些因素是影响新疆城市化发展质量空间分异的形成原因。

第一节 空间分异影响因素分析

一、资源禀赋

赫克歇尔-俄林（1986）认为，要素禀赋理论表明了经济活动的

第六章　新疆城市化发展质量空间分异成因分析

空间分异源于要素禀赋的空间分异[①]。克鲁格曼提出了"两个自然"理论，自然禀赋是"第一自然"力量，非自然禀赋是"第二自然"力量。克鲁格曼认为，历史上的一次偶然事件可能会导致空间自组织行为，因为这种偶然事件会导致一定要素禀赋的改变，这种要素禀赋改变所产生的非均质空间适宜了某类产业的发展[②]。金丽国[③]认为，广义要素禀赋的空间分异是引起产业在空间上非均衡分布的基础条件。埃利森和格莱泽认为美国有50%以上的地理集聚归结为生产要素和地理位置等"优势"。汉兰达等的研究显示在欧洲产业空间分异很大程度上取决于自然禀赋的差异[④]。

资源禀赋的区域差异是城市化发展质量的时空分异的基础支撑力，相异的资源禀赋要素对城市化发展质量差异的影响程度是不同的[⑤]。这些要素组合方式的差异产生了不同程度的聚集，导致区位条件的差别。

（一）自然地理空间分异

新疆土地面积166万平方公里，占全国土地面积的六分之一，但是其中有一半以上的土地是不适宜人类居住的高原丘陵、沙漠、隔壁等地带。自然地理条件决定了各地州市城镇分散分布的地理空间，形成了城镇地域分布不平衡的特点。人口的分散分布不利于人口向城镇集中，有限的平原面积束缚城市发展的规模，在城镇化水平不断提高的发展趋势下，首先面临的是城市用地与农业生产用地之间的矛盾。

新疆是生态环境脆弱区，目前粗放型的经济增长方式使生态环境

[①] 翁瑾,刘明宇. 经济学关于空间结构研究的综述 [J]. 当代财经, 2006 (6): 14.
[②] Krugman P. First Nature, Second Nature and Metro-politan Location [J]. Journal of Regional Science, 1993 (2): 129 – 144.
[③] 金丽国. 区域主体与空间经济自组织 [M]. 上海：上海人民出版社, 2007: 169.
[④] Ellison G, Glaeser E L. The Geographic Concentration of Industry: Does Natural Advantage Explain Agglomeration? [J]. American Economic Review, 1999, 89 (2): 311 – 316.
[⑤] 仇方道,唐晓丹,张纯敏,等. 江苏省工业转型的时空分异特征与机理 [J]. 地理研究, 2015, 34 (4): 787 – 800.

不断恶化，水土流失面积、荒漠化面积逐渐扩大。生态环境的脆弱使城镇化发展的难度远远大于东中部地区，尤其水是限制城市发展的一个主要因素，乌鲁木齐等城市水资源十分短缺，需水量严重超出水资源的承载能力[①]。

（二）自然资源空间分异

新疆地大物博，资源种类繁多，且蕴藏丰富，但主要资源空间分布不均匀，地域差异显著，资源禀赋的空间差异对城市化发展空间也产生了重要影响。2000年以来在西部大开发政策推动下，一些落后地区首先发挥资源优势，重点发展矿产与石化工业及相关配套服务产业，使经济结构转型升级，带动全疆整体产业层级的较高提升。

比如，北疆的"克-奎-乌"金三角地区石油勘探、冶炼业发达，同时轻工业得以快速发展，是国家重要的能源石化基地与新疆的主要轻工业基地。东疆的"哈密-吐鲁番"地区油气资源丰富，以丝绸之路为代表的人文旅游资源独特，是新疆新兴的石油天然气产业基地与旅游集散地[②]。而南疆总体自然条件恶劣，其工业和第三产业发展落后，但其光热资源丰富，昼夜温差大的气候特点适合棉花及特色瓜果的生长，形成了农业为主的产业结构。如和田西部、喀什大部分地区现今还是传统的农业生产区[③]。

二、经济发展水平

城市化发展与经济发展具有很强的相关性（Chenery and Syrquin,

---

① 张沛. 中国城镇化的理论与实践：西部地区发展研究与探索［M］. 南京：东南大学出版社，2009：59.
② 闫人华. 新疆县域产业结构的空间格局演化与机理分析［D］. 乌鲁木齐：新疆大学，2013.
③ 闫人华，熊黑钢，瞿秀华，等. 1975年以来新疆县域产业结构的空间分异研究［J］. 经济地理，2013，33（3）：99-106.

1975[①];周一星,1982[②]),经济发展是城市化的根本动力,两者之间存在"双向互促共进关系"。社会生产力的提高常常伴随着经济结构的变化,主要表现为产业结构从以农业为主向工业和服务业为主转变,而产业结构的演化要求生产要素的流动和集中,从而促使人口等资源要素不断地由农村区域向城市迁移。城市化过程是在农业发展对农村的推力和非农业发展对城市的拉力两种合力相互作用之下而逐步完成。在二者之中,工业化是城市化的根本动力和重要依托条件,因为只有工业化才能促进各种资源要素向城市聚集,才能促使专业化的分工协作和第三产业的发展,使城市成为人类各种社会经济活动的聚集中心。从根本上说,一个国家和地区的城市化进程是由当地的经济发展状况决定的[③]。

新疆经济发展水平呈明显的南、北疆空间分异状态。北疆地区工业化基础相对较好,资源丰富,交通便利,区位优势明显,第二、三产业比重较高,经济较发达。而南疆三地州地处偏远,交通等基础设施滞后,以农业为主,经济发展水平较低。

三、人口分布

人口集聚是城市形成与发展的重要动力。人口集聚和城市规模扩张存在循环推动作用,人口过度稠密则会使得城市向外围扩张,从而开发新的居住区及配套的消费服务区,并投资建设城镇基础设施。人口聚集是指人口在空间上由分散到集中,由稀疏到密集的一种社会经济现象,是社会经济发展的动力源之一[④]。人口聚集与社会经济发展

[①] Chenery H B, Syrquin. Patterns of Development, 1950 – 1970 [M]. Oxford University Press for the World Bank, London, 1975.
[②] 周一星. 关于中国城镇化速度的思考 [J]. 城市规划, 2006 (S1): 32 – 35.
[③] 盛广耀. 城市化模式及其转变研究 [M]. 北京: 中国社会科学出版社, 2008, 6: 20 – 21.
[④] 戴永安. 中国城市化效率及其影响因素_基于随机前沿生产函数的分析 [J]. 数量经济技术经济研究, 2010 (12): 103 – 117.

有很强的正相关关系，人类社会发展较多的得力于人口聚集。

(一) 人口分布的空间分异

新疆面积占全国 1/6，人口占全国 1.68%，地广人稀。新疆人口分布主要受区域自然条件和地理环境的影响，有"逐水草而居"的特点。新疆 97% 人口主要集中分布在占新疆面积 9.2% 的绿洲上。在非绿洲之外区域的自然条件差、环境恶劣，是基本无人居住的荒漠和山地。绿洲主要分布在天山北麓及荒漠、山地周围的边缘地带，因此，人口分布空间分异明显，北疆密集而南疆稀疏[①]。2014 年，北疆的石河子市人口密度最高 821 人/平方公里，乌鲁木齐人口密度 190 人/平方公里，南疆的巴州人口密度最低，为 2.96 人/平方公里。其余大部分地州市在 4~53 人/平方公里之间。

(二) 少数民族分布的空间分异

新疆是一个多民族聚居的地区，维吾尔族、汉族、哈萨克族、回族、柯尔克孜族、蒙古族、锡伯族、俄罗斯族、塔吉克族、乌孜别克族、塔塔尔族、满族、达斡尔族 13 个民族在新疆居住历史较长，人数较多。2014 年，新疆总人口 2298.47 万人中，少数民族人口占比重为 62.99%，其中，维吾尔族占少数民族总人口的 77.04%、占新疆总人口的 48.53%，维吾尔族主要居住在南疆，占南疆总人口的 81.5%，而北疆和东疆只占 18.5%。汉族散居遍布全疆，主要分布在乌鲁木齐市、克拉玛依市、石河子市、昌吉州、哈密地区等北疆和东疆，占总人口 57.4%。南疆，汉族仅占南疆总人口 14.88%。汉族与少数民族人口分布整体布局上呈现南、北分异特点。

(三) 城镇人口分布的空间分异

2014 年，全疆城市化水平为 43.26%，北疆城市化率为 78%，南

---

① 高新才，高红霞. 西北区域经济发展蓝皮书（新疆卷）[M]. 北京：人民出版社，2008：34 - 37.

疆城市化率为49%，东疆城市化率为80%。城镇人口分布的空间分异一定程度上表现了城市化发展质量的数量、速度与规模，城市化发展是质和量的统一，是量变到质变的过程，没有量的积累，质量也会是低效的。城市化水平的南、北、东疆空间分异客观上促使了城市化发展质量的南、北、东疆空间分异。

（四）人口素质分布的空间分异

人力资本是代表一个地区的文化底蕴，科技进步与创新能力。乌鲁木齐市、石河子市、克拉玛依市等地区高校分布多于新疆其他地区，教育资源丰富，而南疆地区及新疆周边地区少数民族众多，民族文化、传统、宗教信仰、思想观念、生活习惯等的影响，走出去求学、就业的观念较弱，文化基础差，无就业技能，多从事农业、畜牧业等体力劳动，人口素质较低。再加上南疆地处偏远，基础设施和经济发展水平落后，观念陈旧、闭塞落后等。

四、交通区位

交通工具和设施的改善可提高城市间的便利性，从空间上缩短与城市中心的距离，使得交通成本和时间成本大幅度降低。交通线路是建立区域空间结构的重要因素，起着"中间介质"的作用，使得区域之间人流、资金流、信息流和技术流的空间交换得以进行，将各空间要素联系成一个整体[①]。

交通网络的发达程度是城市系统高效运转的重要保障，其配置水平直接影响城市运转效率，对城市吸引外部资本和人口向城镇集中有重要作用。为经济体之间要素流动与人口转移提供了更为便利的条件。1990年北疆铁路的贯通促进了沿线地区的发展，使该地区成为产

[①] 任辉，吴群. 城市住宅地价空间分异及其驱动要素研究[J]. 求索，2013（4）：221-224.

业结构水平较高的集聚地区。1990年以后随着霍尔果斯口岸的开放、南疆铁路、连霍高速和精伊霍铁路的贯通,伊犁东南部和阿克苏地区的区位条件大为改善,加速了当地贸易、矿产开采业、旅游业的发展。1999年南疆铁路的通车,2003年西气东输一期工程的竣工都加速了南疆部分县域经济发展和产业升级,从而逐渐改变了原有产业结构水平高值区高度集聚于北疆、东疆区域范围的格局。但是北疆地区尤其是哈密-伊宁铁路线路较早的建设,促使沿线区域发展较快[1]。

五、区域政策

政策因素主要通过营造制度环境、多路径作用于区域的形成和发展。区域政策深刻影响城市化空间格局[2]。国家各种政策变化对城市化的区域差异也产生了很大影响。区域政策是调控城市化发展质量走势的主要因素。一旦某一地区的某种产业受到政策的扶持和诱导,就会影响该产业形成集聚,使得该区域形成专业化生产,以改变原先的空间布局。政府在基础设施的投入也能直接作用于其生产中,基础设施越完善,越有利于地区的产业发展,并能导致某产业的重心向基础设施较好地区转移[3]。

改革开放以来,在非均衡性发展战略的指导下,北疆一些资源较为丰富,地理位置优越,经济基础较好的地区充分利用国家开放政策,重点发展资源密集型工业及第三产业。部分地理位置偏远、经济基础薄弱,但能源、资源密集的地区也立足于自身资源优势,积极利用国家的优惠扶持政策,接受东部地区的产业转移,发展能源和石化

---

[1] 闫人华,熊黑钢,瞿秀华,等.1975年以来新疆县域产业结构的空间分异研究[J].经济地理,2013,33(3):99-106.

[2] 张立.1980年以来我国区域城市化差异的演变——及其影响因素[J].城市规划,2010,34(5):9-17.

[3] 田维波.我国农业发展的空间结构演化及其影响因素研究[D].西南大学博士论文,2012,4.

第六章　新疆城市化发展质量空间分异成因分析

产业，第二、三产业比重也取得大幅上升①。

开始于 1997 年的中央的"对口援疆"政策以及 1999 年以来的西部大开发政策等，都使得新疆经济取得跨越式发展；1998 年，国家实行积极的财政政策并大力加强基础设施建设，2004 年后，全区交通建设投资规模步入稳步增长期；1997 年吐－乌－大高等级公路建设、乌－奎高速公路建设，这些关于交通建设投资进一步向中心区域集中，主要集中在天山北坡经济带区域；2001 年后，乌－奎、奎－赛、和－库、库－库高速公路兴建；2010 年中央新疆工作会议后，确定了新型城镇化发展战略，明确了新型城镇化与新型工业化、农牧业现代化和社会经济生态化"三化"发展目标。其中提出要发展相对均衡发展的城镇化，特别是推进南疆三地州和边境沿线等困难地区与天山北坡、南坡协调发展。2010 年"两会"提出建设喀什经济特区等；《新疆城镇体系规划（2000~2020）》在"城镇体系空间组合"部分中确定了城市发展的等级顺序：优先建设乌鲁木齐都市圈（乌鲁木齐、昌吉、阜康、五家渠 4 市）；着重发展北疆铁路沿线城镇（乌鲁木齐都市圈 4 市和克拉玛依、石河子、乌苏、奎屯、博乐、伊宁 6 市）；培育南疆铁路沿线城镇（哈密、吐鲁番、阿克苏、喀什、阿图什 5 市）。上述城市扩展的快慢强弱格局基本吻合了国家政策支持的发展顺序。

六、城市化布局

城市化发展质量水平的空间分异除了受自身影响因素外，还受相邻区域社会经济发展状况的影响②。通体来看，新疆 15 个地州市不同等级水平区域的空间分布形态或成"轴带"，或成"集聚区"，或成

---

① 闫人华，熊黑钢，瞿秀华，等. 1975 年以来新疆县域产业结构的空间分异研究 [J]. 经济地理，2013，33（3）：99－106.

② 周杜辉，李同昇，哈斯巴根，等. 陕西省县域综合发展水平空间分异及机理 [J]. 地理科学进展，2011，30（2）：205－214.

"轴带－集聚区"的形式分布，且其空间分布具有明显的等级分布特征，这就在一定程度上表明了新疆社会经济发展具有较强的空间黏性，其发展或多或少受相邻区域社会经济发展的影响。深入研究可知，城市化发展高质量和较高质量区域大部分分布在天山南、北坡附近，而南疆区域则多是较低质量以下等级，原因是天山北坡经济发育相对成熟，其社会经济扩散效应开始显现，对外社会经济辐射能力趋强，故其外围的区域总体水平也较高；而南疆地区发育较为缓慢，处于自我极化发展的初级阶段，尚不具备对外社会经济辐射能力，故其外围的县域水平也总体较低。

第二节　影响因素实证分析

引起城市化发展质量空间分异的因素是复杂的，各要素非单独发生作用关系，而是发生复杂的相互作用关系。

一、研究方法及数据来源

传统的计量经济学模型假设空间任何事物都是独立的、无关联的，且具有均质特征。但事实上，空间上的任何事物都是非独立存在的，且有一定的相关性。因此，在应用空间计量模型前，首先运用空间统计分析 Moran 指数法检验因变量的空间自相关性，以证实空间计量模型的适用性。在第五章中已经验证 2004 年和 2014 年的 15 个地州市城市化发展质量存在正的空间自相关，表明新疆城市化发展质量存在空间集聚效应，适合进行空间计量模型分析。为了进一步揭示引起新疆城市化发展质量空间分异的原因，采用经典的（OLS）线性回归模型和空间计量回归模型对此进行定量分析，以此比较这几个回归模型的显著性，模型及估计方法如下：

第六章 新疆城市化发展质量空间分异成因分析

（一）研究方法

1. 经典计量回归模型（OLS）

在借鉴已有的城市化模型基础上，从指标选取的代表性、可获取性等原则出发，建立有关城市化发展质量决定因素的经典计量模型（OLS），见下式：

$$Y_i = \alpha_0 + \alpha_1 X_i + \alpha_2 X_i + \cdots + \alpha_n X_i + \varepsilon \quad (6.1)$$

式中，$i=1, 2, \cdots, n$，下标 i 表示区域，ε 为随机干扰项，α_0，α_1，α_2，$\cdots$，α_n 是模型系数（常数），Y 为被解释变量；X 为 $n \times k$ 的外生解释变量矩阵。

2. 空间计量经济模型及估计

本书使用空间滞后模型（SLM）与空间误差模型（SEM）两种。SLM 假定因变量受一组本地区自变量和相邻地区因变量的影响程度，滞后变量系数 ρ 表明相邻空间对象之间存在扩散或溢出等空间相互作用，其大小反映扩散或溢出的程度，如果 ρ 显著，表明因变量之间存在空间依赖性[1]。SLM 模型表达式为：

$$Y = \rho W y + \beta X + \varepsilon \quad (6.2)$$

式中 Y 和 X 含义同上，ρ 为空间回归系数；W 为 $n \times n$ 阶 Queen 空间邻接权重矩阵，当区域 i 和区域 j 有非零长度的公共边界，其空间权重 w_{ij} 为 1，否则为 0；WY 为空间滞后被解释变量；ε 为随机误差项。

SEM 是当假定空间依赖性是被忽略了的变量产生的作用，主要用于度量邻近地区因变量的误差冲击对本地区观测值的影响程度。即考察地区之间的相互作用因所处的相对位置不同而存在的差异，其表达式为：

$$Y = X\beta + \varepsilon, \quad \varepsilon = \lambda W\varepsilon + \mu \quad (6.3)$$

---

[1] 王劲峰，廖一兰，刘鑫. 空间数据分析教程 [M]. 北京：科学出版社，2010：126 - 131.

式 (6.3) 中 X 和 Y 的含义及权重 W 同式 (6.2), ε 和 μ 为随机误差项向量, λ 为空间误差自相关系数[1][2][3][4]。

对于模型的选择, 安瑟林 (Anselin, 1991) 曾提出如下判断标准: 通过拟合优度 (R^2)、自然对数似然值 (LOGL)、似然比率 (LR)、赤池信息准则 (AIC)、施瓦茨准则 (SC) 等来判断, 对数似然值越大, 似然率越小, AIC 值和 SC 值越小, 模型拟合度效果越好。对于空间回归模型, 可以通过拉格朗日形式 LMERR 和 LMLAG 及其稳健 R - LMERR 和 R - LMLAG 来判断哪一种回归模型更加符合实际。在空间依赖性检验中, 若 LMLAG 和 R - LMLAG 均比 LMERR 和 R - LMERR 显著, 则空间滞后模型较为合适; 相反, 则表明空间误差模型较为合适[5]。

(二) 变量选取及数据来源

1. 变量的选取与说明

被解释变量 Y 选择 15 个地州市城市化发展质量, 用 Quality 表示。用来分析探讨各影响因素对城市化发展质量的作用程度与方向, 从而揭示城市化发展质量空间分异的关键因素及分异成因。通过第四、第五章的分析结果, 结合新疆城市化发展质量情况, 解释变量 X 主要选取以下 12 个指标表示:

自然资源禀赋。引起新疆 15 个地州市的自然资源禀赋差异的因素由水资源、耕地资源、矿产资源等, 水资源用人均水资源量指标表示, 耕地资源用人均耕地面积定量测度, 矿产资源用从事采矿业人数

---

[1] 蒋伟. 中国省域城市化水平影响因素的空间计量分析 [J]. 经济地理, 2009, 29 (4): 613 - 617.

[2] 李敏纳, 蔡舒, 张慧蓉, 等. 要素禀赋与黄河流域经济空间分异研究 [J]. 经济地理, 2011, 31 (1): 14 - 20.

[3] 谢敏, 赵红岩, 朱娜娜, 等. 浙江省第三产业空间集聚特征与成因 [J]. 经济地理, 2015, 35 (9): 96 - 102.

[4] 李序颖, 顾岚. 空间自回归模型及其估计 [J]. 统计研究, 2004 (6): 48 - 51.

[5] Anselin L, Rey S. Properties of Tests for Spatial Depengdence in Linear Regression Models [J]. Geographical Analysis, 1991, 23: 112 - 131.

占总就业人数比重表示。但是石河子没有采矿业人数,用发电量表示,所以自然资源禀赋选取人均水资源量(Water)和人均耕地面积(Farmland)、发电量(Power)3个指标代表。

人口因素。城镇化水平和人口素质直接决定不同区域城市化发展质量的空间分异,城镇化水平和人口素质较高地区城市化发展质量相对较高。采用城镇化率(Urban)、万人中专以上在校生数(Education)作为人口因素的衡量指标。

交通区位。随着交通运输等基础设施的逐步建设,交通区位条件也成为地区发展的一个动因,运输发达的地区,其城市化发展质量也相对较高。因此交通区位用反映交通等基础设施指标表示,具体为货运量(Transport)、人均邮电业务量(Information)。

政策指标。政策因素对地区的发展起着导向和促进作用。因此,采用政策倾斜度(人均固定资产投资额(Invest))、政府干预度(财政支出(Finance)占GDP比重)指标反映政府政策。

经济发展水平与产业结构。用人均GDP来代表地区经济发展水平,而经济结构又决定地区的经济发展水平,因此,用人均GDP(Agdp)、第二产业(Industry)产值占GDP比重、第三产业(Service)产值占GDP比重3个指标来衡量。

城市化布局作用。空间计量分析时采用邻接Queen关系权重,相邻权重$W=1$,不相邻$W=0$。以及空间计量分析模型本身反映城市间空间相互作用关系,都反映城市化布局的空间作用。

2. 数据来源

以城市化发展质量为因变量,以12个指标为解释变量,构建回归模型。对新疆15个地州市2004年和2014年的2个时间截面数据进行分析,数据来源于2005年和2015年《新疆统计年鉴》。

二、回归结果分析

利用GeoDa软件估计了2004年和2014年城市化发展质量与其影

响因素指标的 OLS、SLM 和 SEM 模型，拟比较不同模型在不同时期的回归分析结果。安瑟林（Anselin L.，1998）认为，当经济现象存在实质性的空间影响时，采用 OLS 进行估计时结果是无效的，应采取建立空间滞后模型（SLM）或空间误差模型（SEM）来处理①，并在 2005 年提出，当判断哪个模型更符合客观实际时，先进行 OLS 回归分析，再进行两个空间模型的具体比较。

（一）2004 年结果分析

下面首先对 2004 年城市化发展质量空间分异影响因素进行三种模型回归分析，从而比较其结果。表 6 - 1 给出了 2004 年回归分析检验结果。

表 6 - 1　　　　　2004 年城市化发展质量影响因素的 OLS、SLM 和 SEM 估计结果

	OLS 回归系数	OLS P 值	SLM 回归系数	SLM P 值	SEM 回归系数	SEM P 值
Constant	13.194	0.6484	8.9972	0.0000	6.5154	0.2783
Water	0.00068	0.2769	0.00014	0.0000	0.00053	0.0000
Farmland	-0.2989	0.9145	-1.7655	0.0000	-0.2307	0.5334
Power	-0.1026	0.8265	-0.4965	0.0000	-0.0711	0.4731
Urban	0.1694	0.6452	0.5300	0.0000	0.1489	0.05631
Education	0.0330	0.1190	0.03443	0.0000	0.03219	0.0000
Transport	0.00125	0.8215	0.0068	0.0000	0.0012	0.2675
Information	0.0223	0.5940	0.027	0.0000	0.0256	0.00516
Agdp	0.00099	0.6505	-0.0025	0.0000	0.00086	0.04668
Industry	-0.2532	0.4506	-0.4108	0.0000	-0.1428	0.0049

---

① Anselin L. Spatial Econometrics Methods and Models [M]. Boston：Kluwer Academic Publishers，1988.

第六章 新疆城市化发展质量空间分异成因分析

续表

	OLS		SLM		SEM	
	回归系数	P值	回归系数	P值	回归系数	P值
Service	-0.2152	0.7456	-0.7065	0.0000	-0.1543	0.1997
Finance	-0.1047	0.7396	0.0576	0.00003	0.00675	0.9228
Invest	-0.00036	0.8831	0.0038	0.0000	-0.0003	0.5253
ρ/λ			0.7768	0.0000	0.9516	0.0000
R^2	0.9878		0.9999		0.9968	
LogL	-27.5982		38.8714		-21.272	
AIC	81.1963		-49.7428		68.5452	
SC	90.401		-39.8301		77.7498	
LR			132.8656	0.0000	12.5776	0.0004
	MI/DF	VALUE	P		MI/DF	VALUE	P
LMLAG	1	13.6580392	0.0002193	LMEER	1	0.6982990	0.4033559
R-LMLAG	1	14.9999907	0.0001075	R-LMEER	1	2.0402504	0.1531844

可知，OLS 回归结果明显没有通过显著性检验。比较 SLM 和 SEM 模型可知，空间回归系数 ρ 和空间误差系数 λ 均通过1%显著性检验，且 ρ 小于 λ，但从各变量显著性看，SLM 模型所有变量均通过1%显著性检验，比较对数似然函数值 LogL、AIC 值和 SC 值可以发现，SLM 的 LogL 值（38.8714）最大，AIC 值和 SC 均最小，拟合优度 R^2 最好。同时，通过拉格朗日形式检验，LMLAG 和 R-LMLAG 均比 LMEER 和 R-LMEER 更显著。可知，基于 OLS 法的经典线性回归模型由于遗漏了空间效应因而模型设定不够恰当，而 SLM 明显优于 SEM，城市化发展质量回归模型应选取式（6.2）所示的 SLM 形式，各地州市城市化发展质量的空间效应更多体现在空间滞后项上，表明一个区域城市化发展质量不仅受自身变量的影响，而且会拉动邻近区域的发展，即城市化发展质量有扩散（溢出）效应。

空间滞后模型（SLM）具体回归结果分析可知，12个解释变量均通过1%显著性检验。反映资源禀赋的耕地资源（Farmland）、能源（Power）和代表经济发展水平的人均GDP、第二产业比重、第三产业产值比重均与城市化发展质量呈负相关关系，表明2004年新疆15个地州市经济发展水平较低，非农产业比重较低，对城市化发展质量的拉动作用不强，依靠资源拉动的粗放的经济增长方式，使得土地和能源等资源消耗过高。其余变量均为正相关关系，其中影响最大的是城市人口比重，城镇人口每增加1%，城市化发展质量提高0.53%，表明新疆城镇化发展还有很大潜力，城市化进程对城市化发展质量有显著的推动作用；其次是政策支持对城市化发展质量的影响，财政支出每增加1%，城市化发展质量将分别增加0.06%，也表明新疆城市化进程初期发展阶段受自上而下的人为行政干预因素影响。影响排名第三和第四的分别是人口素质和反映交通区位的人均邮电业务量，表明重视教育和人才培养及基础设施的投入对城市化发展质量有了推动作用，人口素质（教育）和通讯设施每提高1%，城市化发展质量分别提高0.034%和0.027%；排在第五位和第六位的是反映交通区位的货运量和反映财政支持的人均固定资产投资，对城市化发展质量影响较小。表明基础设施建设的不足及政策倾斜力度不够。排在最后的是水资源（Water）。表明2004年新疆的经济发展水平较低，非农产业发展不足，结构不合理，经济增长粗放，能耗过高，城市化发展质量每提高1%，代表资源禀赋的耕地和能源资源将分别减少1.7655%和0.4965%，是以资源为代价的不可持续的发展方式，不利于城市化发展质量的提高。西部大开发的政策倾斜在教育和基础设施的投入取得一定效果，但还不足。因此，应进一步加大对新疆的政策倾斜，在资源可承载范围内，优化产业结构，利用先进技术节约资源，发展高新技术产业，加快推进城镇化过程。

（二）2014年结果分析

对2014年城市化发展质量空间分异影响因素进行三种模型回归分析，从而比较其结果（见表6-2）。

第六章 新疆城市化发展质量空间分异成因分析

表 6-2　　2014 年城市化发展质量影响因素的
OLS、SLM 和 SEM 估计结果

	OLS		SLM		SEM	
	回归系数	P 值	回归系数	P 值	回归系数	P 值
Constant	-7.6465	0.9120	-71.3168	0.0258	-13.8508	0.0274
Water	-0.0010	0.6502	0.000068	0.7242	-0.0003	0.0000
Farmland	4.8842	0.5165	1.9851	0.0004	1.0613	0.0000
Power	0.02164	0.3342	0.0222	0.0000	0.0314	0.0000
Urban	-0.9659	0.5890	0.0063	0.9592	-0.1209	0.0000
Education	0.050	0.4891	0.0014	0.9181	0.0239	0.0000
Transport	-0.0016	0.5203	-0.00015	0.6232	-0.0007	0.00001
Information	0.0065	0.9348	0.0597	0.0000	0.0393	0.00003
Agdp	0.00039	0.2440	0.00036	0.0000	0.0004	0.0000
Industry	0.6461	0.4924	0.6241	0.00224	0.3568	0.0002
Service	1.4401	0.4516	0.964	0.0000	0.5872	0.0000
Finance	-0.6519	0.5826	0.0126	0.8822	-0.1090	0.0000
Invest	-0.0003	0.9013	-0.00016	0.0000	-0.0002	0.0000
ρ/λ			0.3412	0.1118	0.197	0.0000
R^2	0.9938		0.9921		0.9992	
LogL	-19.4654		-21.5455		-18.2545	
AIC	66.9308		71.091		62.5092	
SC	76.8435		81.0073		71.7138	
LR			1.2149	0.2703	7.7967	0.0052

可知，OLS 回归结果没有通过显著性检验。空间回归系数 ρ 较 2004 年有所下降，且没通过显著性检验，表明因变量之间的空间依赖性即空间扩散或溢出效应有所减弱。空间误差系数 λ 较 2004 年有所下降，但通过 1% 显著性检验，表明一个地区的城市化发展与受周边地区发展的影响，但联系有所减弱，相互作用或依赖不强。虽然近些年新疆各地州市加强了经济联系，但是距离较远，交通不便，各自为政，只是同一片绿洲上的区域联系紧密，制约一体化进程。比较 SEM

模型和 SLM 模型可知，SEM 模型所有变量均通过 1% 显著性检验，其 LogL 值较大，LR 较 SLM 模型显著，且 AIC 值和 SC 相对最小，拟合优度 R^2 最好。因此，很明显，2014 年城市化发展质量回归模型选取 SEM（6.3）形式来解释分析其影响因素的变化。

由空间滞后模型（SEM）回归结果可知，12 个解释变量均通过 1% 显著性检验。其中，水资源（Water）、财政支出占 GDP 比重（Finance）、人均固定资产投资（Invest）、交通运输（Transport）、城镇人口比重（Urban）与城市发展质量（Quality）呈负相关关系。表明随着经济发展水平的提高，水资源成为发展的瓶颈，城市化进程、基础设施建设滞后于经济发展水平，政府的过多干预及政策倾斜力度不够等影响城市化发展质量提升。其余变量均为正相关关系，其中影响最大的是耕地资源（Farmland），人均耕地每增加 1%，城市化发展质量提高 1.06%；其次分别是第三产业产值比重和第二产业产值比重，两个指标每增加 1%，城市化发展质量将分别增加 0.587% 和 0.356%。再次是代表通讯设施的人均邮电业务量（Information）、资源禀赋的能源（Power）和代表人口因素的教育（Education）；人均 GDP 对城市化发展质量的影响较小。表明 2014 年新疆对耕地资源保护加强，非农产业快速发展对城市化发展质量的提高有较大促进作用，通信设施建设和人口素质（教育）对城市化发展质量作用增强。但是经济增长增量不增质，对城市化发展质量带动不足。铁路、公路等交通基础设施滞后经济发展，城镇人口增长缓慢，过多的政府干预等。为此，应加强水资源的保护力度，加快推进城市化进程，让城市化发展更多的处在市场调节和政府适当干预下进行，调节产业结构，引进高新技术，淘汰落后产能，继续加大对偏远、落后地区的政策支持及公共服务、基础设施投入力度。

小　　结

本章运用空间分析和空间计量模型，对 2004 年和 2014 年新疆 15

第六章　新疆城市化发展质量空间分异成因分析

个地州市两个时间截面的城市化发展质量空间分异的影响因素进行理论和实证分析，力图为新常态下新疆城市化空间分布优化及城镇化健康发展决策提供科学依据。得出如下结论：

（1）2004年的SLM模型和2014年的SEM模型的所有变量指标均通过1%显著检验。佐证了这6个方面是引起新疆区域（南、北、东疆）空间分异的原因；

（2）2004~2014年，新疆各地州市与相邻区域之间的空间效应从扩散或溢出效应到空间相互作用，尽管均有所减弱，但整体上表现为从扩散或溢出效应转换为各地区之间的空间联系效应。

（3）不同时期影响城市化发展质量空间分异的因素各有侧重。2004年，反映人口因素的城镇人口比重、人口素质指标，交通区位优势的交通基础设施、区域政策的政策倾斜和政府干预及地区间的空间扩散或溢出效应是城市化发展质量空间分异的主要因素。而普遍存在的过度依赖资源经济发展方式及较低的经济发展水平制约了城市化发展质量。2014年，代表资源禀赋的耕地资源和能源指标，经济发展水平的第二、三产业产值比重指标，人口因素的人口素质指标、交通区位的通讯设施及相邻地区间的联系强弱是城市化发展质量空间分异的主要影响因素。随着经济发展，产业结构的日趋合理化，非农产业对城市化发展质量推动作用加强，过度依赖资源的现状有所改善，然而普遍存在的水资源约束和缓慢的城市化进程，交通运输发展滞后以及政府的过度干预等影响城市化可持续发展。

（4）代表人口因素的人口素质教育和代表交通区位的通讯设施对于城市化发展质量一直呈正的相关性，表明这两个指标一直是引起人口因素和交通区位因素空间分异的主要因子。

因此，应保持现有资源，鼓励农村剩余劳动力向城镇转移，发展非农经济，吸纳非农就业人口，继续扩大政府转移支付在教育和基础设施关乎民生的项目上，政府管理与市场自动调节相结合，处理好人口、资源、环境、经济发展、政策之间的关系，提高城市化发展质量，统筹城乡和南北疆区域差异的空间分异现实问题。

第七章

国外典型城市城市化空间发展成功经验借鉴

第一节 以区域中心城市为增长点 "点"状城市化道路——美国西部

美国西部的发展是一种自然的地理形成,没有城乡差距,没有行政干预。从淘金到营地的形成,对农产品的需求带动了周围农业及加工,从而形成小城镇,加上淘金机器技术和移民的加入,形成了一种自然的城市雏形。这些城市占美国国土面积近1/3,距美国经济中心千余英里之遥,但却在太平洋沿岸形成以城市为中心的经济体系。如旧金山、洛杉矶、西雅图、丹佛等西部4个地区性中心城市在很短时间内就完成了小城镇—一般城市—地区性中心城市的过程。这些城市的崛起虽然各具特色,但都是建立在强大的工业化基础上,且不断地随着交通系统的扩展而孕育成长。目前,西部太平洋沿岸形成了大都市连绵带。

美国西部的开发是成功的,其城市化道路主要有两个基本特征:(1)以中心城市即所谓"增长焦点"带动区域开发,以大城市为龙头,分时期有重点地进行,亦即走"点"状城市化道路;(2)主要城市均呈跳跃性发展。在城市化进程中,其中很大一部分城镇,不管其是作为矿业城镇还是作为铁路城镇,都没有走由农业到工业和服务业的城市化之路,而是直接越过了农业发展的阶段。这种模式对处于边远地区的新疆有积极的借鉴意义。其意义在于,对于边远而且落后区域的开发和发展,且存在地区差异的条件下,具有较强经济实力的国家可以不按常规、不简单重复较发达地区城市化的老路,而应根据各自区情国情,切忌千城一面,全国一个模式[1]。用经济城镇化视角来分析,美国西部开发具有以下几个特征值得思考:其一,优先发展交通运输行业;其二,把农业、牧业、矿产业定位为主导产业;其三,发挥中心城市辐射功能;其四,充分利用各种资本;其五,政府适当的干预等[2]。

第二节 大都市为核心 大都市圈的空间发展特征——日本

日本是平原地区占国土面积低、人口分布集中且不均匀的国家,一般选择集中型空间城市化模式[3]。日本的城市化以工业化为直接动力,以经济发展为物质基础,以科技、交通、信息等因素为有力支撑。

大都市圈的空间发展特征:即以某一个大城市为人口聚集的中心,通过其周围发展卫星城,向外扩展与辐射。日本在城市化初期依托几个大城市,城市人口在该区域高度聚集,形成了一种高度紧凑的城市化。明治维新后日本政商结合工业发展模式,再加上国土狭窄、资源贫瘠等条件限制,使得日本的城市人口分布高度集中,最终形成了以东京、大阪和名古屋为中心的都市圈城市格局。目前,都市圈的半径逐渐扩大,东京圈最终形成了太平洋沿岸大都市圈,且都市圈内

---

[1] 王旭. 19世纪后期美国西部城市化道路初探[J]. 世界历史, 1991(1): 54-62.
[2] 何顺果. 美国西部开发的历史与经验[J]. 国家行政学院学报, 2000(6): 82-86.
[3] 盛广耀. 城市化模式及其转变研究[M]. 北京: 中国社会科学出版社, 2008: 104-108.

大、中、小城市空间布局合理,共同发展,建立了合理的城市体系。

日本的城市和农村同步发展空间模式。日本的城市和农村是作为整体进行统一规划和管理的,如城市里的商业和娱乐业的设置和建设全部按可以辐射到四周农村的范围进行规划和建设[1],地域空间上是一个整体。因此,城市和农村共同发展,使得日本的城乡一体化程度较高[2]。发达的交通网络提高城市发展空间,为城市的扩展以及缩小城乡差距起着重要作用。

第三节 分散环形发展模式——新加坡

新加坡是个自然资源比较匮乏、国土面积比较狭小的沿海国家,所以历来重视城市空间规划和城市空间发展的总体上合理布局。

分散环形发展模式。1971年全岛以这种模式来分散人口分布的策略。空间分布特点:城市分散化和商务区集中化。以公共住房和新镇为主的空间分散发展沿环形的走廊和城市外部边缘分布,以城市核心区重建与居民拆迁安置同时实施。今天在新加坡有超过80%的人口被安置在占全岛面积的1/4的这种分散的新镇中。大约同一时期商业活动逐渐集中在这个环形城市的节点上[3]。

"一带一圈"规划。在原市区基础上发展南部海岸带,机场和工业区布置在离市区较远的海岸带的东西两端,污染工业布置在西海岸尽端及外围的岛屿上,同时用大片的绿地与居民区分离。由市区向北拓展,环绕53平方里的中央水源保护绿地布置若干新镇,大部分居民住在新镇的组屋区。这种空间分布有效避免对生态环境的人为破坏。

---

[1] 李林杰,申波. 日本城市化发展的经验借鉴与启示 [J]. 日本问题研究,2007 (3):7-11.
[2] 李琪. 城市化质量研究:理论框架与中国经验 [D]. 西安:西北大学,2012.
[3] 王才强,沙永杰,魏娟娟. 新加坡的城市规划与发展 [J]. 上海城市规划,2012 (6):136-163.

20世纪60年代，为解决新加坡城市人口过于拥挤问题，在周边建立一些新的卫星城市，去接纳从城市溢出来的人口。

新加坡新镇空间层级结构的演化有三个不同的发展时期：第一，"新镇-邻里"两级结构；第二，"新镇-邻里-组团"三级结构；第三，"新镇-街坊"两级结构。面对有限的土地资源难以满足市镇进一步发展需要的挑战，这种空间结构体现为更紧凑的发展、更高的容积率和更高的高度[①]。新加坡城市化发展都是建立在高度发达的轨道交通系统，地上地下合理的基础设施建设，高密度集约利用空间基础上的。

注重民生改善。通过吸引外资发展制造业解决了失业问题，并倡导"居者有其屋"的理念，成为世界上第一个解决居民住房问题的国家；政府大力发展社会基础设施，同时进行技术工人培训。提供大量奖学金培养本土的工程师和科研人员，推动制造业向高附加值产业提升，如电子、精密仪器、化工等；为了促进民族融合，在规划组屋（公共的大型住宅区）时特意在每一个组屋中安排来自不同民族的居民等[②]。

第四节 利用区位优势和资源禀赋实现产业转型——迪拜

作为面积3885平方千米的酋长国，境内以沙漠环境为主，现代迪拜经济的崛起得益于石油的发现和出口。其为迪拜从落后的渔港发展为现代化的国际大城市提供了资金支撑。当时迪拜的石油储量并不丰富，只占全国石油储量的4%左右，迪拜领导人面对现实，即时的

---

① 戴德胜，姚迪. 新加坡新镇空间结构层级变化及其适应性分析 [J]. 规划师，2013 (S2): 70-73.

② 朱介明. 城市发展战略规划的发展机制——政府推动城市发展的新加坡经验 [J]. 城市规划，2012 (4): 22-27.

选择了对自然资源依赖小的服务产业作为经济发展的主导产业代替资源型产业，从而来保持城市的可持续发展。

迪拜用"石油美元"开凿运河，兴建了港口、机场、旅游、科技、金融和物流等产业，有效地实现其从石油工业向第三产业转型。非石油产业的迅速发展使迪拜成功改变了其国民经济对石油产业的依赖。

第五节 利用地缘条件 高技术和人才强国之路——以色列

地理条件决定了以色列很多经济成就。以色列荒漠占国土面积的60%，通过发展高科技农业、荒漠农业，创造了世界最先进的节水灌溉技术。采用淡化海水技术，水资源节约技术以及污水回收利用设施，解决了淡水资源。在精深加工死海资源上取得突破进展，解决资源匮乏。在这种处境中迅速崛起，由一个落后的农业国变为一个发达的工业国。不到3%的农业人口不仅保障本国农产品供给，还大量出口欧洲国家。不仅其信息、通讯、电子、化工、生物技术、医疗设备、精细加工达到国际水平，在一些高科技领域还跃居世界领先地位。这一切都归功于以色列重视高科技和人才强国的地位。

科技立国、科技兴国、人才强国，使以色列在当今世界综合国力的竞争中脱颖而出。以色列从事高端技术研发的科学家和工程师的比例居世界第一，从事技术行业工作的劳动力占25%。2000年，研发投入占GDP的3.5%，在世界上属第三位。这都归功于对教育的投入在世界上也是名列前茅，一直保持在占GDP的9%~12%的较高水平[1]。

---

[1] 潘占林. 探索以色列发展之谜 [J]. 宏观经济研究，2004 (10)：59-60.

第七章　国外典型城市城市化空间发展成功经验借鉴

小　　结

这五个国家所实施的城市化之路虽然各不相同，也就是说他们之间没有相同的模式可以遵循。但是，这些国家都是因地制宜，充分分析和利用各国的自然和历史因素，兼顾区位优势和资源禀赋，选择适合自己特征的体系和格局，逐步完成经济和人口的城市化道路。日本、新加坡和以色列都是自然资源缺乏的国家，采用先进管理理论与科技创新，变劣势为优势，逆境崛起，且以色列和迪拜都是在沙漠上起步的国家。迪拜和美国利用资源优势发展起来。

（一）发达国家发展的经验

空间上看，发达国家的城市化水平较高，城市化发展完成了从集聚到分散的过程，美国西部以多个小城镇为区域中心，多核心发展，注重空间均衡协调发展。日本以大都市为中心，都市圈的空间特征，城乡融合一体化发展。迪拜依据区位和资源优势成功实现产业转型。新加坡依据自然空间结构和布局，分散环形发展模式。以色列利用地缘优势，发展高科技产业。这些国家城市化与工业化具有较强的同步性。

（二）对新疆的启示

新疆的城镇化的发展水平不高，应走集中型和分散型相结合的城市化道路。初期走集中型城市化道路，发展培育中小城市，利用资源优势发展工业。在城镇化进程中要形成大、中、小城市的结构合理、功能协调、分布均匀的城市体系。体系内每一类城市合理分工，互相有机联系，成为信息、资金、技术向外扩散的节点，发挥城市在经济建设中的辐射作用。

要把城市与农村在空间上统一布局规划，这方面日本做得比较好。要处理好城市与农村的关系，两者存在着良性互动关系，农村经济是工业化和城市化的基础，提供物质基础和劳动力。工业和城市化为农业提供广阔的市场，促进农业现代化。因此不能把两者在空间上分割。目前，我国城乡差距较大，二元结构突出，农村人口涌向城市，导致农村荒、留守儿童等问题，就是忽略了农村的发展。

  必须注重区域均衡协调发展，这方面美国西部做得比较好，地处偏远，以小城镇为中心逐步发展起来。新疆南、北疆城市化发展空间差异显著，所以，政府从资金和技术方面大力资助落后地区使其逐步走向城镇化之路。另外政府克服这些地方萌生的地方保护，拆除相邻区域间形形色色的壁垒，还要防止壁垒的产生，从而达到促进南、北疆协调发展。

  学习迪拜利用资源优势实现产业转型和以色列的科技强国之路。克拉玛依、巴州等地区利用资源矿产资源发展单一的地方经济，然后这种单一的经济结构是不可持续的，必须发展其他产业，向综合型城市发展。新疆产业的发展还处于较低水平，技术含量低，产品处于初级加工阶段，没有竞争力，因此，引进国内外先进技术和人才，结合现有科技力量，加快科技成果的转化和推广应用。

第八章

提升新疆城市化发展质量对策建议

由于自然禀赋、国家政策、经济发展水平、人口分布、交通区位及城市化布局等多种因素的影响，形成了新疆 15 个地州市城市化发展质量的空间分异格局。因此，在推进新疆城市化进程中，提高新疆整体城市化发展质量水平，尤其是南疆城市化发展质量，对于协调区域城市化与经济发展，减少南北疆区域差距有重大意义。

第一节 发展科技和教育，加快人才培养

一、引进科技人才和技术

新疆人力资源数量丰裕，但总体质量不高。目前，新疆万人中专以上在校生数较多，尤其是北疆拥有较多的高校，但是，新疆的科技人才资源稀缺，从事科技及科技研发活动的人员很少，技术创新能力很弱，严重阻碍着经济的发展。新疆缺少高科技人才，教育质量滞后，一个原因是地理环境差异及发展历史，中小学及师范院校相比内地教育质量较差，且基本没有一流的大学，另一原因是改革开放后，大批教育系统人才东流，高考优秀学生流向内地等。

因此，要立足现有工业企业、科研机构及高校的科技基础实力，使现有人才的潜力都得到充分发挥，激励科技成果的研发和利用，加大教育和科技事业投资力度，培育各类人才，尤其是急需人才，同时采取积极措施引进国内外先进技术和人才。

二、加强南疆少数民族的基础教育，改善整体人力资本状况

少数民族占新疆总人口的63%，且集中分布在南疆地区，一定程度上，少数民族的人力资本状况决定了新疆人力资本的整体状况。加上南疆大部分地区城镇化率较低，封闭落后，居住分散，宗教及传统文化思想观念的影响等，使得教育质量无法保证，仍处于落后状态。因此，南疆少数民族的教育要从娃娃抓起，在中学阶段适当进行集中教育，充分利用教育资源，同时加强教师队伍质量，提升教学质量。

同时提升南疆劳动力人口素质。由于新疆农业生长周期长，可以利用农闲时期集中进行农业技术培训、职业技能和成人教育，开阔视野，提高就业技能。通过人力资源的改进提升劳动生产率，扭转依赖自然资源的现状，为南疆蓄积后发优势奠定基础。

第二节 注重生态环境，促进城市可持续发展

由于多干旱、风沙的自然环境和过度放牧、开荒垦田等人为破坏因素的影响，新疆的生态环境恶劣且脆弱。通过第五、六章节的分析可知，北疆天山北坡经济带中部区域城市生态环境质量较差。因此，在推进新疆的城市化进程中，要把生态环境放在首位。目前乌鲁木齐市、克拉玛依、石河子的大气污染非常严重，生态环境质量较差，为此，应大力调整工业结构和布局，对一些高耗能、高排放、高污染的

重工业要坚决予以改造、限制，取缔落后产能，减排和节约资源耗费，实现生态、经济和社会效益的统一。克拉玛依市面临资源枯竭、城市衰退的问题，要加快其产业转型，特别是搞好第三产业，由单一型城市转变为多功能综合城市。石河子近几年发展较快，由于高耗能高污染企业的驻扎，大气污染严重，生态环境质量下降，影响人们的生活质量。因此，依靠科技，提高资源的利用效率，转变资源型城市的发展方式，加快淘汰落后产能，促进城市的可持续发展。

第三节 提高工业化水平，延长产业链，提高附加值

北疆是新疆工业聚集区，工业化水平较高区域集中在天山北坡经济带中部，尤其是克拉玛依市工业化水平达到70%以上，北疆的伊犁州直属县市、塔城地区和博州工业化水平较低，均在30%左右。南疆除巴州外，工业化水平更低，最低的和田地区只有17%。整个新疆的工业和农产品均属于初级加工，附加值低，影响经济发展的持续动力。

因此，科技是第一生产力，要提高新疆的工业化水平，其一，对原有技术进行改进创新，加大引进本行业先进技术，重点加强对员工的技术培训，从而拥有自己的技术体系。其二，走新型工业化道路，推进信息化与工业化的良性互动，发展"低投入、高产出、高效率、低污染"的行业，提升产品的技术含量及传统产业结构的优化升级，发展新兴产业。新疆虽然具有丰富的煤炭、石油、天然气等资源使得地区经济快速增长，但是后续产业必须积极跟上，延伸产业链，实现多样化产业结构以及协调发展的三次产业。从而推动产业由低附加值向高附加值、由高能耗和高污染向低能耗和低污染、由粗放向集约转变，从而提升城市发展质量。

第四节 根据资源禀赋，发展特色产业

一、发展特色农业

南疆虽然光热等资源丰富，适合发展农业初级产品，但由于技术落后，资源优势没有得到很好的发挥，因此，要大力发展南疆特色农业，促进经济发展。

首先，对农业结构的调整，大力发展绿色高效农业、绿色农产品、创汇农业、旅游农业等劳动密集型产业，延伸产业链，以加工为龙头，从生产、加工和销售来充分认识、把握农产品加工业，壮大整个农产品加工业发展空间。

其次，利用地方特色资源优势，发展特色产业。促进农产品精深加工和农村服务业的发展，完善其政策支持体系，拓展农民增收渠道，增强农村发展的内生动力。大力发展特色优势产业是加快地区经济发展和提升产业竞争力的重要途径。要立足现有产业基础和资源优势，采用先进、适用技术改造提升传统特色优势产业，拓宽与疆内及周边国家销售渠道。从深加工到农产品包装，把新疆的棉花、哈密瓜、葡萄、番茄、香梨、巴旦木、酿酒等打造成地理标志产品，突出其高品质资源禀赋比较优势，提高市场竞争力。着力培育战略新兴产业，积极发展现代服务业。

二、发展特色旅游业

旅游业是一种绿色第三产业。新疆具有十分广阔的自然景观和人文景观，是旅游业大省。因此，应充分发挥新疆发展旅游业的资源优势，带动服务业的发展，带动就业，从而带动区域经济发展。

目前，新疆旅游业的产业地位、规模、基础设施等不断提高与完善，有北疆的乌鲁木齐、阿勒泰旅游区、伊犁－博州旅游区、克拉玛依－塔城旅游区，东疆的吐鲁番和哈密旅游区，南疆的阿克苏旅游区、巴州旅游区、喀什旅游区、和田旅游区。但是存在远离疆外客源市场，旅游成本高，旅游资源和景区的开发还较滞后，区域经济能力不强，旅游产业规模受限，产业结构不协调等问题。因此，应加大政府引导力度，把旅游业作为新的经济增长点来培养，发展成为新疆国民经济重要的支柱产业。同时发展旅游交通业，加强全疆旅游区（点）至干线和旅游城市公共交通，打通各个景区的交通线路，加大开放力度，简化旅游者出入境手续等。

第五节 统筹城乡协调发展

北疆的伊犁州直属县市、阿勒泰地区和乌鲁木齐市三地区的城乡收入差距大于0.5，南疆除巴州外，克州、阿克苏地区、喀什地区、和田地区的城乡收入差距系数更高，是典型的城乡二元结构。过高的城乡差距，不利于社会稳定。

因此，推进城乡统筹是协调城乡发展的必然选择，改革开放30多年来，城乡经济社会发展实现了重大飞跃。然而城乡分割的体制仍然在阻碍经济社会的发展和城乡的协调。这种体制的存在，不仅降低了资源配置效率，强化城乡二元经济结构，而且违背社会主义的公平原则，阻碍先进生产力和先进文化的传播。因此，首先要深化户籍制度改革，实现城乡统一的户籍管理制度，消除限制城乡劳动力流动的限制条件，加快城镇化的发展，尤其加大农村城镇化的步伐，增加教育投入，科技兴农，从而提高农村劳动生产率和农民的收入水平，逐渐缩小城乡差异，是打破这一城乡二元结构，促进城乡融合的途径。其次要建立市场化的城市发展机制。市场条件下城市化的过程就是市场配置城乡资源的过程。最后要加大对农村的支持力度。对农村公共服务水平的支持力度,体现在基础设施、医疗、教育、社会保障等方面。

第六节 优化城市空间布局

新疆面对国家"一带一路"核心区建设的历史机遇,加强北、中、南三条国际化大通道上的节点城市的建设,把乌鲁木齐市、喀什市、霍尔果斯口岸等建成新疆新型城镇化建设的国际化都市(群),通过城市基础设施、公共服务及实体经济、服务贸易与"一带一路"的互联互通、有机融合,来支撑、辐射和提升新疆城市化发展质量和水平。因此,如何优化特大城市的城市化及空间网路格局,继续增强中小城市的集聚辐射带动作用,逐步建立和健全功能协调、等级适度和结构合理、城乡协调的城镇体系,是新疆城镇化发展面临的问题。

一、完善城镇体系等级规模结构,增强区域整体发展实力

新疆城镇体系呈明显的金字塔等级分布结构,乌鲁木齐城市一支独大,缺乏其他大城市,中等城市数量相对较少,小城市发展不足,城市体系间呈现辐射的断层,城市体系内部各城市之间无法产生紧密的自然联系,致使中心城市对其腹地城市的辐射受到一定的制约,城市体系整体优势难以发挥。因此,一方面要坚持以大、中城市为核心的发展策略,将乌鲁木齐市逐步建设成国际性特大城市,将其周边区域的一些中等城市,如石河子、昌吉、克拉玛依、吐鲁番、哈密、库尔勒等中等城市发展为大城市,有效发挥聚集与扩散作用,形成功能互补、协作的等级合理的城市布局体系;另一方面依据"十三五"规划,根据区域资源环境禀赋、生态承载能力和区位地缘条件,发展具有地域特色和分工职能的城镇体系,有重点的发展中小城市和重点城镇,进一步加强边境城市对外开放的力度,加强与周边国家和地区经

贸交往，如霍尔果斯、阿拉山口等口岸小城镇的发展建设。让新疆地缘优势转变为发展社会经济的纽带，增强区域整体的发展实力。

二、加快建设南疆区域中心城市

南疆地区的自然条件差，人口稀少，经济实力薄弱，城市化水平低。由于远离北疆乌鲁木齐等经济较发达地区，而被边缘化。南疆经济要实现快速发展，必须在现有铁路和公路基础上，逐步建立完善起以库尔勒市、阿克苏市、阿图什市、喀什市、和田市为中心节点，在提升节点城市等级和经济发展等综合能力基础上，围绕塔里木盆地和塔克拉玛干沙漠的环状铁路和公路交通线路，依据点-轴城市化发展模式，打造南疆环状城市带，发挥节点中心城市的辐射扩散能力，串联沿线的小城镇的发展，从而带动整个南疆经济的发展。2010年喀什经济特区的设立，就是让其发挥区域发展中心的作用，通过自身的发展，以点带面，辐射带动周围区域经济整体发展，以此推进南疆区域城市化发展进程。

第七节 加大政策支持及基础设施建设投入

鉴于新疆少数民族地区的实际情况，仅靠自身力量来实现城镇化，相对困难。新疆的城镇化离不开国家的鼎力支持和扶持。提供各种优惠政策，如提供资金、技术、人才支持等，对不合理的产业结构进行有效的调整。资源开发与生态环境保护同等重视，不能顾此失彼，否则将造成的生态环境破坏难以弥补。通过城镇化的发展带动农村的发展。

建立铁路网、公路网，加强交通运输基础设施建设。建立畅通的通讯网络基础设置，加强区域之间的可达性。受自然地理环境影响，新疆城镇之间距离较远，地区之间可达性差，制约着区域的发展。因此，在现有铁路基础上，打通建设环绕准噶尔盆地和塔里木盆地环线，并在天山南北坡之间相连，形成以乌鲁木齐为中心，贯穿天山南北的、四通八达的"8"字形铁路网；同时建设以乌鲁木齐为中心，北达阿勒泰，南达喀什、和田，东到哈密，西到伊犁、博乐的快速公路网。从而带动沿线城镇快速发展，加强各县市之间的经济联系和要素流动，增进地区之间的协调合作，带动落后区域经济的快速增长。另外特别要加速南疆的高速公路、快速铁路、陆路口岸、能源通道建设。最终达到缩小南疆和北疆差距的目的。

第九章

结论与展望

第一节 主要结论

本书基于已有城市化发展质量研究,结合新疆城市发展实际和特点,在界定城市化发展质量内涵基础上,从人口发展质量、社会发展质量、经济发展质量、生态环境质量、城乡区域协调发展五个方面构建城市化发展质量指标体系,利用熵值法赋权、动态评价、协调模型、ESDA 空间探索性数据分析方法及空间计量回归模型等,对新疆 15 个地州市 2004~2014 年 11 年来的城市化发展质量空间分异动态和格局进行了实证分析,并对新疆城市化发展空间分异成因进行了分析研究。得出以下主要结论:

第一,城市化发展质量空间分异动态评价结果如下:

(1) 总体上,新疆城市化发展质量呈现逐年上升趋势,但水平较低,增长缓慢;各地州市城市化发展质量差异明显,整体有缩小趋势;阶段性特征明显,2004~2007 年城市化发展质量主流呈上升趋势,之后有所下降,2008~2014 年,逐步提高阶段;新疆城市化发展质量各维度权重依次为经济发展质量 (0.3995) > 社会发展质量 (0.2665) > 人口发展质量 (0.2095) > 生态环境质量 (0.1064) > 城乡与区域协调发展 (0.018)。经济、社会和人口维度是城市化发展质量的主要动力，生态环境和城乡区域协调贡献度偏低。

（2）15个地州市城市化发展质量各个维度虽整体呈上升趋势，但水平较低，差距较大，且各维度差距大于整体差距。人口、经济维度的差距总体上有缩小趋势，社会、生态环境、城乡和区域协调发展的差距有扩大趋势；各维度阶段性特征明显，但又有不一致特点。新疆城市化整体发展质量及社会发展质量、经济发展质量、生态环境质量维度以2007年为界，人口发展质量、城乡和区域协调发展分别以2008年、2006年为分水岭，各自划分为两个阶段；总体上呈现先下降后上升的趋势。

（3）新疆15个地州市城市化发展质量呈现明显的区域差距，北疆与东疆、南疆的差距较大，但其差距近几年有缩小趋势，东疆和南疆的差距逐渐消失，南疆在2013年后超过东疆。南、北、东疆区域动态变化以2007年为界分为两个阶段。

（4）11年来新疆15个地州市城市化发展质量各维度协调水平较差，整体处于失调阶段，且各维度协调发展水平以2007年为界划分为两个阶段。

第二，城市化发展质量空间分异特征分析如下：

（1）各地州市城市化发展质量及各维度层级特征明显。第一、二层级间即高质量和较高质量地区差异较大，三、四级即较低质量和低质量层级间差距较小。人口、经济维度与城市化发展质量空间格局一致，且集中在天山南北坡之间，形成明显的"中心－外围"结构。

（2）15个地州市城市化发展质量空间分异呈现明显的南、北疆空间分异特征。城市化发展质量较低区域分布在南疆的喀什地区，形成新疆整体发展的"低洼"区域。而较高质量地区集中分布在北疆区域的天山南、北坡沿线，尤其是天山北坡中段。且各地州市城市化发展质量聚集程度呈减弱趋势。

（3）各维度空间分异特征明显，除生态环境维度外，其余四维度空间分异特征与城市化发展质量一致，呈现南、北疆空间分异特征，且Moran's I呈逐年下降趋势，除生态环境和社会发展质量不显著呈随机分布外，其余集聚程度显著，表明新的力量在改变空间格局；经济发展质量较好地区对应较低的生态环境质量；各地州市城市化发展质量与各维度对应关系不显著等。

第三，新疆15个地州市城市化发展质量空间分异成因分析。

（1）资源禀赋、经济因素、人口因素、交通区位、政策支持和城市化布局6个方面对形成新疆15个地州市城市化发展质量的空间分异起到显著的推进作用。

（2）2004～2014年，各地州市相邻区域之间的空间联系有下降趋势，影响城市化发展质量，但整体空间效应呈现从扩散（溢出）向空间相互作用转换。凸显城市化空间布局对空间分异的影响。

（3）不同时期对城市化发展质量空间分异影响因素的侧重不同，2004年，人口因素、交通区位、政府政策及地区间空间溢出效应是城市化发展质量空间分异的主要因素，而资源的过度依赖及较低的经济发展水平制约了城市化发展质量；2014年，资源禀赋、经济发展水平、人口因素、交通区位及相邻地区间的联系强弱是城市化发展质量空间分异的主要影响因素，而水资源的约束和缓慢的城市化进程，交通运输发展滞后以及政府的过度干预等影响城市化可持续发展；反映人口因素的人口素质和反映交通区位的通讯设施指标始终是城市化发展质量空间分异的主要因子。

（4）随着经济发展水平的提高，对城镇人口规模、基础设施、人口素质有更高的要求，需要政府更多的财政投入与支持。

第二节　研究展望

本书在整体研究上遵循严谨的研究逻辑，由于个人研究能力以及资料收集方面的限制，尚存在不足之处，主要有：①受限于数据可获得性，在构建新疆城市化发展质量评价指标体系时，因为各地州统计年鉴对生态环境的影响指标统计口径不一，所以15个地州市均采用替代指标不能细致准确反映新疆城市化进程中工业的发展对生态环境带来的具体破坏程度。②在新疆城市化发展质量的空间分异成因分析上，所选指标有一定局限性，影响空间分异因素很多，比如市场化程度、文化概念、技术条件、城镇发展理念等。对新疆的城市化发展质量的理解基础上选取，有一定的主观性，城市化是一个很复杂的系统，以后需要更进一步深入研究的问题还很多。

第一，新疆城市化发展质量的动力因子。城镇化是农村人口非农化，并不断向城镇转移和集中的过程，对于其动力机制，不同的学者从不同的角度进行了大量研究。有人认为城市的吸力和农村的推力两者的双重作用动力；有人从三产结构特点阐释认为经济发展是城镇化发展的根本动力。新疆是依靠国家资金、技术和人才等外力注入支援、政策倾斜发展起来的。但在外力作用下已经具有一定的自我积累，因此有外因和内因的双重作用。结合外力，探索内因，找到自我发展的路径。

第二，对15个地州市城市化发展质量空间分异的各个影响因素对空间分异贡献率大小的研究。更深层次的去研究目前最亟待解决的问题及关键因子，以便有重点、有序地推进城市化进程。

第三，新疆各地州城市化发展空间模式及空间结构体系研究。新疆15个地州市各有特色，在产业选择上应利用资源禀赋，发展各自优势，城市发展不能千城一面，根据各地州市发展特点、潜力，做好分工协作，探讨规划不同区域城市化发展的具体模式，探究哪些地区适合发展大城市，或中等城市等，哪些地方需要建立新的城市对带动周围地区的发展更有效，如何高效地加强地区之间的经济联系，在生态可承载范围内，推进区域一体化进程等。

参 考 文 献

[1] 吴良镛，呈唯佳，武廷海. 从世界城市化大趋势看中国城市化发展 [J]. 科学新闻，2003（17）：7-8，47.

[2] 郭叶波，魏后凯. 中国城镇化质量评价研究述评 [J]. 中国社会科学院研究生院学报，2013（2）：37-43.

[3] 六部委高官直击新型城镇化热点话题 [N]. 中华工商时报，2014-03-20.

[4] 中央城市工作会议在北京举行 [N]. 人民日报，2015-12-23.

[5] 郝华勇. 城镇化质量的现实制约、演进机理与提升路径 [J]. 四川师范大学学报（社会科学版），2014（3）：63-69.

[6] 王德利，方创琳. 城市化发展质量研究进展及展望 [J]. 现代城市研究，2012（7）：15-21.

[7] 陈明. 中国城镇化发展质量研究述评 [J]. 规划师，2012，28（7）：5-10.

[8] 邵林，翟国方，丁琳. 安徽省城市化质量时空演变及驱动力因子分析 [J]. 现代城市研究，2013（10）：76-81.

[9] 埃比尼泽·霍华德. 明日的田园城市 [M]. 金经元，译. 北京：商务印书馆，2000.

[10] 叶裕民. 中国城市化质量研究 [J]. 中国软科学. 2001（7）：27-31.

[11] 赵雪雁. 西北地区城市化质量评价 [J]. 干旱区资源与环境，2004，9（5）：69-73.

[12] 国家城调总队福建省城调队课题组. 建立中国城市化质量

评价体系及应用研究 [J]. 统计研究, 2005 (7): 15-19.

[13] 王忠诚. 城市化质量测度指标体系研究——以我国直辖市为例 [J]. 财经问题究, 2008 (6): 32-33.

[14] 许宏, 周应恒. 云南城市化质量动态评价 [J]. 云南社会科学, 2009 (5): 115-119.

[15] 于涛, 张京祥, 罗小龙. 我国东部发达地区县级市城市化质量研究——以江苏省常熟市为例 [J]. 城市发展研究, 2010, 17 (11): 7-12.

[16] 李小军. 方斌. 基于突变理论的经济发达地区市域城镇化质量分区研究——以江苏省13市为例 [J]. 经济地理, 2014, 3 (3): 65-71.

[17] 李明秋, 郎学彬. 城市化质量的内涵及其评价指标体系的构建 [J]. 中国软科学, 2010 (12): 182-186.

[18] 孔凡文, 许世卫. 论城镇化速度与质量协调发展 [J]. 城市问题, 2005 (5): 58-61.

[19] 朱洪祥. 山东省城镇化发展质量测度研究 [J]. 城市发展研究, 2007 (5): 37-44.

[20] 袁晓玲, 王霄, 何维炜, 等. 对城市化发展质量的综合评价分析——以陕西省为例 [J]. 城市发展研究, 2008, 15 (2): 38-45.

[21] 何文举, 邓柏盛, 阳志梅. 基于"两型社会"视角的城市化质量研究——以湖南为例 [J]. 财经理论与实践, 2009 (6): 118-121.

[22] 余晖. 我国城市化质量问题的反思 [J]. 开放导报, 2010 (2): 96-100.

[23] 王家庭, 唐袁. 我国城市化质量测度的实证研究 [J]. 财经问题研究, 2009 (12): 58-64.

[24] 王德利, 方创琳, 杨青山, 等. 基于城市化质量的中国城市化发展速度判定分析 [J]. 地理科学, 2010 (5): 643-650.

[25] 方创琳, 王德利. 中国城市化发展质量的综合测度与提升

路径 [J]. 地理研究, 2011 (11): 1931-1946.

[26] 欧向军, 甄峰, 叶磊, 等. 江苏省城市化质量的区域差异时空分析 [J]. 人文地理, 2012, 27 (5): 76-82.

[27] 张春梅, 张小林, 吴启焰, 等. 发达地区城镇化质量的测度及其提升对策——以江苏省为例 [J]. 经济地理, 2012, 32 (7): 50-55.

[28] 何平, 倪苹. 中国城镇化质量研究 [J]. 统计研究, 2013, 6 (6): 11-18.

[29] 夏南凯, 程上. 城镇化质量的指数型评价体系研究——基于浙江省的实证 [J]. 城市规划学刊, 2014 (1): 9-45.

[30] 李琪, 安树伟. 中国地级及以上城市不同城市化质量类型划分及比较研究 [J]. 经济问题探索, 2012 (12): 54-61.

[31] 韩增林, 刘天宝. 中国地级以上城市城市化质量特征及空间差异 [J]. 地理研究, 2009, 28 (6): 1508-1515.

[32] 郝华勇. 山西省市域城镇化质量实证研究 [J]. 理论探索, 2011, (6): 78-81.

[33] 王富喜, 毛爱华, 李赫龙, 等. 基于熵值法的山东省城镇化质量测度及空间差异分析 [J]. 地理科学, 2013, 11 (11): 1323-1329.

[34] 白先春. 我国城市化进程的计量分析与实证研究 [D]. 南京: 河海大学, 2004.

[35] 白先春, 凌亢, 朱龙杰, 等. 我国县级城市发展质量综合评价——以江苏省县级市为例 [J]. 统计研究, 2005 (7): 51-54.

[36] 鲍悦华, 陈强. 基于城市功能的城市发展质量指标体系构建 [J]. 同济大学学报 (自然科学版), 2011, 39 (5): 778-784.

[37] 蓝庆新, 郑学党, 韩雨来. 我国人口城镇化质量发展的空间差异研究 [J]. 社会科学, 2013 (9): 50-61.

[38] 梁振民, 陈才, 刘继生, 等. 东北地区城市化发展质量的综合测度与层级特征研究 [J]. 地理科学, 2013, 33 (8): 926-

934.

[39] 何孝沛, 梁阁, 丁志伟, 等. 河南省城镇化质量空间格局演变 [J]. 地理科学进展, 2015, 34 (2): 257 - 264.

[40] 王德利. 城市化发展质量的影响因素与演化特征 [J]. 地域研究与开发, 2013, 32 (6): 18 - 23.

[41] 邵琳, 翟国方, 丁琳. 安徽省城市化质量时空演变及驱动力因子分析 [J]. 现代城市研究, 2013.10: 76 - 81.

[42] 郑梓桢. 社会保险覆盖面人口基数测算与城市化质量评估 [J]. 广东社会科学, 2003 (5): 53 - 59.

[43] 赖德胜, 夏小溪. 中国城市化质量及其提升: 一个劳动力市场的视角 [J]. 经济学动态, 2012, (9): 57 - 62.

[44] 李国敏, 匡耀求, 黄宁生, 等. 基于耦合协调度的城镇化质量评价: 以珠三角城市群为例 [J]. 现代城市研究, 2015, (6): 93 - 100.

[45] 李成群. 南北钦防沿海城市群城市化质量分析 [J]. 改革与战略, 2007 (8): 107 - 110.

[46] 王德利, 赵弘, 孙莉, 等. 首都经济圈城市化质量测度城市问题 [J]. 城市问题, 2011 (12): 16 - 23.

[47] 徐素, 于涛, 巫强. 区域视角下中国县级市城市化质量评估体系研究-以长三角为例 [J]. 国际城市规划, 2011 (1): 53 - 58.

[48] 杨梅. 基于熵值法的武汉城市圈城镇化质量分析 [J]. 江汉大学学报 (社会科学版), 2011, 12 (6): 60 - 63.

[49] 王红, 石培基, 魏伟, 等. 城市群间及其内部城市的质量差异分析——以山东半岛、中原、关中城市群为例 [J]. 国土与自然资源研究, 2012 (6): 1 - 4.

[50] 朱子明, 郁鸿胜. 我国东南沿海经济发达地区城市化质量评价——以长三角为例 [J]. 兰州学刊, 2013 (11): 81 - 84.

[51] 刘春燕. 新疆城市化质量评价 [J]. 新疆社会科学, 2009 (5): 40 - 43.

[52] 王磊. 新疆城镇化发展质量实证研究 [J]. 工业技术经济, 2010, 8 (8): 130-133.

[53] 员兰. 新疆城市化质量问题研究 [D]. 乌鲁木齐: 新疆大学, 2013.

[54] 陈文新, 梅海涛, 倪超军, 等. 基于马尔可夫链的新疆城镇化质量趋势探讨 [J]. 商业时代, 2014 (8): 139-141.

[55] 周杜辉, 李同昇, 哈斯巴根, 等. 陕西省县域综合发展水平空间分异及机理 [J]. 地理科学进展, 2011, 30 (2): 205-214.

[56] 龙冬平, 李同昇, 苗园园, 等. 中国农业现代化发展水平空间分异及类型 [J]. 地理学报, 2014, 69 (2): 213-226.

[57] 蒋天颖. 浙江省区域创新产出空间分异特征及成因 [J]. 地理研究, 2014, 33 (10): 1825-1836.

[58] 马仁锋, 王筱春, 李文婧, 等. 省域尺度县域综合发展潜力空间分异研究——以云南省为实证 [J], 地理科学, 2011, 31 (3): 345-350.

[59] 谢志祥, 任世鑫, 李阳, 等. 长江中游城市群城市效率水平测度及空间分异研究 [J]. 长江流域资源与环境, 2015, 24 (10): 1705-1710.

[60] 方创琳, 王岩. 中国城市脆弱性的综合测度与空间分异特征 [J]. 地理学报, 2015, 70 (2): 234-247.

[61] 石英, 米瑞华. 陕西省人口空间分异研究 [J]. 干旱区地理, 2015, 38 (2): 368-376.

[62] 雷军, 张利, 刘雅轩. 乌鲁木齐城市社会空间分异研究 [J]. 干旱区地理, 2014, 37 (6): 1291-1304.

[63] 甘静, 郭付友, 陈才, 等. 2000年以来东北地区城市化空间分异的时空演变分析 [J]. 地理科学, 2015, 35 (5): 565-574.

[64] 王洋, 王德利, 王少剑. 中国城市住宅价格的空间分异格局及影响因素 [J]. 地理科学, 2013, 33 (10): 1157-1165.

[65] 方创琳, Yehua Dennis Wei. 河西地区可持续发展能力评价

及地域分异规律 [J]. 地理学报, 2001, 56 (5): 561-568.

[66] 董锁成, 王传胜, 尤飞, 等. 中国西部经济社会地域分异规律研究 [J]. 地理研究, 2002, 21 (4): 399-407.

[67] 周二黑. 黄河流域经济空间分异规律研究 [D]. 开封: 河南大学, 2007.

[68] 杨阳, 张红旗. 基于县域单元的中国农业生产率空间分异规律研究 [J]. 资源科学, 2009, 31 (5): 853-858.

[69] 赵安周, 白凯, 卫海燕. 中国入境旅游重心演变与省域空间分异规律 [J]. 陕西师范大学学报 (自然科学版), 2011, 39 (4): 97-102.

[70] 许妍, 吴克宁, 程先军, 等. 东北地区耕地产能空间分异规律及产能提升主导因子分析 [J]. 资源科学, 2011, 33 (11): 2030-2040.

[71] 张建秋. 传统农区工业化空间分异规律研究 [D]. 开封: 河南大学, 2012.

[72] 肖建英, 谭术魁. 中国粮食产量省级尺度下的空间分异规律 [J]. 中国土地科学, 2013, 27 (8): 26-32.

[73] 王强, 樊杰, 伍世代. 1990~2009 年中国区域能源效率时空分异特征与成因 [J]. 地理研究, 2014, 33 (1): 43-56.

[74] 左晓利. 基于区域差异的产业生态化路径选择研究 [D]. 天津: 南开大学. 2010.

[75] 顾朝林. 城市群研究进展与展望 [J]. 地理研究, 2011, 30 (5): 771-784.

[76] 简新华, 何志扬, 黄锟. 中国城镇化与特色城镇化道路 [M]. 济南: 山东人民出版社, 2010: 1-2.

[77] 张沛, 董欣, 侯远志, 等. 中国城镇化的理论与实践: 西部地区发展研究与探索 [M]. 南京: 东南大学出版社, 2009.

[78] 高珮义. 中外城市化比较研究 (增订版) [M]. 天津: 南开大学出版社, 2004: 2.

[79] 郭叶波. 城镇化质量的本质内涵与评价指标体系［J］. 学习与实践，2013（3）：13-20.

[80] 孙久文，叶裕民. 区域经济学教程（第二版）［M］，北京：中国人民大学出版社，2010.

[81] 钞小静. 经济增长质量：一种理论解释及中国的实证分析［D］. 西安：西北大学，2009.

[82] 刘春燕. 新疆城市化质量评价［J］. 新疆社会科学，2009（5）：40-43.

[83] （美）曼纽尔·卡斯特. 网络社会的崛起［M］. 夏铸九，译. 北京：社会科学文献出版社，2003：505.

[84] （意）罗伯塔卡佩罗. 区域经济学［M］. 赵文，陈飞，译. 北京：经济管理出版社，2014：3.

[85] 潘树荣. 自然地理学（第二版）［M］. 北京：高等教育出版社，1985.

[86] 石恩名，刘望保，唐艺窈. 国内外社会空间分异测度研究综述［J］. 地理科学进展，2015，34（7）：818-829.

[87] 白光润. 应用区位论［M］. 北京：科学出版社，2009：200.

[88] 黄良伟，李广斌，王勇."时空修复"理论视角下苏南乡村空间分异机制构演化理论［J］. 城市发展研究，2015，22（3）：108-112，118.

[89] （日）藤田昌久，（美）克鲁格曼，（英）维纳布尔斯. 空间经济学［M］. 梁琦，译. 北京：中国人民大学出版社，2012：1-201.

[90] 王远飞，何洪林. 空间数据分析方法［M］. 北京：科学出版社，2007.

[91] 吕露光. 城市居住空间分异及贫困人口分布状况研究——以合肥市为例［J］. 城市规划. 2004，28（6）：74-77.

[92] 曾晖. 城市住宅价格空间分布规律研究［D］. 南京：南京

林业大学，2012.

[93] 梁振民. 新型城镇化背景下的东北地区城镇化质量评价研究 [D]. 长春：东北师范大学，2014.5.

[94] 盛广耀. 城市化模式及其转变研究 [M]. 北京：中国社会科学出版社，2008.

[95] 张敦富. 区域经济学原理 [M]. 北京：中国轻工业出版社，1999.

[96] 毕秀晶. 长三角城市群空间演化研究 [J]. 上海：华东师范大学，2013.

[97] 刘林，龚新蜀，张杰新. 疆城镇化道路的特殊性和边疆特色 [J]. 农业现代化研究，2010，31（4）：402 - 406.

[98] 王长建，张小雷，杜宏茹. 近30a新疆城市化与生态环境互动关系的动态计量分析 [J]. 中国沙漠，2012（6）：1794 - 1802.

[99] 蔡海生，刘木生，李凤英，等. 生态环境脆弱性静态评价与动态评价 [J]. 江西农业大学学报，2009，31（1）：149 - 155.

[100] 方创琳，刘晓丽，蔺雪芹. 中国城市化发展阶段的修正及规律性分析 [J]. 干旱区地理，2008，31（4）：512 - 523.

[101] 刘承良，熊剑平，龚晓琴，等. 武汉城市圈经济 - 社会 - 资源 - 环境协调发展性评价 [J]. 经济地理，2009，29（10）：1650 - 1654.

[102] 叶裕民. 中国可持续发展总纲——中国城市化与可持续发展 [M]. 北京：科学出版社，2007.

[103] 安晓亮，安瓦尔·买买提明. 新疆新型城镇化水平综合评价研究 [J]. 城市规划，2013，37（7）：23 - 27.

[104] 赵磊，方成，黄武龙. 浙江省县域经济发展差异时空演变分析 [J]. 华东经济管理，2014，28（3）：6 - 11.

[105] 闫人华，熊黑钢，瞿秀华，等. 1975年以来新疆县域产业结构的空间分异研究 [J]. 经济地理，2013，33（3）：99 - 106.

[106] 王劲峰. 空间分析 [M] 北京：科学出版社，2006：2 -

4, 440-443.

[107] 杨慧. 空间分析与建模 [M]. 北京: 清华大学出版社, 2013: 143-152.

[108] 孟斌, 王劲峰, 张文忠, 等. 基于空间分析方法的中国区域差异研究 [J]. 地理科学, 2005, 25 (4): 11-18.

[109] 黄飞飞, 张小林, 余华. 基于空间自相关的江苏省县域经济实力空间差异研究 [J]. 人文地理, 2009 (6): 84-89.

[110] 徐建华. 计量地理学 [M]. 北京: 高等教育出版社, 2006: 120-122.

[111] 李连发, 王劲峰. 地理空间数据挖掘 [M]. 北京: 科学出版社, 2014: 42-47.

[112] 翁瑾, 刘明宇. 经济学关于空间结构研究的综述 [J]. 当代财经, 2006 (6): 14.

[113] 金丽国. 区域主体与空间经济自组织 [M]. 上海: 上海人民出版社, 2007: 169.

[114] 仇方道, 唐晓丹, 张纯敏, 等. 江苏省工业转型的时空分异特征与机理 [J]. 地理研究, 2015, 34 (4): 787-800.

[115] 闫人华. 新疆县域产业结构的空间格局演化与机理分析 [D]. 乌鲁木齐: 新疆大学, 2013.

[116] 戴永安. 中国城市化效率及其影响因素——基于随机前沿生产函数的分析 [J]. 数量经济技术经济研究, 2010 (12): 103-117.

[117] 高新才, 高红霞. 西北区域经济发展蓝皮书 (新疆卷) [M]. 北京: 人民出版社, 2008: 34-37.

[118] 任辉, 吴群. 城市住宅地价空间分异及其驱动要素研究 [J]. 求索, 2013 (4): 221-224.

[119] 张立. 1980 年以来我国区域城市化差异的演变——及其影响因素 [J]. 城市规划, 2010, 34 (5): 9-17.

[120] 田维波. 我国农业发展的空间结构演化及其影响因素研究

[D]. 重庆：西南大学，2012.

［121］蒋伟. 中国省域城市化水平影响因素的空间计量分析［J］. 经济地理，2009，29（4）：613-617.

［122］李敏纳，蔡舒，张慧蓉，等. 要素禀赋与黄河流域经济空间分异研究［J］. 经济地理，2011，31（1）：14-20.

［123］谢敏，赵红岩，朱娜娜，等. 浙江省第三产业空间集聚特征与成因［J］. 经济地理，2015，35（9）：96-102.

［124］王旭. 19世纪后期美国西部城市化道路初探［J］. 世界历史，1991（1）：54-62.

［125］何顺果. 美国西部开发的历史与经验［J］. 国家行政学院学报，2000（6）：82-86.

［126］李林杰，申波. 日本城市化发展的经验借鉴与启示［J］. 日本问题研究，2007（3）：7-11.

［127］李琪. 城市化质量研究：理论框架与中国经验［D］. 西安：西北大学，2012.

［128］王才强，沙永杰，魏娟娟. 新加坡的城市规划与发展［J］. 上海城市规划，2012（6）：136-163.

［129］戴德胜，姚迪. 新加坡新镇空间结构层级变化及其适应性分析［J］. 规划师，2013（S2）：70-73.

［130］朱介明. 城市发展战略规划的发展机制-政府推动城市发展的新加坡经验［J］. 城市规划，2012（4）：22-27.

［131］潘占林. 探索以色列发展之谜［J］. 宏观经济研究，2004（10）：59-60.

［132］郝华勇. 城镇化质量研究述评与展望［J］. 江淮论坛，2013（5）：18-23.

［133］中国社会科学院《城镇化质量评估与提升路径研究》创新项目组. 中国城镇化质量综合评价报告［J］. 经济研究参考，2013，（31）：3-32.

［134］芦惠，欧向军，李想，等. 中国区域经济差异与极化的时

空分析 [J]. 经济地理, 2013, 33 (6): 15-21.

[135] 李林. 中国城市化质量差异与其影响因素研究 [D]. 北京: 中国农业大学, 2007.

[136] 晏玲菊. 城市化质量提升的理论逻辑与路径选择 [J]. 学习与实践, 2014 (2): 17-26.

[137] 曹芳东, 黄震芳, 吴江, 等. 1990 年以来江苏省区域经济差异时空格局演化及其成因分析 [J]. 经济地理, 2011, 31 (6): 895-902.

[138] 王伟. 钟鸿雁. 中国城市化的时空演变及因素分析 [J]. 城市发展研究, 2012 (4): 6-10.

[139] 张明斗. 中国城市化效率的时空分异与作用机理 [J]. 财经问题研究, 2013 (10): 103-110.

[140] 徐建华, 鲁凤, 苏方林. 中国区域经济差异的时空尺度分析 [J]. 地理研究, 2005, 24 (1): 57-68.

[141] 吴殿廷. 试论中国经济增长的南北差异 [J]. 地理研究, 2001, 20 (2): 238-246.

[142] 陈钊. 我国东中部地区的南北发展差异 [J]. 地理研究, 1999, 18 (1): 79-86.

[143] 苗建军, 赵霞. 基于"城市质量"决定的城市空间实证分析 [J]. 财经研究, 2005, 31 (3): 126-134.

[144] 蒲英霞, 葛莹, 马荣华, 等. 基于 ESDA 的区域经济空间差异分析——以江苏省为例 [J]. 地理研究, 2005, 24 (6): 965-974.

[145] 张晓兵, 王美昌. 关中—天水经济区县域经济差异及时空演变的空间统计分析 [J]. 经济地理, 2011, 31 (10): 1659-1617.

[146] 刘望保, 闫小培, 陈忠暖. 基于 EDSA-GIS 的广州市人口空间分布演化研究 [J]. 经济地理, 2010, 30 (1): 34-39.

[147] 孟德友, 李小建, 陆玉麒, 等. 长江三角洲地区城市经济发展水平空间格局演变 [J]. 经济地理, 2014, 34 (2): 50-57.

[148] 李铁成，刘力．珠三角新型城市化水平驱动因子的时空演变 [J]．科技管理研究，2014（8）：80-84．

[149] 赵磊，方成，黄武龙．浙江省县域经济发展差异时空演变分析 [J]．华东经济管理，2014，28（3）：6-11．

[150] 赵文亮，陈文峰，孟德友．中原经济区经济发展水平综合评价及时空格局演变 [J]．经济地理，2011，31（10）：1585-1591．

[151] 臧锐，张鹏，杨青山，等．吉林省城市化水平综合测度及时空演变 [J]．地理科学，2013，3（10）：1231-1237．

[152] 赵明华，郑元文．近10年来山东省区域经济发展差异时空演变及驱动力分析 [J]．经济地理，2013，1（1）：79-85．

[153] 张秋亮，白永平，李建豹，等．呼包鄂榆综合城市化水平的时空变化及差异 [J]．城市问题，2013（2）：37-43．

[154] 王富喜，孙海燕．山东省城镇化发展水平测度及其空间差异 [J]．经济地理，2009，29（6）：921-924．

[155] 马凯．转变城镇化发展方式，提高城镇化发展质量，走出一条中国特色城镇化道路 [J]．国家行政学院学报，2012（5）：4-12．

[156] 柴文佳，王立会．城市化质量文献综述 [J]．现代交际，2011（3）：48．

[157] 张明生．迪拜多样化经济发展研究 [D]．北京：北京外国语大学，2015．

[158] 周一星．关于中国城镇化速度的思考 [J]．城市规划，2006（S1）：32-35．

[159] 李彬，韩增林，张坤领．辽宁省城市化质量与速度协调状况分析 [J]．城市问题，2015（5）：34-40．

[160] 周飞，刘升，陈士银，等．1990~2010年湛江市城市化质量动态评价 [J]．现代城市研究，2014（5）：70-77．

[161] 陈强，胡雯，鲍悦华．城市发展质量及其测评：以发展观为主导的演进历程 [J]．经济社会体制比较，2014，5（3）：14-23．

[162] 刘春燕．乌鲁木齐城市化质量评价 [J]．新疆社科论坛，

2009 (4): 62-68.

[163] 甘静, 郭付友, 陈才, 等. 2000年以来东北地区城市化空间分异的时空演变分析 [J]. 地理科学, 2015, 35 (5): 565-574.

[164] 陈明星, 陆大道, 张华. 中国城市化水平的综合测度及其动力因子分析 [J]. 地理学报, 2009, 64 (4): 387-398.

[165] 刘建国. 中国经济效率的影响机理、空间格局及溢出效应 [D]. 大连: 东北财经大学, 2012.

[166] 王成新, 姚士谋, 王学山. 我国城市化进程中质与量关系的辩证分析 [J]. 地理与地理信息科学, 2003, 19 (5): 46-50.

[167] 高超, 金凤君, 雷军, 等. 干旱区绿洲城市经济系统脆弱性评价研究 [J]. 经济地理, 2012, 32 (8): 43-49.

[168] 张小雷. 中国干旱区城镇化发展现状及新型城镇化路径选择 [J]. 中国科学院院刊, 2013, 28 (1): 46-53.

[169] 曹飞. 新型城镇化质量测度、仿真与提升 [J]. 财经科学, 2014 (12): 69-78.

[170] 国务院发展研究中心课题组. 中国新型城镇化: 道路、模式和政策 [M]. 北京: 中国经发展出版社, 2014.

[171] 赵伟, (日) 藤田昌久, 郑小平. 空间经济学: 理论与实证新进展 [M]. 杭州: 浙江大学出版社, 2009.

[172] 冯云廷. 城市经济学 [M]. 长春: 东北财经大学出版社, 2005, 58-60.

[173] 梅志雄, 徐颂军, 欧阳军. 珠三角县域城市潜力的空间集聚演化及影响因素 [J]. 地理研究, 2014, 33 (2): 296-309.

[174] 白国强. 美国城市化的演进及其对我国的启示 [J]. 岭南学刊, 2005 (6): 86-89.

[175] 王慧芳, 周恺. 2003~2013年中国城市形态研究评述 [J]. 地理科学进展, 2014, 33 (5): 689-701.

[176] 王钰. 城市化质量的统计分析与评价——长三角为例 [J]. 中国城市经济, 2011 (20): 6-8.

[177] 倪鹏飞. 中国城市竞争力的分析范式和概念框架 [J]. 经济学动态, 2001 (6): 14-18.

[178] 王静. 新加坡独立后经济发展道路的特点及启示 [J]. 学理论, 2013 (11): 114-115.

[179] 王利, 韩增林. 不同尺度空间发展区划的理论与实证 [M]. 北京: 科学出版社, 2010: 1-19.

[180] 郝华勇. 基于主成分法的湖北省市域城镇化质量评价与对策 [J]. 湖北省社会主义学院学报. 2012 (1): 291-294.

[181] 张越, 韩明清, 甄峰. 对我国城市郊区化的再认识 [J]. 城市规划汇刊, 1998 (6): 6-9.

[182] 许学强, 周一星, 宁越敏. 城市地理学 [M]. 北京: 高等教育出版社, 1997: 148-228.

[183] 马荣华, 蒲英霞, 马晓东. GIS 空间关联模式发现 [M]. 北京: 科学出版社, 2007: 97-204.

[184] Sclar E D, Garau P, Carolini G. The 21st Century Health Challenge of Slums and Cities [J]. Lancet, 2005, 365 (9462): 901-903.

[185] The United Nations Center for Human Settlements (Habitat). The State of the World's Cities Report 2001 [M]. New York: United Nations Publications, 2002.

[186] United Nations Human Habitat. Urban Indicators Guideliners [M]. United Nations Human Settlement Programme, New York: United Nations Publications, 2004: 8-9.

[187] Keller I M, Kalache A. Promoting Healthy Aging in Cities: The Healthy Cities Project in Europe [J]. Journal of Cross-Cultural Gerontology, 1997, 12 (4): 287-298.

[188] Garau P, Sclar E, Carolini G. You Can't Have One Without the Other: Environmental Health Is Urban Health [J]. American Journal of Public Health, 2004 (11): 1848.

[189] Ebenezer Howard. To-morrow: A Peaceful Path to Real Re-

参 考 文 献

form [M]. Swan Sonnenschein, 1898.

[190] Richard Register. Ecocity Berkeley: Building Cities for a Healthy Future [M]. CA: North Atlantic Books, 1987.

[191] Oleg N. Yanitsky. The Ecological Movement in Post-totalitarian Russia: Some Conceptual Issues [J]. Society and Natural Resources, 1996, 9 (1): 65 -76.

[192] Kawakami M, Shen Z J, Pai J T, et al. Spatial Planning and Sustainable Development: Approaches for Achieving Sustainable Urban Form in Asian Cities [M]. London: Springer, 2013.

[193] Achieving Sustainable Urban Form [M]. London and New York: E&FN Spon, 2000.

[194] John Kenneth Galbraith. The Affluent Society [M]. Boston: Houghton Mifflin Company, 1958.

[195] Luis Delfim Santos, Isabel Martins. Monitoring Urban Quality of Life: The Porto Experience [J]. Social Indicators Research, 2007 (2): 411 -425.

[196] Giulietta Fadda, Paola Jirón. Quality of Life and Gender: A Methodology for Urban Research [J]. Environment and Urbanization, 1999, 11 (2): 261 -270.

[197] Vicente Royuela, Jordi Suriñach, Mónica Reyes. Measuring Quality of Life in Small Areas over Different Periods of Time: Analysis of the Province of Barcelona [J]. Social Indicators Research, 2003, 64 (1): 51 -74.

[198] Marans R W, Stimson R J. Investigating Quality of Urban Life: Theory, Methods, and Empirical Research [M]. Springer, 2011.

[199] Frank Wätzold, Martin Drechsler. Spatially Uniform versus Spatially Heterogeneous Compensation Payments for Biodiversity - Enhancing Land - Use Measures [J]. Environmental & Resource Economics, 2005, 31 (1): 73 -93.

[200] Julie Le Gallo, Cem Ertur. Exploratory Spatial Data Analysis of the Distribution of Regional Per Capita GDP in Europe, 1980 – 1995 [J]. Papers in Regional Science, 2000, 82 (2): 175 – 201.

[201] Renata Krukowska, Mirosław Krukowski. Spatial Differentiation of Tourist Infrastructure in the Riparian Zone of the BIAŁE Lake [J]. Polish Journal of Natural Sciences, 2013, 28 (1): 81 – 89.

[202] Lukas Melecky. Spatial Autocorrelation Method for Local Analysis of The EU [J]. Procedia Economics and Finance, 23 (2015): 1102 – 1109.

[203] Paul Bishop, Peter Gripaios. Spatial Externalities, Relatedness and Sector Employment Growth in Great Britain [J]. Regional Studies, 2010, 44 (4): 443 – 454.

[204] Guillain R, Gallo J L. Agglomeration and Dispersion of Economic Activities in and around Paris: An Exploratory Spatial Data Analysis [J]. Environment & Planning B Planning & Design, 2010, 37 (6): 961 – 981.

[205] Steven F. Messner, Luc Anselin, et al. The Spatial Patterning of County Homicide Rates: An Application of Exploratory Spatial Data Analysis [J]. Journal of Quantitative Criminology, 1999, 15 (4): 423 – 450.

[206] Barrios S, Bertinelli L, Strobl E, et al. Spatial Distribution of Manufacturing Activity and its Determinants: A Comparison of Three Small European Countries [J]. Regional Studies, 2009, 43 (5): 721 – 738.

[207] Anselin L, Rey S, Montouri B. Regional Income Convergence: A Spatial Econometric Perspective [J]. Regional Studies, 1991, 33 (2): 112 – 131.

[208] Hampson R E, Simeral J D, Deadwyler S A. Distribution of Spatial and Nonspatial Information in Dorsal Hippocampus [J]. Nature, 1999, 402 (6762): 610 – 614.

[209] Anselin L. Local Indicators of Spatial Association – LISA [J]. Geographical Analysis, 1995, 27 (2): 93 – 115.

[210] Anselin L. The Future of Spatial Analysis in the Social Sciences [J]. Geographic Information Sciences, 1999, 5 (2): 67 – 76.

[211] Krugman P. First Nature, Second Nature and Metro-politan Location [J]. Journal of Regional Science, 1993 (2): 129 – 144.

[212] Ellison G, Glaeser E I. The Geographic Concentration of Industry: Does Natural Advantage Explain Agglomeration? [J]. American Economic Review, 1999, 89 (2): 311 – 316.

[213] Ansenlin L. Spatial Econometrics Methods and Models [M]. Boston: Kluwer Academic Publishers, 1988.

[214] Kuznets S S. Modern Economic Growth: Rate, Structure and Spread [M]. Yale University Press. 1966.

[215] Beauchemin C, Schoumaker B. Migration to Cities in Burkina Faso: Does the Level of Development in Sending Areas Matter? [J]. World Development, 2005, 33 (7): 1129 – 1152.

[216] Marina Alberti. Measuring Urban Sustainability [J]. Environmental Impact Assessment Review, 1996, 16 (4): 381 – 424.

[217] Kamp IV, Leidelmeijer K, Marsman G, et al. Urban Environmental Quality and Human Well-being: Towards a Conceptual Framework and Demarcation of Concepts; A Literature Study [J]. Landscape & Urban Planning, 2003, 65 (1 – 2): 5 – 18.

[218] Jabareen Y R. Sustainable Urban Forms Their Typologies, Models, and Concepts [J]. Journal of Planning Education & Research, 2006, 26 (1): 38 – 52.

[219] Williams K, Burton E, Jenks M. Achieving Sustainable Urban Form [M]. Length, 2000.

[220] Vlahov D, Galea S. Urbanization, Urbanicity and Health [J]. Journal of Urban Health, 2002, 79 (4 Suppl 1): s1 – s12.

[221] Diener E, Suh E. Measuring Quality of Life: Economic, Social, and Subjective Indicators [J]. Social Indicators Research, 1996, 40 (1): 189-216.

[222] Maclaren V W. Urban Sustainability Reporting [J]. Journal of the American Planning Association, 1996, 62 (2): 184-202.

[223] Daly H E. Sustainable Development: From Concept and Theory to Operational Principles [J]. Population & Development Review, 1990, 16 (1): 25-43.

[224] Roger C. K. Chan, Yao Shimou. Urbanization and Sustainable Metropolitan Development in China: Patterns, Problems and Prospects [J]. Geojournal, 1999, 49 (3): 269-277.

[225] Campbell A, Converse P E, Rodgers W L. Quality of American Life, The: Perceptions, Evaluations, and Satisfactions [M]. Russell Sage Foundation, 1976.

[226] Pavot W, Diener E. Review of the Satisfaction With Life Scale [J]. Journal of Head Trauma Rehabilitation, 2013, 28 (6): 489-491.

[227] Chenery H B, Syrquin. Patterns of Development, 1950-1970 [M]. Oxford University Press for the World Bank, London, 1975.

[228] Anselin L, Rey S. Properties of Tests for Spatial Dependence in Linear Regression Models [J]. Geographical Analysis, 1991, 23 (2): 112-131.

[229] World Commission on Environment and Development. Our Common Future [M]. Oxford: Oxford University Press, 1987.

附录 1

新疆"丝绸之路"沿线城市发展质量空间分异研究*

李松霞[1]，张军民[2]

（1. 石河子大学 经济与管理学院，新疆 石河子 832003；
2. 石河子大学 理学院，新疆 石河子 832003）

摘　要：结合新疆城市化发展现状，从人口、经济、社会、基础设施和生态环境等五方面设计评价指标，用熵权法构建多指标综合评价模型，通过自然断裂法分层级及 Arcgis 空间技术表达研究其空间分布特征，运用空间自相关方法揭示城市化发展质量空间分异规律。结果表明：（1）总体上，城市化发展质量不高，城市间发展极端不平衡，城市化质量及各维度空间差异较大；基础设施体系、经济和社会发展质量是城市化发展质量的主要动力，人口发展质量和生态环境质量贡献度最小；（2）空间分布特征呈现以乌昌、石河子、克奎、伊宁为中心的多中心分散格局，缺少全局性的高值集聚中心区，质量较高地区零星镶嵌在质量较低区域中间，呈现条块分割、辐射断层格局；（3）城市化发展质量空间分异呈现弱的空间自相关性，极化增长和空间集聚作用不明显，高质对低质区的辐射带动作用不强，城市化处于分散独立发展的初级阶段，迫切需要完善和强化城市体系结构及功能。

＊ 基金项目：国家自然科学基金项目"玛纳斯河流域绿洲经济－生态景观空间分异机理研究"（41361025）和国家社科基金青年项目"基于包容性发展的新疆城镇化质量测度与提升路径研究"（13CGL147）。本文发表于《科技进步与对策》2015 年第 20 期。
作者简介：李松霞，女，石河子大学经济与管理学院博士研究生。研究方向：区域经济。张军民，石河子大学理学院院长、教授、博士生导师。研究方向：绿洲生态经济及城乡规划。

关键词：城市化发展质量；空间分异；"丝绸之路"沿线城市；新疆

0 引　　言

随着我国全面深化改革的深入推进，快速推进的城镇化迎来了战略转型期，城市群（带）日益成为国家及区域发展转型的主导战略和主体形态[1]。随着"京津冀一体化"、"5大城市群规划"、"一带一路"建设战略的实施，我国城市化发展进入协调发展、转型升级、提质增效[2]等内涵建设快车道，城市化尤其是城市群（带）发展质量成为全新的研究课题。

联合国人居中心（UN–HABITAT，2002）编制的城市发展指数（CDI）主要衡量城市发展水平，由基础设施、废品处理、健康、教育、城市生产5个部分组成，共涉及11个指标[3]；《社会指标研究丛书》（Michalos，2011）中的《调查城市生活质量》（Marans，Stimson，2011）从广阔的视角对城市生活质量的各个领域进行评价，包括经济、就业、住房、交通、教育、治安、医疗、环境等[4]。国内研究集中在：①内涵上，叶裕民提出城市化质量包涵城市现代化和城乡一体化两个层面的观点[5]；中国社会科学院《城镇化质量评估与提升路径研究》创新项目组[6]认为城镇化质量与城镇化数量相对应，是反

---

[1] 国家发改委国地所课题组.我国城市群的发展阶段与十大城市群的功能定位［J］.改革，2009年第9期。
[2] 会议研究贯彻落实国家"一带一路"战略，2014-11-18，来源：华龙网，http://news.ifeng.com/a/20141118/42507889_0.shtml
[3] United Nations Human Habitat. The State of the World's Cities Report 2001. New York：United Nations Publications，2002. 116-118.
[4] MARANS R, STIMSON R. Investigating quality of urban life［M］//MICHALOS A. Social indicators research series. London：Springer，2011.
[5] 叶裕民.中国城市化质量研究［J］.中国软科学，2001年第7期。
[6] 中国社会科学院《城镇化质量评估与提升路径研究》创新项目组.中国城镇化质量综合评价报告［J］.经济研究参考，2013年第31期。

附录1 新疆"丝绸之路"沿线城市发展质量空间分异研究

映城镇化优劣程度的一个综合概念。包括在城镇化进程中各组成要素的发展质量、推进效率和协调程度，它是城镇化各构成要素和所涉及领域质量的集合。②指标体系上，福建省城调（2005）从经济发展质量、生活质量、社会发展质量、基础设施质量、生态环境质量、统筹城乡与地区发展六个领域子系统进行评价。徐素（2011）等建立经济发展质量、社会发展质量、基础设施质量、生态发展质量、城乡统筹质量等指标体系。韩增林等（2009）从经济发展、基础设施、就业、居民生活、社会发展、生态环境、用地质量、创新质量和城乡协调等十个方面对城市化质量进行评价。可以认为，经济、社会、生态、基础设施等是城市化质量评价的主要组成部分，能有效体现城市化质量的高低优劣；③城市化质量的评价模型上主要有何文举（2009）因子分析法、王德利等（2010）层次分析法、郝华勇（2011）熵值法以及王家庭等（2009）主成分分析方法等，均根据各自指标数据及获得性来评价。④从空间尺度及差异上，朱子明等（2013）、王德利等（2011）、梁振民等（2013）分别对江苏省和东北地区各地级市城镇化质量测评基础上，根据图形可视化分析空间分异特征。

综上所述，我国城市群（带）的研究多关注发达地区的超大城市群总体规划和专门规划[①]等现实问题，孙久文等（2012）对区域经济一体化、地域分工协作及黄丽萍（2015）对基础设施联通等领域的问题研究较深入，而对城市群（带）发展质量研究较弱，且鲜有对城市群（带）内城市之间城市化发展质量的空间关联性研究，很少关注到落后地区城市群发展面临的更多潜在质量问题。新疆"十二五"规划提出积极培育石河子－玛纳斯－沙湾、克拉玛依－奎屯－乌苏、博乐－阿拉山口－精河、伊宁－霍尔果斯等城镇组群，着力发展丝绸之路沿线城市带。研究新疆丝路沿线城市发展质量问题，探索并揭示其空间分异特征及空间关联规律，对促进新疆城市健康、有序发展具有

[①] 2008年12月《珠江三角洲地区改革发展规划纲要（2008~2020）》正式发布；2010年，国务院批准了《长江三角洲地区区域规划》、"十一五"规划中《京津冀都市圈区域规划》提出；2015年4月初国务院发布《长江中下游城市群发展规划》。

重要的理论和现实意义。

1 研究区概况

新疆"丝路沿线"城市带2012年被定位为全国重点开发区域，成为国家"两横三纵"城市化战略格局中陆桥通道横轴的西端，被列为国家西部地区重点培育的新增长极。该区域区位条件优越、基础设施完备、自然资源丰富、绿洲城镇集中，是新疆社会经济发展最具活力和潜力的核心区域，对全疆经济起着重要的带动、辐射和示范作用。

新疆"丝路沿线"城市带东起哈密，西至伊宁，东西相距1000多公里，从东往西依次为：哈密市、托克逊县、鄯善县、吐鲁番市、奇台县、吉木萨尔县、乌鲁木齐、阜康市、昌吉市、呼图壁县、玛纳斯县、石河子市、沙湾县、奎屯市、克拉玛依市、乌苏市、察布查尔锡伯自治县、霍城县、伊宁市、伊宁县、博乐市、精河县（五家渠统计资料不全，米泉2007年并入乌鲁木齐，因此剔除这两个城市）等22个县市，是"丝绸之路经济带"新疆段的核心区。该区总面积约30.66万平方公里，占新疆18.4%，人口847.38万人，占新疆37.95%。2012年该区域GDP之和占新疆GDP的69.1%，人均GDP为59750.5元，是新疆人均GDP的1.78倍（33614元），城镇化水平76.9%。受干旱气候和地域封闭的影响，新疆"丝路沿线"城市带发展普遍面临着水资源短缺、生态环境脆弱及集聚规模小、空间发展不连续等困境，城市间分工与协作、集聚与扩张、布局与规划等面临诸多空间障碍，需要用全新的内涵标准及评价指标来认识其发展质量，以破解新疆城市化数量扩大、规模扩张带来的生态瓶颈。

2 城市化发展质量内涵及评价指标设计

一般认为城市化发展质量是人口发展质量、经济发展质量、社会

附录1　新疆"丝绸之路"沿线城市发展质量空间分异研究

发展质量、基础设施质量、生态环境质量的统一。人口发展质量强调城市化吸纳农村人口、提高产业技能、实现就业转型、增加非农收入、促进城乡均衡等功能；经济发展质量突出城市非农产业比重、产业结构层次、投资积累能力、要素产出水平等内生动力；社会发展质量表征就业、医疗养老、住房等社会服务能力，体现城市公共服务的现代化水平和支撑保障能力；基础设施质量指城市公共基础设施的完善配套水平和满足需求能力；生态环境质量则要求城市发展不能突破资源上线、环境底线、生态红线，倡导发展生态城市、绿色城市。构成城市化质量的各个方面只有动态均衡、协调发展，才能推进城市带健康、有序发展。

根据城市化质量内涵并结合新疆城市化发展特征，采用复合指标综合评价方法，参照国家与地方城市化质量指导思想，遵循指标选取的系统性、完整和数据的可获得性原则，借鉴国内外权威研究成果以及其他省市评价指标，尝试从人口、经济、社会、基础设施和生态环境5个维度，28个指标，构建出城市化质量综合评价指标体系（表1），力求较为全面准确地反映城市化发展质量。其中，二氧化硫排放量、万元GDP电耗、人口密度为逆向指标，表明对生态环境造成的压力。

表1　新疆"丝路沿线"城市发展质量评价指标体系

目标层	准则层	指标层	权重
城市群发展质量综合评价	人口发展（0.18027）	城镇人口比重（%）	0.0274
		非农就业比重（%）	0.0277
		专业技术人员数占就业人员比重（%）	0.0556
		在岗职工平均货币工资（元）	0.0247
		农村居民人均纯收入（元）	0.0148
		人均城乡居民储蓄存款余额（元）	0.0301

续表

目标层	准则层	指标层	权重
城市群发展质量综合评价	经济发展（0.2538）	人均GDP（元）	0.0231
		人均地方财政收入（元）	0.0428
		人均固定资产投资额（元）	0.0416
		第二产业产值占GDP比重（%）	0.0344
		第三产业产值占GDP比重（%）	0.0219
		地均GDP	0.0899
	社会发展（0.2226）	社保和就业支出占财政支出比重（%）	0.0267
		教育支出占财政支出比重（%）	0.0249
		每位普通中小学教师负担学生数（人）	0.0056
		每万人拥有图书馆藏书（册）	0.0509
		万人卫生技术人员数（人）	0.0858
		万人医院床位数（张）	0.0287
	基础设施（0.2649）	人均用电量（千瓦时）	0.0688
		地均公路里程数（公里）	0.0858
		每万人民用车拥有量（辆）	0.035
		人均邮电业务量（元/人）	0.0427
		万人互联网用户数（户）	0.0326
	生态环境（0.0784）	人口密度（人/km^2）	0.0059
		二氧化硫排放量（吨/平方公里）	0.0090
		万元GDP耗电量（千瓦时）	0.0063
		建成区绿化覆盖率（%）	0.0086
		造林面积比重（%）	0.0486

数据来源：准则层和指标层权重通过熵值法运算得到。

3 数据来源及研究方法

3.1 数据来源

本文原始数据来源于2013年《新疆统计年鉴》和《中国城市统

计年鉴》，以及新疆县域经济社会统计资料。选取新疆"丝路沿线"22个县市为研究对象。为避免指标体系量纲的影响，首先对原始数据进行数量极化无量纲处理，其中，正向指标和负向指标计算公式如下：

$$x'_{ij} = \frac{x_j - x_{\min}}{x_{\max} - x_{\min}}; \quad x'_{ij} = \frac{x_{\max} - x_j}{x_{\max} - x_{\min}};$$

其中，x'_{ij} 表示指标的标准值，x_j 是指标原始值。max，min 分别表示原始指标的最大值和最小值。

3.2 熵值法

熵值法能较客观的确定城市化发展质量指标权重，避免了主观性。其步骤是：主要是对 n 项评价指标，m 个被评对象问题中，定义第 j 项指标的熵值为 $e_j = -k \sum_{i=1}^{m} P_{ij} \ln P_{ij}$，其中 $P_{ij} = X_{ij} / \sum_{i=1}^{m} X_{ij}$，$k = \left(\frac{1}{\ln m}\right)$，定义了熵值之后，指标的权数 $W_j = \frac{g_j}{\sum_{j=1}^{n} g_j} = \frac{1 - e_j}{\sum_{j=1}^{n}(1 - e_j)}$，其中 $g_j = 1 - e_j$，g_j 为第 j 项指标的差异性系数，当 g_j 值越大，则指标 X_j 在综合评价中的重要性就越强。并根据各指标标准化值与权重，加权求和计算城市化质量 $f(x)$ 综合指数。$f(x) = \sum_{i=1}^{m} a_i x'_i$，$a$ 为权重，x'_i 为标准化值，m 为指标体系个数。

3.3 空间自相关方法

空间自相关分析可以检验研究区域相邻地区是集聚（空间正相关）、分散（空间负相关）、还是相互独立或随机分布（相关系数为0），从空间异质性和关联性上刻画城市化发展质量的空间分异格局和结构特征。一般用莫兰指数（Global Moran's I）来测度城市间的空间关联和差异程度。其公式为：

$$I = \sum_{i=1}^{n} \sum_{j \neq 1}^{n} w_{ij}(X_i - \overline{X})(X_j - \overline{X}) / S^2 \sum_{i=1}^{n} \sum_{j \neq 1}^{n} w_{ij} \tag{1}$$

其中：n 为研究对象数目，x_i 和 x_j 是城市 i 和 j 的城市化质量得分，$\bar{x}$ 为所有城市质量得分的平均值。s^2 是城市化质量得分的方差，w_{ij} 为空间权重，本文采用邻接关系生成空间权重。

4 实证分析结果

4.1 城市化质量综合评价

4.1.1 城市化发展质量空间差异较大

由表 2 可知，城市化发展质量指数最高的是克拉玛依市 0.5428，其次石河子和乌鲁木齐，分别为 0.5117 和 0.4684，最低的是伊宁县 0.1124，城市化质量发展指数在个体城市间差异显著，最高得分是最低得分的 4.83 倍。在人口发展质量方面，乌鲁木齐排列第一，是得分最低的伊宁县的 9.75 倍。因为乌鲁木齐是高等院校和科研院所比较集中的地区，科研实力和教学能力都在全区名列前茅，专业技术人才比重最高；经济发展质量克拉玛依市排名第一，是得分最低的察布查尔县的 11.2 倍。因为该市依赖资源优势率先发展重化工业发展经济，人均 GDP 全疆最高。社会和基础设施质量方面石河子最好，分别是得分最低的阜康市和霍城县的 7.1 倍和 30.1 倍。生态环境质量方面乌苏市最好，是生态环境质量得分最低的石河子的 6.32 倍。乌苏以农业为主，工业不发达，非农业人口比重较低，城市人口聚集程度低，环境污染小。从各维度得分差距来看，基础设施质量内部差距最大，其次是经济和人口发展质量，社会发展和生态环境质量内部差距相对较小。

4.1.2 城市化发展亟待质量升级

从表 2 看出，整体城市化质量水平较低，城市化质量指数平均值为 0.2567，22 个县市中，只有 8 个县市大于均值，低于均值的 14 县市约占 64%。人口与经济、社会与基础设施质量、生态环境质量指数低于均值的县市约分别占总数的 60%、64%、55%。可以

附录1 新疆"丝绸之路"沿线城市发展质量空间分异研究

表2　天山北坡城市群城市化发展质量子系统及发展质量指数

县、市	人口 得分	人口 排序	经济 得分	经济 排序	社会 得分	社会 排序	基础设施 得分	基础设施 排序	生态环境 得分	生态环境 排序	城市化质量 得分	城市化质量 排序
克拉玛依	0.1373	2	0.1831	1	0.0981	2	0.0954	4	0.0289	14	0.5428	1
石河子市	0.1071	4	0.0893	5	0.1281	1	0.1756	1	0.0116	22	0.5117	2
乌鲁木齐	0.1543	1	0.1303	2	0.062	4	0.1019	3	0.02	21	0.4684	3
伊宁市	0.0704	7	0.1274	4	0.0687	3	0.1136	2	0.0339	9	0.414	4
奎屯市	0.1192	3	0.1257	3	0.0495	6	0.088	5	0.0267	19	0.4091	5
昌吉市	0.0802	5	0.0652	8	0.0567	5	0.0878	6	0.0361	6	0.3258	6
阜康市	0.0741	6	0.079	7	0.018	22	0.0649	8	0.0497	3	0.2857	7
哈密市	0.0674	9	0.0539	10	0.042	12	0.0672	7	0.0288	15	0.2592	8
博乐市	0.0679	8	0.0392	13	0.0401	14	0.0486	10	0.037	5	0.2328	9
乌苏市	0.0481	11	0.04	12	0.0474	10	0.0213	17	0.0736	1	0.2304	10
吉木萨尔	0.0355	16	0.084	6	0.0275	19	0.0504	9	0.0309	11	0.2283	11
玛纳斯县	0.0475	12	0.036	15	0.0246	21	0.0478	12	0.0352	7	0.1911	12
鄯善县	0.0372	14	0.0616	9	0.0271	20	0.0331	14	0.0225	20	0.1815	13
吐鲁番	0.0469	13	0.0242	18	0.0475	9	0.0347	13	0.0271	17	0.1804	14
呼图壁县	0.0561	10	0.0341	16	0.0329	16	0.021	16	0.029	13	0.1732	15

· 211 ·

续表

县、市	人口 得分	人口 排序	经济 得分	经济 排序	社会 得分	社会 排序	基础设施 得分	基础设施 排序	生态环境 得分	生态环境 排序	城市化质量 得分	城市化质量 排序
沙湾县	0.0302	18	0.019	19	0.0491	7	0.042	11	0.0271	18	0.1673	16
奇台县	0.0308	17	0.0363	14	0.0308	18	0.0248	15	0.0307	12	0.1535	17
托克逊县	0.0231	20	0.0463	11	0.031	17	0.0207	18	0.0278	16	0.1489	18
察布查尔	0.021	21	0.0163	22	0.0456	11	0.0136	20	0.0508	2	0.1474	19
精河县	0.0364	15	0.0184	20	0.0371	15	0.0153	19	0.04	4	0.1471	20
霍城县	0.0273	19	0.0207	17	0.0491	8	0.0058	22	0.0336	10	0.1365	21
伊宁县	0.0141	22	0.0163	21	0.0419	13	0.0061	21	0.0339	8	0.1124	22
均值	0.0606		0.0612		0.0479		0.0536		0.0334		0.2567	

得出，不论是城市化质量指数还是各维度质量指数，小于均值的县市占到总数的大多数，表明城市化质量总体水平偏低，不利于整体质量提升。

通过熵值法得出的准则层的权重从大到小排序，基础设施（0.2649）＞经济发展（0.2538）＞社会发展（0.2226）＞人口发展（0.18027）＞生态环境（0.0784），表明基础设施、经济和社会是城市化发展质量的主要动力，生态环境和人口发展贡献度偏低。说明政府主导的城市化，注重基础设施的投入建设以适应城市化进程的需要。经济发展没占主导地位，表明该区经济增长方式粗放，经济发展质量有待提升。人口发展质量较低，由于该地区第二产业结构单一、第三产业发展滞后，就业吸纳能力有限，大部分劳动者缺乏劳动技能，不能顺利向非农产业转移，从而非农就业比重和农村居民收入较低。该地区生态环境脆弱，加上近几年城市化快速发展，资源性重化工业为主，加剧了生态环境恶化。从指标层权重可以看出（以大于权重均值 0.03571 为准），专业技术人员数占就业人员比重、地均 GDP、人均财政收入、人均固定资产投资、每万人拥有图书馆藏书、万人卫生技术人员数、人均用电量、地均公路里程数、造林面积比重等对城市化质量的贡献度相对较大，对应城市化质量准则层贡献度大小。表明目前城市化发展质量依靠对人力资本、技术、公共服务、基础设施等的资金投入、生态环境保护来拉动和提升，今后更应注重经济和人口发展质量的提升。

4.2 城市化发展质量空间分异

4.2.1 城市化发展质量呈多中心分散格局

根据新疆丝路沿线城市发展质量指数得分及其等级规模结构，采用自然断裂法将 22 县（市）城市化质量划分为 5 个等级，在地理信息系统 Arcgis 软件支持下对城市进行类型划分、等级识别和特征表征，其空间表达结果如表 3 所示。

表3　　　天山北坡经济带城市化发展质量空间分布层次类型

层级类型	高质量地区	较高质量地区	中等质量地区	较低质量地区	最低质量地区
得分范围	0.3251～0.5428	0.2576～0.3251	0.1900～0.2576	0.1529～0.1900	0.1124～0.1529
地区	克拉玛依、石河子、乌鲁木齐、伊宁市、奎屯市、昌吉市	哈密市、阜康市	博乐市、乌苏市、吉木萨尔、玛纳斯县	鄯善县、吐鲁番市、呼图壁县、沙湾县、奇台县	托克逊县、精河县、霍城县、伊宁县、察布查尔

表2和表3均值数据可以看出，城市化发展质量层级明显，差距较大。22县市平均城市化发展质量指数介于较高与中等城市化质量之间，高城市化平均质量指数是低城市化质量平均指数的约3.2倍，层次之间差别也比较明显。第一层次是克拉玛依、乌鲁木齐、石河子、奎屯、伊宁和昌吉市，属于高质量地区，伊宁和奎屯5个维度均高于均值。克拉玛依、乌鲁木齐、石河子和奎屯除生态环境质量较差外，其余4维度均遥遥领先于其他县市。该层级煤炭、石化资源丰富，工业基础较好，交通便利，经济发达。第二层次是哈密和阜康，属于较高质量地区。阜康除基础设施质量低于均值外，其余4维度高于均值水平，哈密只有人口和基础设施质量高于均值，其余3维度低于均值水平。第三层次有博乐市、乌苏市、吉木萨尔、玛纳斯县，属于城市化中等质量地区。除博乐的人口和生态环境质量、吉木萨尔县的经济发展质量、乌苏和玛纳斯的生态环境质量高于均值外，该层级各县市的其他维度均低于均值水平。该层级以农牧业为主，经济实力不强。第四和第五层次属于较低和低层次城市化质量，其中鄯善县经济发展质量、沙湾县社会发展质量、察布查尔县、精河和伊宁县的生态环境质量等均只有1个维度高于均值水平，霍城的社会和生态环境质量2个维度高于均值，吐鲁番、呼图壁、奇台和托克逊县的5个维度均低于平均水平。该层级除吐鲁番发展旅游业外，其余县市均以农牧业为主，城市化水平较低，资源缺乏，第二、三产业发展不足，经济发展滞后，受到核心城市的空间扩散辐射作用较少。再加上这些地区受社

会、区位、观念等方面的制约，从而影响县市的整体质量提升。

进一步研究发现，新疆"丝路沿线"城市带形成以乌昌、石河子、克奎、伊宁为中心的多中心分散格局，城市化质量较低县市分布在这些中心城市周边，发展质量各自向东西两侧及周边地区递减。城市化质量较高地区零星镶嵌在质量较低区域中间，高低城市化质量之间表现出条块分割、辐射断层的特征。分析其原因：一方面是环境区位约束。新疆城市之间距离远以及绿洲分布的封闭、半封闭状态，城市之间的联系只限于同一绿洲群间联系紧密，而与区域之外联系较少，使得很多地区无法受到核心城市的辐射效应。另一方面，资源优势和交通。城市化质量较高地区，煤炭、石化资源丰富，且工业基础较好，依托在交通干线周边，经济发达。再次，城市结构不合理，小城市多，只有乌鲁木齐一个超大城市，缺乏大城市配套和支持，分散的布局和自身经济条件的不足，城市圈无法形成良好的集聚效应。

4.2.2 城市化发展质量具有空间自相关特征

为了进一步了解各县市城市化发展质量的空间分异状况，对各县市城市化发展质量得分进行全局空间自相关分析。如图1所示。

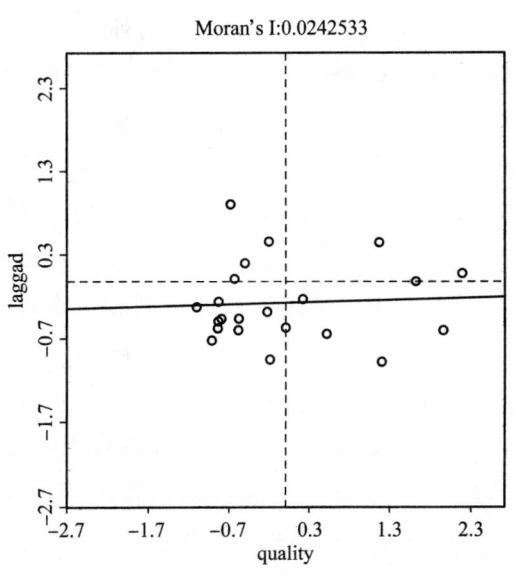

图1 城市化发展质量 Moran 散点图

通过 Geoda 软件得到城市化发展质量指数自相关系数 Moran's I = 0.0242，分布在第一、三象限的点为空间正相关的点数据，呈微弱的正相关，且没有通过显著性检验。进一步验证了新疆"丝路沿线"城市带城市化发展质量的多中心、高与低质量县市交错分布的分散格局特征。表明新疆"丝路沿线"城市群内城市化质量的空间集聚作用不明显，高质量地区对较低区域产生的辐射带动作用不强。城市群应是一个经济紧密联系，要素自由流动，产业分工与合作，基础设施等相互影响的城市群落综合体。表明：天北经济带城市发展还是各自为政，没有在发挥各自优势基础上，形成分工与合作，而是出于本身利益的追求，县市之间没有突破行政壁垒使得城市发展各要素的自由流动，造成各县市部分主导产业产生趋同现象，如农业、林业和资源型初级加工，工业技术含量和附加值低的产业。因此，应加强群内部城市之间的沟通协调，促进经济联系，加强产业发展的分工与合作，推动城市一体化进程。

5 结论与建议

通过对新疆天北经济带城市化发展质量的全局和局域空间分异特征分析可得出：

（1）天北经济带整体城市化质量不高，城市之间差异大，城市化质量有待提升。城市化质量低于均值的县市占64%，城市化质量较高的克拉玛依是较低的伊宁的4.8倍。基础设施、经济和社会发展质量是城市化发展质量的主要动力，人口发展和生态环境质量贡献度最小。

（2）城市化发展质量空间分布特征呈现以乌昌、石河子、克奎和伊宁为中心的多中心格局，缺少全局性的高值聚集中心区。质量较低县市分布在高质量中心城市周边，质量较高地区零星镶嵌在质量较低县市之间，城市之间联动作用不强，呈现条块分割、辐射断层；通过层级分析，城市化质量较高地区，资源丰富、工业基础、交通设施、社会、人口等发展较好，而城市化质量较低地区，除生态环境较好外，资源缺乏、经济社会均发展滞后。

（3）各县市城市化发展质量得分呈弱的空间自相关，凸显城市各自为政的局面，竞争大于合作，城市发展资源难以超越行政区达到科学配置和组合。

针对目前天北经济带城市化进程存在的质量问题，提出如下建议：

（1）缩小城市化发展质量地区差异，提升城市化质量。城市化质量较高地区依赖于资源开发，城镇功能互补性不强，缺乏轻工业发展和第三产业的后发动力，难以形成有效的聚集和辐射效应。应改变传统的粗放式发展方式，提高资源利用效率、降耗减排，开发新能源，发展绿色产业，循环经济，提高绿化覆盖率，注重生态环境保护；城市化质量较低区域，应结合自身自然环境特征，提高产业支撑力，发展二、三产业，提高非农就业，同时注重劳动力就业技能的培训，加强基础设施建设，提高公共服务水平。

（2）打破行政区阻隔，应站在区域的角度提升城市化发展质量。天北城市群内大中小城市之间尚未形成合理的分工体系，产业结构不合理，限制城市内部服务功能和辐射强度，影响整体质量提升。应进一步强化中心城市的辐射带动作用及群内各市的经济联系和产业合作，协同发展群内各市，合力提升城市群的整体发展水平。目前，克拉玛依和奎屯之间，乌鲁木齐和昌吉之间基本突破行政边界，城市之间联系密切，但对周围县市带动作用较弱，应依此为核心，更进一步辐射带动周边优势县市，实现聚集经济。依据新疆"十二五"规划纲要，发展克-奎-乌城镇组群，带动乌苏的发展，发展石-沙-玛城镇组群，石河子做大做强带动辐射周边城市发展，乌昌要进一步带动周边县市发展，伊宁和博乐要借助霍尔果斯口岸优势，带动周围县市连片发展。

（3）改善和优化城市体系结构与布局提质。城市体系不成熟，核心城市仅乌鲁木齐"一城"独大，优势过于明显，大城市不足，小城市多，城市规模集中在大小两端而导致断层严重。同时核心城市缺乏大中城市配套和支持,中小城市条件相对落后,对其无法形成反"磁力作用",影响城市化质量总体效益的提高。因此,今后天北城市群内城市的发展应放在加快发展大、中城市上,把具备条件的县市撤县建市,有条件的中小城市发展地级市,同时提高城市密度,打破行政边界,提高城市一体化进程。

参考文献:

[1] 国家城调总队福建省城调队课题组. 建立中国城市化质量评价体系及应用研究 [J]. 统计研究, 2005, (7): 15 - 19.

[2] 徐素, 于涛, 巫强. 区域视角下中国县级市城市化质量评估体系研究 - 以长三角为例 [J]. 国际城市规划, 2011, (1): 53 - 58.

[3] 韩增林, 刘天宝. 中国地级以上城市城市化质量特征及空间差异 [J]. 地理研究, 2009, 28 (6): 1508 ~ 1515.

[4] 何文举, 邓柏盛, 阳志梅. 基于"两型社会"视角的城市化质量研究——以湖南为例 [J]. 财经理论与实践, 2009, (6): 118 - 121.

[5] 王德利, 方创琳等. 基于城市化质量的中国城市化发展速度判定分析 [J]. 地理科学, 2010, (5): 643 - 650.

[6] 郝华勇. 山西省市域城镇化质量实证研究 [J]. 理论探索, 2011, (6): 78 - 81.

[7] 王家庭, 唐袁. 我国城市化质量测度的实证研究 [J]. 财经问题研究, 2009, (12): 127 - 132.

[8] 朱子明, 于鸿胜. 我国东南沿海经济发达地区城市化质量评价——以长三角为例 [J]. 兰州学刊, 2013, (11): 81 - 84.

[9] 王德利, 赵弘, 孙莉等. 首都经济圈城市化质量测度 [J]. 城市问题, 2011, (12): 16 - 23.

[10] 张春梅, 张小林, 吴启焰等. 发达地区城镇化质量的测度及其提升对策——以江苏省为例 [J]. 经济地理, 2012, 32 (7): 50 - 55.

[11] 梁振民, 陈才, 刘继生等. 东北地区城市化发展质量的综合测度与层级特征研究 [J]. 地理科学, 2013, 33 (8): 926 - 934.

[12] 孙久文, 丁鸿君. 京津冀区域经济一体化进程研究 [J]. 经济与管理研究, 2012, (7): 52 - 58.

[13] 孙久文，姚鹏. 京津冀产业空间转移、地区专业化与协同发展——基于新经济地理学的分析框架 [J]. 南开学报（哲学社会科学版）2015，（1）：81-89.

[14] 黄莉苹，侯学钢. 京津冀旅游交通一体化的协同发展刍议 [J]. 城市发展研究，2015（1）：11-15.

附录2

新疆丝绸之路沿线城市空间关联性测度*

李松霞[1] 张军民[2]

(1. 石河子大学 经济与管理学院，新疆 石河子 832003；
2. 石河子大学 理学院，新疆 石河子 832003)

摘 要：以城市群理论及空间分析方法分析了新疆"丝路"沿线城市带空间关联特征及规律，结果显示：城市群呈"一极双核"和"分散组团"空间关联模式，中心职能及空间关联性不强。乌鲁木齐市首位性突出，但其关联范围、腹地主要是乌－昌经济圈，关联职能局限于外向性或国际化，内联性不足弱化了辐射带动功能，加剧了过度城市化问题。二级中心与首位城市间发展断层巨大，等级间及彼此间空间关联不足，团聚规模小、层次低、功能弱，趋同、内聚、稳定等地方性职能突出，城市发展缺少外向活力和升级动力；其中石（河子）－玛（纳斯）－沙（湾）组团较克（拉玛依）－奎（屯）－乌（苏）组团关联适度。更低级中心也以此分形并初具雏形。在此基础上提出相应的对策建议。

关键词：空间关联性；"丝绸之路"经济带；城市带；新疆

---

* 基金项目：国家自然科学基金项目"玛纳斯河流域绿洲经济－生态景观空间分异机理研究"（41361025）。本文发表于《城市问题》2016年第5期。

作者简介：李松霞（1980～），女，河南郑州人，石河子大学经济与管理学院博士研究生从事区域经济及城市经济研究。张军民（1964～），男，甘肃武山人，理学博士，石河子大学理学院副院长、教授、博士生导师，从事绿洲生态经济及城乡规划研究。

附录2 新疆丝绸之路沿线城市空间关联性测度

一 引 言

集聚规模效应是影响城市规模增长和功能增强的首要因素，而城市间经济分工与协作及由此形成的空间关联，决定其在区域发展和城镇体系中的分工职能和地位[1]，各级各类中心城市通过极化增长和辐射带动作用，组织、引导并带动城市带和经济区健康有序发展。《国家新型城镇化规划（2014～2020年）》要求增强中心城市辐射带动功能，促进各类城市协调发展；《全国城镇体系规划纲要（2005～2020年）》中也明确提出鼓励有条件的城市发展成为区域性中心城市。准确分析和评价核心城市的极化增长和辐射带动能力，建设和完善具有地域特色的城市体系结构和功能，对推进新型城市化健康发展具有重要意义。

传统空间关联研究主要遵循增长极理论和"中心—外围"学说。如区位论诠释了城市分工与集聚的社会经济效益；城镇群理论根据新经济地理学理论建构了多中心城市融合发展模式，为解决城市化多元化发展的空间关联问题提供了结构化思路。如格鲁维（Growe）从多中心区域的构成要素视角探索了城市（区域）从单中心发展到多中心的演化路径，并分析了相应的城市空间形态和功能变化[2]；白重恩等和潘文卿用探索性空间数据分析技术（ESDA）研究了中国省域城市空间关联及空间溢出效益，表明中国城市发展具有明显的空间依赖性和空间俱乐部效益，局域性空间集聚特征及空间溢出效益明显等[3~4]。受干旱气候和"三山两盆"地形影响，新疆城镇布局深受铁路交通、行政区划、地理位置等刚性要素影响，普遍具有生态依赖、结构分散、组团集聚等空间异质性特质，加之"丝路沿线"城市群东西延展上千公里，地域辽阔且发展差异极大[5~7]，其空间关联只适用多中心城市融合理论。国内研究主要涉及省域和县域两个层面，空间上逐渐由三大地带、省域等宏观向县域等微观尺度深入[8~9]，县域经济差异及空间关联研究备受关注[10~12]。但相关研究主要限于江苏、河南、安徽等省区，大多采用断面数据做绝对空间关联分析，缺少基于面板数据的动态演变分析，同时县域研究较少使用2010年以后的数据，成果的时效性有待商榷[13]。

作为全新的空间发展战略模式，"一带一路"概念一经提出就成为多学科领域的研究热点，众多学者从战略意义、路径和应对策略等宏观层面，研究了丝绸之路沿线生态环境、资源分布、产业规划、城市布局等基础性问题[14~17]。如中科院课题组研究了丝路经济带可持续发展模式和路径[18]；李泽红等、于会录等分析了丝路经济带资源环境和生态系统格局，探讨了合作开发和共建生态计划[19~20]；董锁成等研究了丝路经济带经济分工及发展格局，提出了地缘经济发展模式[21]；其中城市化关联日益受到重视。如冯朝阳分析了丝路经济带中国段的城市等级规模结构[22]；贾百俊等研究了丝路经济带沿线城市化动力机制[23]；高新才等、袁丹等、冉淑青等从不同角度和不同方法系统分析了丝路经济带中国段城市空间分异规律[24~26]。

综上所述，"一带一路"经济带研究是当前各学科关注的焦点，相关成果较多，但仍缺乏省域内部、微观领域、动态问题的实证分析，基于区域尺度的交通和城市关联研究相对较少，尤其对于丝路经济带核心区——新疆的研究相对薄弱。新疆是我国"丝绸之路"经济带建设的核心区，"丝路"沿线城市带又承担着新疆核心区建设的主体功能，是我国"丝绸之路"经济带畅通的重中之重。因此，为提升"丝路"沿线城市带整体实力，需要对城市间相互作用及引力范围进行科学分析，揭示其空间关联特征及存在问题，不仅有利于引导城市的空间发展，而且有利于空间经济的合理组织，推进区域一体化进程。

二 研究区概括

新疆"丝绸之路"沿线城市带东起哈密，西至伊宁，东西相距1000多公里，依次分布着：哈密市、托克逊县、鄯善县、吐鲁番市、奇台县、吉木萨尔县、乌鲁木齐、阜康市、昌吉市、呼图壁县、玛纳斯县、石河子市、沙湾县、奎屯市、克拉玛依市、乌苏市、察布查尔锡伯自治县、霍城县、伊宁市、伊宁县、博乐市、精河县（五家渠统计资料不全，米泉2007年并入乌鲁木齐，因此剔除这两个城市）等22个县、市，是"丝绸之路"经济带新疆段的核心区。其中，乌鲁木齐和克拉玛依是地级市，其余是县级市及县。该区总面积约30.66万平方公里，占新疆18.4%，人口847.38万人，占新疆37.95%。2012年该区域GDP之和占新疆GDP的69.1%，人均GDP为59750.5元，是新疆人均GDP的1.78倍（33614元），城镇化水平76.9%，是新疆城镇分布最密集、城市化水平较高的区域。本文通过对带内中心城市等级的划分，探寻中心城市与其余县、市的空间关联特征，分析其形成原因、存在问题及优化途径，对制定城市空间的发展战略、构建合理的城镇体系具有理论及和实践意义。

三　数据来源及研究方法

1. 数据来源

新疆"丝路"沿线城市带城市间距较远，且分布分散，公路是主要的交通设施，选取城市间最短公路里程数代表距离，从《中国高速公路及城乡公路网地图册（2013）》和车次网（http://www.checi.cn/）获取数据。

城市化质量有别于以往研究的城市综合实力或综合能量、城市化水平、城市竞争力及判断城市发达与否的显著标准。本人在前人研究基础上，根据新型城市化的质量内涵要求，并结合新疆城市化发展特征，采用复合指标综合评价方法，参照国家与地方城市化质量指导思想，遵循指标选取的系统性、完整和数据的可获得性原则，借鉴国内外权威研究成果以及其他省市评价指标，从人口、经济、社会、基础设施和生态环境5个维度，选取28个指标，建立城市化质量综合评价指标体系（见表1），通过数量极化无量纲对原始数据进行处理，借助熵值法计算城市综合质量得分,数据来源于2013年的《新疆统计年鉴》、《中国城市统计年鉴》以及新疆县域经济社会统计资料。

表1 新疆"丝路"沿线城市发展质量评价指标体系

目标层	准则层	指标层
城市发展质量	人口发展	城镇人口比重(%)、非农就业比重(%)、专业技术人员数占就业人员比重(%)、在岗职工平均货币工资(元)、农村居民人均纯收入(元)、人均城乡居民储蓄存款余额(元)
	经济发展	人均GDP(元)、人均地方财政收入(元)、人均固定资产投资额(元)、第二产业产值占GDP比重(%)、第三产业产值占GDP比重(%)、地均GDP(元/km²)
	社会发展	社保和就业支出占财政支出比重(%)、教育支出占财政支出比重(%)、普通中小学教师负担学生数(人)、每万人拥有图书馆藏书(册)、万人卫生技术人员数(人)、万人医院床位数(张)
	基础设施	人均用电量(kwh)、地均公路里程数(km)、万人车拥有量(辆)、人均邮电业务量(元/人)、万人互联网用户数(户)
	生态环境	人口密度(人/km²)、二氧化硫排放量(t/km)、万元GDP耗电量(kwh)、建成区绿化覆盖率(%)、造林面积比重(%)

2. 中心职能强度模型

城市中心性是指一个城市为它以外地方提供商品和服务的能力,是衡量城市功能地位高低的重要指标。参照国内外研究成果[27~29],结合新疆丝路沿线城市特点,通过主成分分析,选22个市、县城镇人口数(P_i)指标,反映区域城市发展规模、集聚能力及城市化水平;国内生产总值指标(G_i)反映城市综合经济实力;固定资产投资额(F_i)指标反映城市经济基础条件和投资环境;社会消费品零售额(C_i)指标反映城市市场繁荣程度;二、三产业增加值比重指标(D_i)反映城市产业结构;专业技术人员数指标(S_i)反映城市科技发展水平和创新能力即潜力等六个影响城市中心性职能的指标,分别计算各中心城市职能指数[30]。计算公式如下:

$$K_{pi} = P_i / \frac{1}{n} \sum_{i=1}^{n} P_i \tag{1}$$

$$K_{ei} = \frac{K_{ti}}{6} = \frac{K_{Pi} + K_{Gi} + K_{Fi} + K_{Ci} + K_{Di} + K_{Si}}{6} \tag{2}$$

公式（2）对各职能指数加总取算术平均值即得到城市中心职能强度 K_{ei}，然后依此进行中心城市等级划分。

3. 引力模型

引力模型是基于区域影响力的分析，以影响力确定城市经济联系的主导方向。本文以综合指标测度城市发展质量表示引力模型的"质量"，以城市间最短公路里程作为城市间距离，修正的引力模型公式如下：

$$R_{ij} = \sqrt{P_i \cdot V_i} \cdot \sqrt{P_j \cdot V_j} / D_{ij}^2 \tag{3}$$

其中 R_{ij} 表示城市 i 和城市 j 之间的经济联系量即经济引力，P_i 和 P_j 为两城市城镇人口数（万人），V_i 和 V_j 城市为两城市综合发展质量，D_{ij} 为城市间距离（km）。

4. 断裂点模型

断裂点理论是由康弗斯（1949）在赖利模型基础上发展提出的，被广泛地应用于中心城市辐射范围，反映中心城市对相邻区域的发展影响状况。修正的断裂点公式如下：

$$D_i = D_{ij} / (1 + \sqrt{V_j / V_i}) \tag{4}$$

式中：D_i 表示断裂点到 i 市的距离，D_{ij} 表示 i 市和 j 市间的最短公路里程（km），V_i 和 V_j 为两城市综合发展质量。

四 实证结果分析

1. 中心城市及等级划分

根据上述指标和公式（1）、（2）计算出新疆"丝路"沿线 22 市、县的中心性职能指数，并对其进行等级划分，见表 2。

表2　　　　　新疆"丝路"沿线各县、市中心职能强度等级划分

等级	kei	区域中心
一级中心	Ke>8	乌鲁木齐市
二级中心	1<Ke<2	克拉玛依市、石河子市
三级中心	0.55≤Ke<1	哈密市、昌吉市、伊宁市、奎屯市、阜康市、博乐市
四级中心	Ke<0.55	鄯善县、吉木萨尔县、奇台县、霍城县、乌苏市、呼图壁县、玛纳斯县、吐鲁番市、伊宁县、沙湾县、托克逊县、精河县、察布查尔锡伯自治县

可知:(1)沿线22市、县的中心职能强度差异明显,形成"一极双核"空间关联格局。乌鲁木齐市中心职能强度最高为8.99,是排名最低的察布查尔县的33倍,是排名第二的克拉玛依市的5.14倍,是排名第三的石河子市的7倍,城市中心职能强度极化特征相当显著,城市差异度很大。克拉玛依市和石河子市的中心性职能指数分别为1.75和1.27,在(1,2)区间,与一级中心相差悬殊,表明两市发展的整体实力较弱,尤其是对外围地区提供生产和服务的能力与乌鲁木齐存在较大差距。且二级与一级中心之间在中心职能强度的(2,8)区间存在断档。(2)沿线中小城镇数量比重大,经济发展实力不足。三、四级中心的中心性职能强度全低于1,占县市总数的86.4%,除奎屯、阜康、昌吉、乌苏、沙湾和玛纳斯县位于沿线中部外,其余县市均分布在沿线东西两端,经济发展水平较低,既有交通条件的限制,产业支撑不足,也与城市规模较小,少数民族较多等有关,从而制约其整体实力提升。总体看来,新疆"丝路"沿线县市中心职能不完善,经济极化特征显著,空间关联不强,总体上呈"一极双核"团聚式空间结构,形成了独特的一极超强及分散组团关联模式。

2. 中心城市空间联系格局分析

在对沿线中心城市空间结构初步了解基础上,利用引力模型测度与其他市、县的空间相互作用强度,以分析其空间关联特征。本文以

综合城市化质量作为引力模型的"质量",熵值法得出"丝绸之路"沿线22市、县城市质量综合得分(见表3)。克拉玛依市、石河子市和乌鲁木齐市3个中心城市化质量较高,居于前三,乌鲁木齐因生态环境质量较差,排名在克拉玛依市和石河子市之后。

(1)中心城市空间联系强度。

城市间的经济联系量越大表明城市空间相互作用越大,联系越紧密。根据公式(3)计算得出新疆"丝路"沿线各县市经济联系量,分析城市间空间经济联系程度(见表4)。

可知,城市带内部对外经济联系强度地域分异特征明显,联系紧密区主要集中在沿线中部的克拉玛依-石河子-乌鲁木齐一带,亚欧大陆桥横穿其中,向东、西两端迅速递减。

纵向看,以城市间经济联系量大于1为限,与石河子市经济联系量最大的是玛纳斯县,为198.56,其次是沙湾县,再其次是呼图壁、奎屯、昌吉及阜康。石河子与玛纳斯县的联系强度是沙湾县的近2倍,呼图壁的12倍,奎屯和昌吉的19倍左右,阜康的100倍左右。与乌鲁木齐市经济联系量最大的是昌吉市,为23.85。其次是阜康市,再其次是奇台、呼图壁、石河子。乌鲁木齐与昌吉的联系强度是阜康的5倍,奇台和呼图壁的8倍,石河子的11倍;与克拉玛依经济联系量最大的是奎屯市,为5.53,其次是石河子市,再其次是昌吉和呼图壁。克拉玛依与奎屯的联系强度是与石河子的近2倍,乌苏的2倍,昌吉和呼图壁的5倍左右。

横向看,石河子与丝路沿线县、市的经济联系强度之和最大,为353.51,乌鲁木齐次之为39.84,克拉玛依最小为17.98。表明石河子对周围县市凝聚力最强,联系最紧密,受益于城镇群组内较近的距离及其社会和基础设施水平较高优势。而乌鲁木齐作为新疆超大城市,由于其周边县市规模较小,造成产业承接、城市辐射的断层,对周边县市的带动作用有限,同时周边县市对其接收能力也受到制约。克拉玛依作为资源型第二大中心城市,综合经济实力较强,但其综合服务水平相对滞后,产业结构单一,对其周边县市辐射带动能力有限。

表3 2012年新疆"丝路"沿线城市化质量综合得分

区域	克拉玛依	石河子	乌鲁木齐	伊宁市	奎屯	昌吉	阜康	哈密	博乐	乌苏	吉木萨尔
得分	0.5428	0.5117	0.4684	0.414	0.4091	0.3258	0.2857	0.2592	0.2328	0.2304	0.2283
区域	玛纳斯	鄯善	吐鲁番	呼图壁	沙湾	奇台县	托克逊	察布查尔	精河	霍城	伊宁县
得分	0.1911	0.1815	0.1804	0.1732	0.1673	0.1535	0.1489	0.1474	0.1471	0.1365	0.1124

表4 2012年新疆丝路沿线中心城市空间经济联系量（亿元·万人/平方公里）

	乌鲁木齐市	克拉玛依市	石河子市	哈密地区	昌吉州	伊宁市	奎屯市	阜康市	博乐市	鄯善县	吉木萨尔县
乌鲁木齐	—	0.38	2.03	0.09	23.8	0.09	0.38	4.92	0.08	0.14	0.45
克拉玛依	—	—	2.96	0.14	1.28	0.63	5.53	0.34	0.49	0.12	0.2
石河子	—	—	—	0.22	9.35	0.54	10.7	1.9	0.57	0.25	0.53
	奇台县	乌苏市	霍城县	呼图壁县	玛纳斯县	吐鲁番地区	伊宁县	沙湾县	托克逊县	精河县	察布查尔县
乌鲁木齐	2.75	0.04	0.19	2.64	0.72	0.43	0.03	0.29	0.24	0.06	0.02
克拉玛依	0.19	0.22	0.48	1.03	0.69	0.19	0.12	0.75	0.11	0.36	0.14
石河子	0.45	0.28	0.66	16.1	198	0.49	0.13	104	0.27	0.56	0.12

附录2　新疆丝绸之路沿线城市空间关联性测度

纵向和横向分析可知，乌-昌、石-玛-沙、克-奎-乌苏城镇组团已初具雏形。不论从沿线城市带整体还是局域城镇群组，空间联系的距离衰减强度极大，石-玛-沙城镇群组间的引力值大于乌-昌及克-奎-乌（苏），三个城镇组团内的联系呈线性"核心-边缘"结构。

为进一步了解中心城市与其他县市的空间关联特征形成的原因及存在的问题，按照经济联系量大小分为四个等级，见表5。以强吸引以上划分的城市圈与现实中的石河子-玛纳斯-沙湾、乌鲁木齐-昌吉、克拉玛依-奎屯-乌苏市城镇群组基本符合。但乌鲁木齐和克拉玛依市均由于缺乏超强吸引市县，而与周围市县城市体系缺乏有序层级，出现明显的断层。表明乌鲁木齐市的单极化优势突出并强劲，但其联系强度主要局限于乌-昌经济圈，而内联性或内聚性功能不足；受城市化水平及绿洲承载力低等地域因素影响，新疆大-中城市（乌-昌）团聚效益不及中-小城市（石-沙-玛），一级中心城市化问题严峻，中心职能弱化，辐射带动功能不足，未形成与其地位相匹配的辐射带动功能及范围，而二级中心尤其是石-沙-玛组团的关联性适度而稳定，形成了明显的地方性中心城市职能。

表5　　　　　　　　中心城市空间联系引力范围

吸引强度	经济引力	乌鲁木齐市	克拉玛依市	石河子市
超强吸引	(100, —)	——	——	玛纳斯县、沙湾县
强吸引	(5, 25)	昌吉州	奎屯	呼图壁县、昌吉州、奎屯市
吸引	(1, 5)	阜康市、奇台县、呼图壁县、石河子市	乌苏市、石河子市、昌吉州、呼图壁县	阜康市
弱吸引	(0, 1)	克拉玛依市、哈密市、伊宁市、奎屯市、博乐市、鄯善县、吉木萨尔县、乌苏市、霍城县、玛纳斯县、吐鲁番地区、伊宁县、沙湾县、托克逊县、精河县、察布查尔	哈密地区、伊宁市、阜康市、博乐市、鄯善县、吉木萨尔县、奇台县、玛纳斯县、吐鲁番地区、伊宁县、沙湾县、霍城县、精河县、察布查尔县	哈密市、伊宁市、博乐市、鄯善县、吉木萨尔县、霍城县、奇台县、乌苏市、伊宁县、吐鲁番地区、托克逊县、精河县、察布查尔县

(2) 中心城市空间联系范围。

仅从空间经济联系量无法了解邻域地带市县归属问题，因此，引入断裂点模型进行空间经济联系影响范围分析，由断裂点公式（4）计算出中心城市之间的3个断裂点，根据各个中心城市距断裂点的距离为半径做圆判断其辐射范围。可知，石河子和乌鲁木齐的断裂点大致位于呼图壁县中部。将断裂点作为两市之间的影响边界，则以石河子为中心，以75.64公里为半径，得出石河子的辐射范围是玛纳斯、沙湾和呼图壁大部分；以乌鲁木齐为中心，辐射半径为72.36公里处，乌鲁木齐的辐射范围是昌吉、阜康。

石河子与克拉玛依的断裂点大致位于沙湾北端。以石河子为中心，115.27公里为半径，石河子的辐射范围包括沙湾、玛纳斯、呼图壁直到昌吉境内；而以克拉玛依为中心，118.73公里为半径，克拉玛依辐射范围仅有乌苏和沙湾北部一小部分。表明石河子交通便利，与周围县市近距离优势以及第三产业及社会服务水平优于克拉玛依，辐射能力较强，对克拉玛依市的辐射有屏蔽作用，使其经济影响范围大部分被侵蚀。

同样，克拉玛依和乌鲁木齐之间的断裂点大致位于玛纳斯境内，以克拉玛依为中心，173.67公里为半径，可知克拉玛依的辐射范围包括精河县东北部、乌苏大部、奎屯、沙湾和玛纳斯一部分。以乌鲁木齐为中心，161.33公里为半径，得出乌鲁木齐的辐射范围从沙湾东部边界、石河子、玛纳斯、呼图壁、昌吉、阜康、吉木萨尔县一直到吐鲁番和托克逊西北部，由于区位优势乌鲁木齐辐射范围大于克拉玛依。

可知：乌鲁木齐作为一级中心城市辐射范围最大，石河子市－玛纳斯县－沙湾县和克拉玛依市－奎屯市－乌苏市两个二级中心更趋收敛，与一级中心差距巨大、断层明显，团聚引力及辐射范围都较为狭小；更低级中心也以此分形并初具雏形。

五 结果分析及对策建议

通过以上分析，得出如下结论：（1）新疆"丝路"沿线城市中心职能差距悬殊，乌鲁木齐为一级中心，克拉玛依和石河子为二级中心，哈密、昌吉、伊宁、奎屯、阜康、博乐为三级中心，其余为四级中心。总体上呈"一极双核"团聚式空间结构，形成了独特的一极超强及分散组团关联模式。(2) 乌鲁木齐市的单极化优势突出并强劲，但其关联范围、强度及腹地主要局限于乌-昌经济圈，外向性或国际化职能显著，而内联性或内聚性功能不足；受城市化水平及绿洲承载力低等地域因素影响，新疆大-中城市（乌-昌城镇群组）团聚效益不及中-小城市（石-玛-沙城镇组团），一级中心城市化问题严峻，中心职能弱化，辐射带动功能不足，未形成与其地位相匹配的辐射带动功能及范围，而二级中心尤其是石-沙-玛组团的关联性适度而稳定，形成了明显的地方性中心城市职能。(3) 石河子市-沙湾市-玛纳斯县和克拉玛依市-奎屯市-乌苏市两个二级中心职能更趋收敛，与一级中心差距巨大，断层明显，团聚引力和影响范围更小；更低级中心也以此分形并初具雏形。

结合以上结论，为促进新疆丝路沿线城市带城市间经济联系、优化空间布局、完善城镇体系以及整体实力提升，提出建议如下：

第一，进一步完善新疆丝路沿线一级中心城市的内联职能，积极吸纳并转化"一带一路"建设的核心区职能。

乌鲁木齐是新疆唯一的特大型城市和政治、经济、文化和商业中心，在产业、综合实力上有一定基础，作为重要枢纽和门户，必将在"丝绸之路经济带中发挥龙头作用"。但与国内其他一级中心城市，如上海、北京、广州，甚至同为西部的西安、成都等相比，无论从城市规模还是从整体经济实力都比较低，在一定程度上影响其作为丝路沿线中心城市的辐射能力。再加上对外开放水平、经济发展水平、享受政策倾斜等方面有限。因此，乌鲁木齐应依托新疆丝路沿线"一带一路"建设的重要契机，承接区域功能，提升区域地位，重点发展现代服务业、金融保险业、文化创意产业、高科技研发产业等，推动其成为区域最大的交通枢纽、商贸物流、文化科教中心区域性金融中心和医疗服务中心，建成中国西部中心城市及面向中亚地区的现代化国际大都市。同时与周围县、市保持较高的经济联系量，充分发挥特大中心城市引领区域发展的核心作用，强化和扩大乌昌经济区的辐射范围，延长辐射半径，充分发挥对其他中心城市的影响力，打造为西部开放城市，增强辐射带动区域发展的能力，以提升"丝路沿线"的整合力。

第二，发展壮大二级中心城市体系，积极培育具有地方特色的中小城市聚焦体，通过不断优化城市体系结构、强化城镇组群凝聚力来提高新疆城市在"一带一路"建设中的分工地位。

沿线城市带经济空间联系的强弱直接影响到整体的发展水平和竞争力。沿线单极化特征显著，二级中心的城市规模偏小，发展较弱，且数量较少，一级和三级中心城市间缺少二级中心城市做架构，使得经济中心辐射力的低效率，乌昌的城镇组群凝聚力低于石－玛－沙和克－奎－乌。而伊宁、博乐、哈密等市的引力值均小于1，尚不能担当二级中心城市重任。因此，二级中心城市应充分利用政策倾斜，承接高一级城市辐射，多引入强增长性企业，形成覆盖沿线的经济辐射架构，同时加强中心城市间的联系，注重道路交通建设，使溢出效应发挥到最大；完善城市体系规模结构，提高昌吉、奎屯、乌苏等的城市规模，填补乌－昌、克－奎－乌城镇群组的断层，构建等级合理的城市规模、内部分工协作有序、空间联系紧密的城镇体系，提升城镇组群凝聚力；同时培育一批有潜力的三级中心城市发展为二级中心，形成中小城市聚焦体，集中全力进行发展。如伊（市）－伊（县）－察，以及博－霍－精、吐－托－鄯－哈城镇群组，辐射带动周边县市，依托哈－伊交通轴线，完善串珠状的特殊走廊式的空间形态，提高新疆"丝绸之路"沿线城市带整体实力，推进区域一体化进程。

参考文献：

[1] 赵娴，林楠. 中国国家中心城市经济辐射力分析与评价 [J]. 经济与管理研究，2013（12）：106－113.

[2] Growe A. Emerging polycentric city-regions in Germany. Regionalisation of eco-

附录2 新疆丝绸之路沿线城市空间关联性测度

nomic activities in Metropolitan regions [J]. Erdkunde, 2012 (4): 295 – 311.

[3] Bai C E, Ma H, Pan W Q. Spatial spillover and regional economic growth in China [J]. China Economic Review, 2012 (4): 982 – 990.

[4] Pan W Q. Regional correlation and spatial spillovers in China's regional economic growth [J]. Social Sciences in China, 2013 (2): 125 – 139.

[5] 方创琳, 徐建华. 西北干旱区生态重建与人地系统优化的宏观背景及理论基础 [J]. 地理科学进展, 2001 (3): 21 – 28.

[6] 地力木拉提·吾守尔, 杨德刚, 张仲伍等. 天山北坡经济带"组团"点轴城镇空间结构研究 [J]. 中国漠, 2012 (1): 252 – 257.

[7] 张小雷, 杜宏茹. 中国干旱区城镇化发展现状及新型城镇化路径选择 [J]. 中国科学院院刊, 2013 (1): 46 – 53.

[8] 李小建, 乔家君. 20世纪90年代中国县际经济差异的空间分析 [J]. 地理学报, 2001 (2): 136 – 145.

[9] 徐建华, 鲁凤, 苏方林等. 中国区域经济差异的时空尺度分析 [J]. 地理研究, 2005 (1): 57 – 68.

[10] 关兴良, 方创琳, 罗奎. 基于空间场能的中国区域经济发展差异评价 [J]. 地理科学, 2012 (9): 1055 – 1065.

[11] 马晓冬, 朱传耿, 马荣华等. 苏州地区城镇扩展的空间格局及其演化分析 [J]. 地理学报, 2008 (4): 405 – 416.

[12] 熊薇, 徐逸伦, 王迎英. 江苏省县域经济差异时空演变 [J]. 地理科学进展, 2011 (2): 224 – 230.

[13] 李广东, 方创琳. 中国区域经济增长差异研究进展与展望 [J]. 地理科学进展, 2013 (7): 1102 – 1112.

[14] 张贡生, 庞智强. "丝绸之路经济带"国内段建设: 战略意义及功能定位 [J]. 经济问题, 2015 (4): 5 – 9.

[15] 胡鞍钢, 马尾, 鄢一龙. "丝绸之路经济带": 战略内涵、定位和实现路径 [J]. 新疆师范大学学报 (哲学社会科学版), 2014 (2): 1 – 10.

[16] 何一民. 机遇与挑战: 新丝绸之路经济带发展战略与新疆城市的发展 [J]. 四川师范大学学报 (社会科学版), 2015 (2): 16 – 27.

[17] 许建英. "丝绸之路经济带"视野下新疆定位与核心区建设 [J]. 新疆师范大学学报 (哲学社会科学版), 2015, 36 (1): 61 – 67.

[18] 中国科学院地理科学与资源研究所课题组. 丝绸之路经济带可持续发

展模式探析 [J]. 中国国情国力, 2014（10）：24-26.

[19] 李泽红, 王卷乐, 赵中平等. 丝绸之路经济带生态环境格局与生态文明建设模式 [J]. 资源科学, 2014（12）：2476-2482.

[20] 于会录, 董锁成, 李宇. 丝绸之路经济带资源格局与合作开发模式研究 [J]. 资源科学, 2014, 36（12）：2468-2475.

[21] 董锁成, 黄永斌, 李泽红. 丝绸之路经济带经济发展格局与区域经济一体化模式 [J]. 资源科学, 2014（12）：2451-2458.

[22] 冯朝阳. 新丝绸之路经济带城市规模与空间分布及其演变研究 [J]. 新疆农垦经济, 2014（6;）32-38.

[23] 贾百俊, 李建伟, 王旭红. 丝绸之路沿线城镇空间分布特征研究 [J]. 人文地理, 2012（2）：103-106.

[24] 高新才, 杨芳. 丝绸之路经济带城市经济联系的时空变化分析——基于城市流强度的视角 [J]. 兰州大学学报（社会科学版）, 2015（1）：9-18.

[25] 袁丹, 雷宏振. 丝绸之路经济带经济联系与协调发展的社会网络分析 [J]. 云南财经大学学报, 2014（4）：61-67.

[26] 冉淑青, 刘晓惠, 冯煜雯. 大城市发展过程中经济、人口、空间相互作用力空间分异研究——以陕西西安为例 [J]. 改革与战略, 2015,（2）：44-51.

[27] Christaller W. 德国南部的中心地原理 [M]. 常正文, 王兴中等译. 北京：商务印书馆, 1998：19-100.

[28] 牛慧恩, 孟庆民. 甘肃与毗邻省区区域经济联系研究 [J]. 经济地理, 1998（3）：51-56.

[29] 鲁金萍, 杨振武, 孙久文. 京津冀城市群经济联系测度研究 [J]. 城市发展研究, 2015（1）：5-10.

后　　记

　　本书是在我的博士学位论文研究基础上撰写而成。今年暑期至今，根据目前城市化发展的最新要求趋势和最新科研成果，对论文进行了相应的修改和完善。

　　回顾攻读博士学位的三年时光，无一日敢懈怠。多少个不眠之夜而苦苦思索，论文发表过程中的焦虑、痛苦与期待；撰写博士学位论文过程中的困难与折磨，还需照顾年幼的女儿和承担所有的家务。然而过程是痛苦的，结果是美好的。现在，女儿四岁多了，一直陪伴在我的身边，给我带来了无限的慰藉。攻读博士学位期间，获评"博士研究生国家奖学金"，获得"石河子大学优秀毕业生"等荣誉。博士生生活阶段历练了我的心智，强大了我的内心，锤炼了我坚强的意志，培养了我从事科研的兴趣与习惯。感谢石河子大学给我的学习机会，提供宽松的学习和生活条件，使我没有后顾之忧而安心学习。

　　博士学位论文能扩展成专著，要感谢的人颇多。感谢我的恩师张军民教授。从张老师那里学到的不仅有知识和学问，还有做人之道。在石河子大学攻读博士学位期间，还得到了李万明教授、杨兴全教授、王生年教授、李豫新教授、龚新蜀教授、张红丽教授、胡宜挺教授、雍会教授、朱金鹤教授、祝宏辉教授、程广斌教授等老师的悉心指导和帮助，在此深表谢意。感谢王磊博士、黄伟新博士、何周蓉博士、吴珍彩博士等师兄师姐及我的同学、师弟师妹们，在与他们学习交流的过程当中，他们毫无保留的学习经验惠我颇丰。感谢石河子大学理学院的李慧婷师妹帮我处理书中的部分图件。

　　感谢我年迈的父母，能顺利走到今天离不开他们自始至终的理解和支持。

书稿的修改过程中离不开同事们的鼓舞和支持。尤其感谢淮阴工学院商学院张小兵院长、朱志文副院长对我研究及出书的大力支持。

感谢淮阴工学院和国家自然科学基金项目（41361025）对本书出版的资助。感谢经济科学出版社责任编辑的鼎力相助，得以使本书有机会面世。

如今博士如期毕业并参加工作，感觉才刚刚站在科研道路的起点上，我有信心和勇气去迎接更多的困难与挑战，取得更多的成果，用我所学的知识，为社会培养人才。针对城市化进程中遇到的问题，我将不倦地探索，以期为我国的城市化尽我绵薄之力。

最后感谢所有给我支持和帮助的人们！

李松霞

2016 年 12 月